高速铁路基础研究与技术创新丛书

编 委 会

国家出版基金项目
“十四五”时期国家重点出版物出版专项规划项目

高速铁路基础研究与技术创新丛书

供 电 系 列

高速铁路电力牵引供电工程智能建造技术

本丛书编委会　总主编
胡志华　陈建明　奚金柱　吴命利　等编著
王保国　主　审

中国铁道出版社有限公司
2023年·北　京

内 容 简 介

本书为"高速铁路基础研究与技术创新丛书"之分册。本书详细论述了高速铁路电力牵引供电接触网和牵引变电工程智能建造技术；通过实例论证了高速铁路电力牵引供电系统智能信息化应用及 BIM 技术应用情况；对高速铁路电力牵引供电工程关键设备检测试验技术、重要系统综合联调技术进行了系统论述，分析了试验内容、试验方法、试验要求；对高速铁路电力牵引供电工程智能建造技术前景，从数字化智能牵引供电系统和柔性供电技术两方面对未来的发展进行了展望。

本书可供高速铁路电力牵引供电工程专业科研工作者、工程技术人员，高等院校相关专业研究生和本科生等参考。

图书在版编目(CIP)数据

高速铁路电力牵引供电工程智能建造技术/胡志华等编著. —北京：中国铁道出版社有限公司，2023.4
(高速铁路基础研究与技术创新丛书 . 供电系列)
"十四五"时期国家重点出版物出版专项规划项目
ISBN 978-7-113-30205-4

Ⅰ.①高…　Ⅱ.①胡…　Ⅲ.①智能技术-应用-高速铁路-牵引供电系列　Ⅳ.①U238-39

中国国家版本馆 CIP 数据核字(2023)第 070142 号

书　　名：高速铁路电力牵引供电工程智能建造技术
作　　者：胡志华　陈建明　奚金柱　吴命利　等

策　　划：刘　霞
责任编辑：刘　霞　**编辑部电话**：(010)51873405　**电子邮箱**：604105550@qq.com
封面设计：高博越　郑春鹏　**封面摄影**：中铁电气化局集团有限公司　**丛书标识设计**：崔丽芳
责任校对：安海燕
责任印制：高春晓

出版发行：中国铁道出版社有限公司(100054，北京市西城区右安门西街 8 号)
网　　址：http://www.tdpress.com
印　　刷：北京联兴盛业印刷股份有限公司
版　　次：2023 年 4 月第 1 版　2023 年 4 月第 1 次印刷
开　　本：787 mm×1 092 mm 1/16　**印张**：14　**字数**：273 千
书　　号：ISBN 978-7-113-30205-4
定　　价：108.00 元

高速铁路基础研究与技术创新丛书

编　辑　组

序

我国高速铁路起步晚、发展快、后劲足，经过几代人的不懈努力，通过原始创新、集成创新、引进消化吸收再创新，成功地走出了一条符合中国国情路情、具有中国特色的自主创新之路。我国已系统掌握各种复杂地质和气候条件下高速铁路建造成套技术；在工务工程、列车运行控制、牵引供电、动车组等高速铁路核心技术方面实现自主化；形成了复杂路网条件下处理跨线运行的运营管理成套技术，构建了人防、物防、技防三位一体的主动安全保障机制。我国已成为全球高速铁路运营里程最长、在建规模最大、运营速度最快、技术体系最全、运营和管理经验最丰富的国家。我国高速铁路技术已走在世界前列，成为推动世界高速铁路发展的重要力量。

为贯彻落实中共中央、国务院《交通强国建设纲要》，推进国铁集团《新时代交通强国铁路先行规划纲要》的落地，系统总结、梳理我国高速铁路各领域前沿理论和技术，向我国乃至世界高速铁路科研工作者和工程技术人员提供一套前沿性的参考书，中国国家铁路集团有限公司铁道出版社公司特组织编著出版“高速铁路基础研究与技术创新丛书”。

丛书以习近平新时代中国特色社会主义思想为指导，以国家自然科学基金课题、国家基金委-国铁集团高铁联合基金课题、国家“973”课题、国家重点研发计划课题等科研成果为支撑，从高速铁路前沿研究、补短板技术、核心技术、技术发展趋势等方向组织选题，涵盖动车组、供电、通信与信号、列控与检测、工程勘察与设计、智能建造、运营与管理、现代信息技术、安全和维护等领域，规模为 100 册，是全面系统论述我国高速铁路基础研究与技术创新成就的大型系列原创性科技著作。

丛书力求突出制高点、原创性、权威性、全覆盖特色。丛书各册内容以作者团队长期从事高速铁路科学研究的成果为依托，多数成果居于国内领先水平甚至世界先进水平，多种成果荣获国家科学技术奖一等奖、二等奖，国家技术发明奖一等奖、二等奖，茅以升科学技术奖，詹天佑铁道科学技术奖，铁道科技进步奖等奖项，丛书内容体现了我国当今最新、最前沿以及展现未来发展趋势的高速铁路相关研究成果和应用技术。丛书包括动车组、供电、工程施工与组织等十个系列，基本实现高速铁路各领域全覆盖。

丛书由编委会总负责。编委会阵容强大，认真负责。编委会各成员都是长期从事我国高速铁路科研、技术、生产和管理的一流专家学者，是所从事领域的翘楚，其中包括高速铁路及其相关领域的四位院士。编委会多次开会商讨丛书的体系、内容特色、作者条件及质量保障机制；分工负责，精心审订和修改各册编写提纲；多次遴选选题，先从150多个选题意向中遴选出100个选题，后又剔除了内容特色不太鲜明的8个选题，还对10多个选题提出了较大的改进意见，补充了8个关键技术和弥补技术空白的选题；最后邀请专人对各册内容进行审定，从而保证了各册内容的正确性和先进性。

2021年年底，国家新闻出版署经过严格评审，“高速铁路基础研究与技术创新丛书”(100册)成功入选“‘十四五’时期国家重点出版物出版专项规划——重大出版工程”。这是对本丛书项目的认可，也是对编委会、作者和编辑等人员前期工作的认可，更是一种鞭策。我们相信，本丛书的出版，将助力于《交通强国建设纲要》的贯彻落实，推动我国乃至世界高速铁路事业的发展，也将为铁路领域的科研工作者、工程技术人员、管理人员，以及高校相关专业师生提供一套高水平、原创性、权威性、全覆盖的大型高铁科技精品著作。

中国工程院院士

“高速铁路基础研究与技术创新丛书”编委会主任 卢春房

2022年2月

前　言

本书为“高速铁路基础研究与技术创新丛书”之分册，按照丛书要求，力图体现我国高速铁路电力牵引供电工程智能建造技术研究前沿性、创新性、原创性特色。

作为国民经济发展的大动脉，我国高速铁路建设规模及建造水平发展迅速。在全球信息化快速发展的浪潮下，人工智能和新一代信息技术快速融入我国高速铁路建造领域，为中国高速铁路工程建设和运营管理转型升级明确了发展方向。在铁路规划、设计、施工、运营和维护等阶段智能化、数字化、自动化的水平尚处在发展的初始阶段，工程建设领域对智能化建造管理和智能化施工技术需求迫切，国家铁路局和中国国家铁路集团公司在大力推进中国高速铁路智能化发展方面，出台了智能建造技术框架体系和相关专业智能建造技术指南，也在智能建造方面明确了未来发展方向、关键技术和基础保障措施，为智能建造技术在铁路建设领域的推广应用提供了技术支撑和创新思路。

高速铁路电力牵引供电工程智能建设是在系统设计和施工技术取得较大成果并应用推广良好的专业领域之一。在电力牵引供电系统设计方面，数字化牵引供电设备和智能综合自动化保护系统推动数字化牵引变电所的应用，为牵引供电系统的高可靠运行提供了更高水平的技术支撑；在牵引供电工程施工方面，工厂化预配、智能化机械装备、BIM 技术的应用大大提升了工程建设的施工质量和生产效率，特别是以京沈高铁（辽宁段）和京张高铁为代表的牵引供电工程建设，智能化建造技术取得突破性成果，为高速铁路牵引供电工程智能化技术发展提供了实践经验和创新技术基础。

本书论述了当前高速铁路电力牵引供电系统智能建造关键技术、信息化技术应用、试验检测和综合联调技术以及前景与展望。通过分析当前国内电气化铁路发展特点，分析我国高速铁路电气化方面的技术优势和存在问题，论述当代高速铁路电力牵引供电系统的组成、设计形式和关键设备；在智能化建造方面重点论述了牵引供电工程在信息化测量、工厂化预配、专业化安装和智能化巡检等技术的应用以及案例分析；在数智化应用方面，重点论述工程建设 BIM、智能化终端等信息化技术在工程建设方面的应用以及实例分析；结合牵引供电系统的发展特点，论述了关键设备检测试验和系统调试技术；最后，论述了牵引供电系统的发展前景及关键技术发展方向。本书既有理论体系的构建，也有工程建设智能化关键技术解析，是我国高速铁路牵引供电系统智能化技术探索研究的真实展现和经验总结，为推动我国高速铁路牵引供电工程建造高质量发展具有重要的参考价值。

本书由中铁电气化局集团有限公司胡志华、陈建明、奚金柱和北京交通大学吴命利等编著，中国国家铁路集团有限公司供电专家王保国主审。第 1 章由徐建军、范远涛、杨明明编著，第 2 章由侯绍平、霍红果、庞沛赫、韩月楼、何健、和晓东编著，第 3 章由韩月楼、王生旭、李茂才、谢安龙、冯锡超编著，第 4 章由呼海明、李书全、吴向阳、楚树桥编著，第 5 章由吴命利、苑玉超、董文武、冯锡超、裴宁编著，最后，由胡志华、陈建明、奚金柱、吴命利统稿、定稿。中铁电气化局集团有限公司林云志、郭戈、许建国、苏保卫、夏景辉、赵正路、杨明明等参与了书稿审定。

本书在编写过程中参考了一些文献资料，引用了其他科研工作者和工程技术人员部分研究成果，得到了行业内相关专家的指导和帮助，在此向他们表示衷心的感谢！

由于水平有限，书中难免有疏漏和不足之处，恳请广大读者批评指正。

编著者

2023 年 3 月

目　　录

第1章 绪 论

随着人类社会的不断发展和进步,交通运输在连接世界、促进贸易和经济发展方面发挥着至关重要的作用。在经济全球化和城市化不断加速的背景下,铁路作为一种高效、安全、环保的交通方式,被越来越多的国家和地区重视和应用。铁路的建设和运营不仅有助于推动国民经济的发展,也可以提高国家综合实力和国际竞争力。同时,铁路作为一种绿色交通方式,可以有效减少环境污染和能源消耗,有利于可持续发展和生态文明建设。

铁路作为一种重要的交通运输方式,具有重要的战略意义和发展潜力。在未来的发展中,铁路需要不断创新和优化,加快推进技术升级和设施建设,为人们提供更加优质、便捷、安全的出行服务,同时也为社会和经济的可持续发展做出更大贡献。

1.1 高速铁路电力牵引供电系统技术发展历程

随着铁路的发展,普遍认为电气化铁路是高效率、节能的运输方式,高速电气化铁路也成为国家发展水平的象征。牵引供电系统是电气化铁路的能源动脉,直接关系到铁路的运行速度与质量,是高速铁路的关键技术之一。

1.1.1 国外电气化铁路发展概况

电气化铁路是指使用电力作为铁路牵引动力的铁路系统,其主要特点是通过架设架空线路、在铁路沿线铺设电缆等电气设备,将电能传输到牵引车辆上,从而实现列车的运行。电气化铁路的发展始于19世纪末期,表1-1总结了世界各国的电气化铁路发展历程。

表1-1 世界各国电气化铁路发展历程

时间	国家	取得成就
1879	德国	在一条短线路上首次使用电力牵引火车
1895	意大利	建成了世界上第一条电气化铁路——米兰至维罗纳线路
1903	美国	纽约中央铁路开通了第一条大规模电气化铁路,采用直流电供电
1918	日本	铁道省建成了首条电气化铁路,采用交流电供电
1928	苏联	开始建设欧洲最大的电气化铁路——莫斯科至诺夫奇克线路,该线路长达3 600 km
1956	法国	巴黎至利摩日线路成为欧洲第一条采用交流电25 kV的电气化铁路
1960至今	各国	开始建设高速电气化铁路,如德国的科隆至法兰克福高速线路、日本的新干线、法国的塞图铁路等

电气化铁路的发展经历了多个阶段。

第一个阶段是直流电气化阶段(早期电气化)。这一阶段主要是在19世纪末期至20世纪初期,包括纽约中央铁路、德国铁路、日本铁路等早期电气化项目。直流电气化铁路采用直流电来驱动机车,具有驱动力强、功率大等特点。然而,由于直流电输送距离短、电气化设备复杂、运行成本高等问题,直流电气化铁路的应用受到了很大的限制。

第二个阶段是交流电气化阶段(中期电气化)。这一阶段主要是在20世纪中叶至70年代,包括日本新干线、法国TGV等交流电气化项目。交流电气化铁路采用交流电来驱动机车,具有输送距离远、电气化设备简单、运行成本低等优点,逐渐成为电气化铁路的主流技术。在交流电气化铁路的发展过程中,人们不断改进和完善技术,如采用高压输电技术、电子控制技术、牵引变流技术等,进一步提高了电气化铁路的运行效率和速度。

第三个阶段是高速交流电气化阶段(现代电气化)。随着高速铁路的发展,电气化铁路也发生了变化。高速交流电气化采用更高的电压和频率,以满足高速列车对电力的需求。该阶段主要发生在21世纪初至今,包括日本新干线、法国TGV、德国ICE等高速交流电气化项目。

总体来说,电气化铁路的发展经历了逐步完善和不断升级的过程,从最初的直流电气化到现代的高速交流电气化,技术和设备得到了极大的进步和提升,为城市化和现代化的发展提供了重要支撑。

1.1.2 我国电气化铁路发展概况

1. 供电制式的确定

电气化铁路的供电制式经历了由低压直流、三相交流、单相低频交流到单相工频交流的演变过程。相比于其他制式,25 kV工频单相交流制更能满足高速、重载、大运量、长距离运输牵引动力的需求。在发展之初,我国就确立了以25 kV工频单相交流制式作为干线电气化铁路的标准制式,避免了重走世界各国先直流后交流、先低压后高压的发展老路,同时也避免了交流与直流接轨的技术难题,为我国电气化铁路的发展奠定了良好的技术基础。

2. 电气化铁路线路和里程

我国第一条电气化铁路是宝成线的宝鸡—凤州段,全长93 km,1958年开工,1960年建成,1961年8月15日正式投入运行。从此,揭开了我国电气化铁路建设的序幕。图1-1为宝成铁路通车场景。

1969—1977年,宝成线的凤州—成都段、阳安线(阳平关—安康)两条电气化铁路建成投入运行,共计约940 km。

1980—1990年,有石太线(石家庄—太原)、襄渝线的襄樊—达县段、京包线的丰台—

图 1-1 宝成铁路通车

大同段、成渝线(成都东—重庆西)、京秦线(丰台西—山海关)、太焦线的长治北—月山段、陇海线的郑州—兰州西段、京广线的郴州—韶关段、大秦线的韩家岑—大石庄段、湘黔线的贵阳南—大龙段、鹰厦线的来舟—漳平段、北同蒲线(太原北—平旺)、贵昆线(贵阳南—昆明)等十几条(段)电气化铁路建成投入运行,共计约 5 940 km,是 1958—1961 年的 63 倍多,是 1969—1977 年的 6 倍多。

1991—2000 年,有川黔线(珞璜—贵阳南)、大秦线的大石庄—秦皇岛段、鹰厦线的鹰潭—来舟段与漳平—厦门段、京广线的北京西—武昌南段与孟庙—平顶山段、湘黔线的大龙—株洲段、兰新线的兰州西—武威南段、宝中线(虢镇—迎水桥)、包兰线的石嘴山—兰州东段、干塘—武威南段、侯月线(侯马—月山)、焦枝线的济源—关林段、襄渝线的达县—重庆西段、南昆线(南宁—昆明南)、广深线(广州东—深圳)、成昆线(成都东—昆明东)、西康线(窑村—安康东)、外福线(外洋—福州)、大准线的大同东—薛家湾段、神朔线(神池南—朔州)等 20 多条(段)电气化铁路建成投入运行,电气化铁路里程共约 7 800 km。其中,“八五”末(约 9 980 km)比“七五”末(约 6 970 km)增加约 43%,“九五”末又比“八五”末增加约 48%。

2001—2005 年,“十五”期间,武广线(武昌—广州)的武昌—郴州段和韶关—广州段、哈大线(哈尔滨—大连)、朔黄线(朔州—黄骅)的神池南—黄骅段、娄六双线(娄底—六盘水)、宝兰双线(宝鸡—兰州东)、西安南京铁路的西安—信阳段、秦沈客运专线(秦皇岛—沈阳)、内昆线(内江—昆明)的内江—宜宾段和安边—梅花山段、水柏线(六盘水—柏果)、沟海线(沟帮子—海城)等 10 多条(段)电气化铁路建成投入运行,共计约 5 280 km,比“九五”末增加约 35.7%。

截至 2008 年 10 月我国电气化铁路兴建五十周年,电气化铁路总里程达 26 000 km,电气化率达 32.7%。

2008—2012 年，新增铁路里程 19 700 km，其中高速电气化铁路 8 951 km。截至 2013 年末，高速电气化铁路里程达 10 463 km，居世界第一位。截至 2014 年 6 月，“四纵”客运专线规划中的京沪、京广、京哈、沪甬深专线，“四横”客运专线中的石太线、陇海线郑西宝段、沪汉蓉线，以及大西线等高速电气化铁路和一批城际电气化铁路相继建成投入运行。图 1-2 所示为 2012—2022 年我国电气化铁路及高速铁路通车里程统计图。

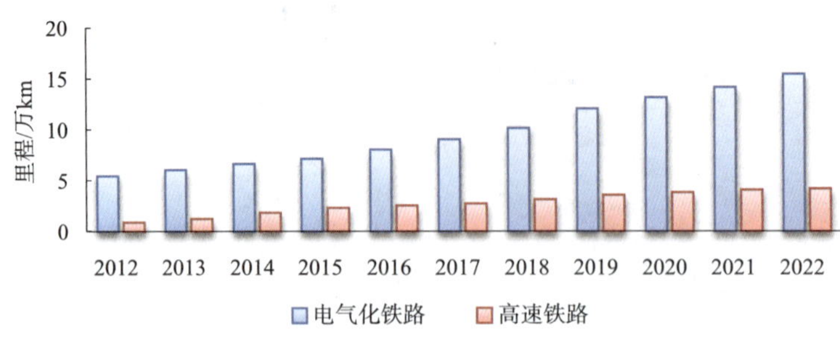

图 1-2　2012—2022 年中国电气化铁路及高速铁路通车里程统计

根据 2021 年中共中央、国务院印发的《国家综合立体交通网规划纲要》，预计到 2035 年，我国铁路网总规模将达到 20 万 km，其中高速铁路包含部分城际铁路，将达 7 万 km 左右。截至目前，我国“四纵四横”高速铁路主骨架已全面建成，“八纵八横”高铁网加密形成，形成布局合理、覆盖广泛、层次分明、配置高效的铁路网络。

3. 牵引供电系统设备的发展

牵引供电系统向电力机车供电的方式，除了直接供电方式外，相继采用过吸流变压器(BT)供电方式、自耦变压器(AT)供电方式和带架空回流线的直接供电方式。

牵引变电所内一般设置两台主变压器，正常状态下，一台主供，一台备用。牵引变压器接线形式多样，有单相接线、单相 V/v 接线、三相 V/v 接线、三相 YN/d11 接线、三相星形延边三角形接线等。其中，为适应 AT 牵引网的需要，还演化出了 V/x 接线。断路器除了多油、少油断路器外，相继采用了 SF_6 断路器和真空断路器。

接触网悬挂方式有半补偿链型悬挂、全补偿简单链型悬挂、全补偿弹性链型悬挂等。接触线除了曾经采用较多的铜接触线、钢铝接触线和铝包钢接触线外，还有钢芯铝合金复合接触线、热处理铝镁硅稀土合金接触线等。进入 21 世纪，铜合金接触线与铜合金绞线承力索的应用已经相当广泛。

4. 电力机车的发展

电力机车按照传动方式不同分为直流传动和交流传动两种，从 1958 年开始，我国电力机车的发展经历了五个阶段。

1958—1967 年为仿制阶段。此阶段的起始是参照苏联 VL60 型电力机车，制造出韶山系列电力机车。

1968—1978年是自行设计、突破VL60型机车模式的阶段。

1979—1989年，主要是电力机车进入更新换代阶段。

1990—1999年是交-直传动电力机车完善升级阶段。国产电力机车相继研制出韶山7E、韶山8、韶山9型等较高端产品。

2000年至今，研制交-直-交传动系统的电力机车、动车组，如HXD系列电力机车、CRH、CR系列动车组，交-直-交型电力机车、动车组具有功率因数高、谐波电流畸变率小、牵引功率大等优点，因此在高速铁路中得到了广泛的应用。

我国主要使用的电力机车分为交-直型和交-直-交型。交-直型机车从接触网引入工频单相交流电，使用晶闸管整流装置，将其变成直流后牵引直流电机。交-直-交型机车采用四象限PWM整流，将工频单相交流电变成直流电，再通过变压变频逆变后提供给交流异步电机。交-直-交型电力机车又分为动力集中型和动力分散型。动力集中型是指将动力装置集中在一节车厢上，动力分散型就是把动力装置分散安装在每节车厢上，由几节自带动力的车辆和几节不带动力的车辆编成一组，称为动车组。随着高速铁路的蓬勃发展和既有电力机车的更新换代，电力机车的研制已从直流传动转向交流传动。从20世纪90年代开始，欧洲、日本的主要机车制造厂商已逐步停止生产直流传动电力机车，交流传动电力机车已成为世界电力机车发展的主流。

1.1.3 电气化铁路的优势及存在的问题

1. 电气化铁路的优势

环保节能。电力是一种清洁的能源，相比内燃机车使用的燃油，电力驱动的列车在使用过程中会产生更少的环境污染物和温室气体排放，从而更加环保。

经济高效。电力机车比内燃机车的运行成本更低，因为电力机车的能效更高，而且电力供应和配送的成本也更低。

运行平稳。电气化铁路使用的电力牵引系统可以提供更稳定的动力输出，使列车运行更加平稳。

可靠性高。电气化铁路的牵引系统采用电子控制技术，可以实现智能化控制，提高了系统的可靠性和安全性。

2. 电气化铁路存在的问题

建设成本高。相比传统的内燃机车牵引的铁路系统，电气化铁路建设成本更高，因为需要建设接触网、变电所等大量的基础设施。

运行维护成本高。电气化铁路的电力设备需要进行定期的维护和检修，而且如果发生故障，需要进行更加复杂和昂贵的修复。

电力供应不稳定。电力系统的稳定性受到供电系统的影响，如果供电系统存在故障或者不稳定，会影响铁路运行的正常开展。

电力系统安全隐患。电气化铁路的电力系统存在电气危险和感应电压等安全隐患，需要进行特殊的防护措施。

1.2 当代高速铁路电力牵引供电系统组成及设计形式

1.2.1 电气化铁路组成结构

电气化铁路由供电系统和电力机车组成，其中供电系统包括一次供电系统和牵引供电系统。一次供电系统是指来自电网或者发电厂专门的高压输电线路，向电气化铁路提供电能的三相电力系统，电压等级通常为 110 kV 或者 220 kV；牵引供电系统是指从电力系统获取电能，并将三相电能通过牵引变电所变换为单相电能供电力机车或动车组使用的部分，主要包括牵引变电所(包括分区所、开闭所、AT 所等)、牵引网(包括接触网、承力索、馈电线、保护线、钢轨等)等部分。电力机车本身不携带电源，靠车顶的受电弓从接触网上获取电流，进一步通过车载变流器变流后，供牵引电动机驱动机车运行。基于 V/v 接线的牵引供电系统结构如图 1-3 所示。

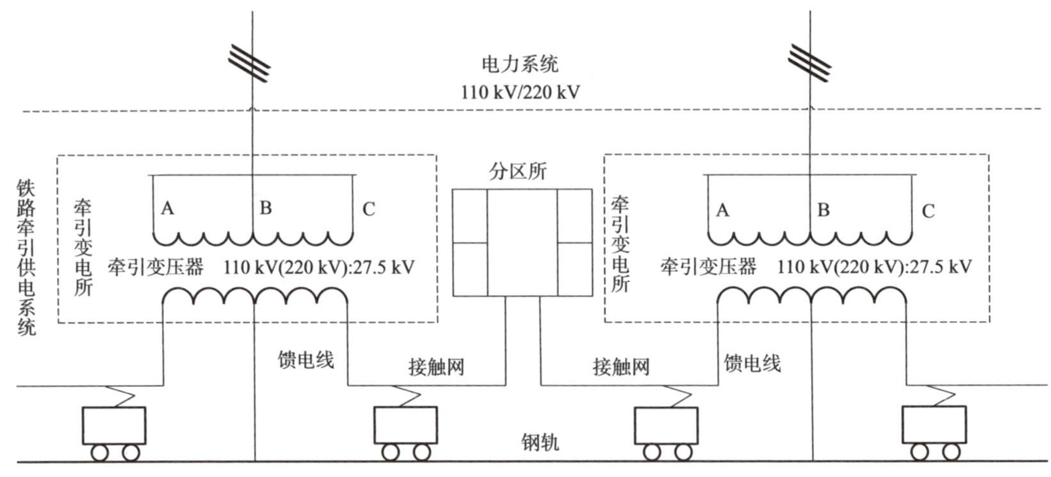

图 1-3 牵引供电系统结构示意

牵引供电系统主要包括牵引变电所和牵引网。其中，牵引变电所是电气化铁路的心脏，主要功能是根据电力机车对电流和电压的不同要求，通过一定接线形式的牵引变压器，将供电系统中高压输电线送来的电能变成适合电力机车使用的单相工频交流电，再经过馈线将电能输到接触网，给电力机车供电。

牵引网主要由接触网、馈线、轨道和回流线构成，是电气化铁路的脉络。牵引网作为牵引变电所和电力机车、动车组之间输送电能的媒介，主要的任务和功能是完成送电任务，保证列车的正常行驶，维持铁路的正常生产和运营秩序。牵引网完成电能输送任务一般是通过将电网的电能接入到牵引变电所，再由牵引变电所经过降压等一系列处理后用馈线连接至接触网，再由接触网向电力机车和动车组提供牵引动力和动力照明等辅助设施所需的电能，从而完成从牵引变电所到列车之间的电能输送。

接触网是一种悬挂在电气化铁道轨道上方并和轨道保持一定间隔的链形或单导线的输电网。当电力机车或动车组的受电弓和接触网滑动接触时，电力机车和动车组将取得电能。

馈线是指连接牵引变电所和接触网的导线，一般选用大截面的钢芯铝绞线。

轨道在非电牵引的情况下作为列车的导轨和行车信号之用，而在电牵引的情况下，轨道还起到了导通牵引回归电流的作用，是整个牵引供电系统电路中的组成部分。所以，电气化铁道的钢轨应当具备通常的导电性能。

回流线是与接触线、承力索等同杆架设的架空输电线，其主要功能是将轨道中的牵引负荷电流传送回牵引变电所。

对牵引供电系统的基本要求是：①保证向电气化铁路安全、可靠、不间断地供电；②提高供电质量，保证必需的电压水平；③提高功率因数，减少电能损失，降低工程投资和运营费用；④尽量减少单相牵引负荷在电力系统中引起的负序电流和高次谐波的影响；⑤尽量减小对邻近的通信线路的干扰影响。

1.2.2 牵引网供电方式

牵引网的供电方式采用单边供电方式如图 1-4 所示。

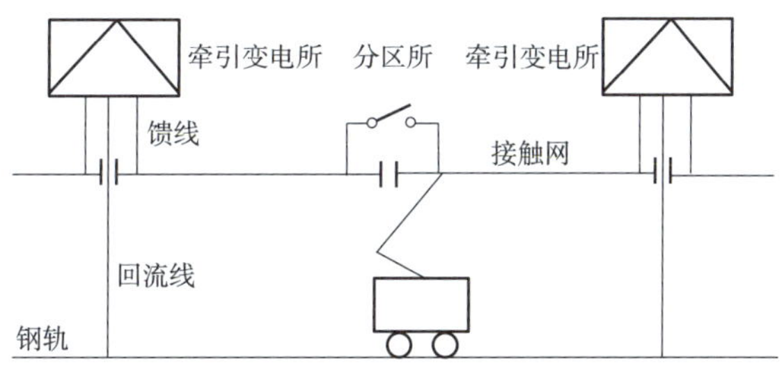

图 1-4 单边供电方式

在单边供电方式下，各牵引变电所之间是相互独立的，列车只能从单个牵引变电所获取电能。当牵引网中某一变电所发生故障不能给接触网供电时，可将发生故障的牵引变电所和邻近的牵引变电所间的分区所的开关闭合，实现越区供电。

供电方式依据牵引网设备类型进行分类，以单线区段为例，分为直接供电方式(TR)、带回流线的直接供电方式(TRNF)、自耦变压器(AT)供电方式。

直接供电方式(TR)是最简单的供电方式，牵引网主要由接触线和钢轨构成，如图1-5所示，这种牵引网结构简单，投资和维护的费用较少，但是钢轨电位较高，同时有一部分电流从大地回流到牵引变电所，所以对通信线路会产生较大的干扰，适用于通信线路较少的场合。

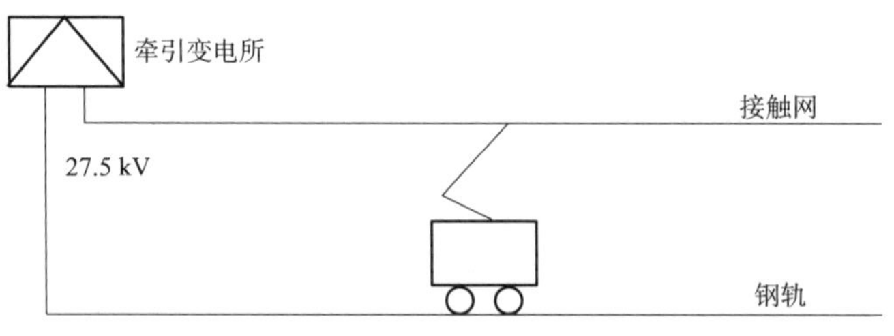

图1-5 直接供电方式

带回流线的直接供电方式(TRNF)如图1-6所示，是对直接供电方式的一种改良，是在钢轨上并联架设回流线，并联点之间的间距一般为5～6 km，使钢轨电位大幅度降低，一部分电流经回流线回到牵引变电所，减小了地中电流，较好地抑制了对通信线路的干扰，同时减小了牵引网阻抗，供电臂长度也得到增加。

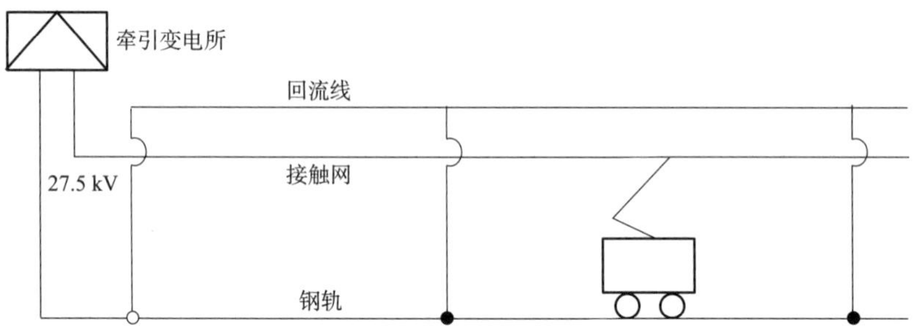

图1-6 带回流线的直接供电方式

自耦变压器(AT)供电方式如图1-7所示，它将自耦变压器的原边(一次绕组)并连接至接触线和正馈线，中点与轨道连接，列车运行在自耦变压器的接触线和轨道的副边之间。正馈线的作用类似于回流线，用于牵引电流的回流。AT供电方式用并联的自耦变压器，供电的可靠性得到大幅度提升。此外，AT供电方式具有牵引网阻抗小、输送容量大、供电臂长的优点，两个牵引变电所之间的间隔可达90～100 km，但由于牵引网结构复杂，造价和维护的成本也相对较高，所以该供电方式多适用于高速铁路或重载铁路，近年来我国新建高速铁路多采用该类供电方式。

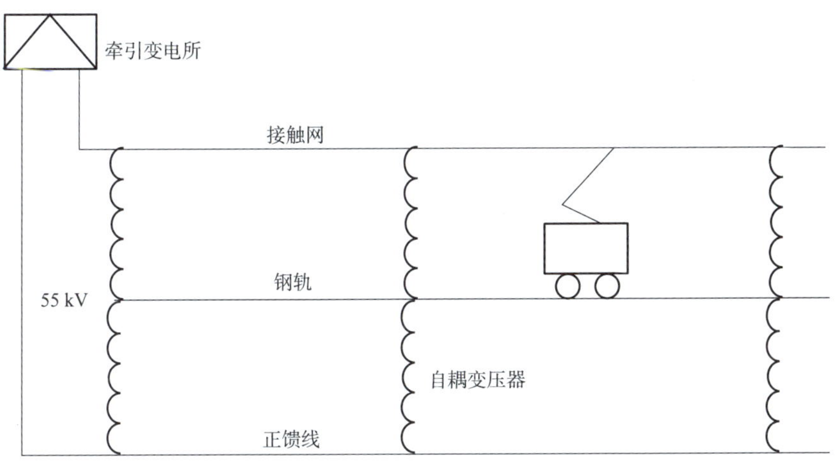

图 1-7 AT 供电方式

1.3 高速铁路电力牵引供电系统主要设备

1.3.1 牵引变压器

在牵引供电系统中，牵引变压器是牵引供电系统完成电能变化的重要元件，一次侧连接三相高压电网，二次侧向单相牵引网供电。我国铁路牵引供电系统的牵引变压器以三相-两相的变电方式居多，其中，受线路条件约束，少数牵引变电所以纯单相接线的牵引变压器供电为主。牵引变压器一次侧为三相电力系统，其系统电压等级多为 220 kV 以上。受高速、重载电气化铁路的发展对牵引供电需求增大的影响，铁路设计部门多利用220 kV 电压等级的电力系统作为牵引供电系统的电源，尤其电力系统受牵引负荷的波动性影响而产生谐波以及负序等电能质量污染问题时更是如此；牵引变压器二次侧为两相电压输出，多数情况下，其每一相分别与两侧的供电臂相连接，但在同相供电方式下，供电臂只连接牵引变压器一相输出端。

本节主要介绍纯单相接线、V/v 接线、V/x 接线 Scott 接线四种接线形式及智能牵引变压器。

1. 纯单相接线牵引变压器

纯单相接线变压器在我国 20 世纪 70 年代修建的阳平关至安康电气化铁路上就得到了应用，其具有变电所接线简单、容量利用率高以及可取消牵引变电所出口电分相等优势。如图 1-8 所示，纯单相接线变压器为简单的双绕组变压器，二次侧只有一相输出端，当牵引变电所两侧供电臂共同接于变压器二次侧输出端时，两侧供电臂电压相序相同，因此可以省去对变电所出口处电分相的设置。虽然纯单相接线牵引变压器结构简单，但其在运行时对电力系统侧会造成负序和谐波等电能质量污染问题，故在实际设计时多不采用该接线形式的牵引变压器。

2. V/v 接线牵引变压器

V/v 接线牵引变压器在接线原理上可认为是由两台纯单相接线牵引变压器组合而成的，并且具有电气原理简单、内阻抗较低以及过负荷能力强的优势，电气原理如图 1-9 所示。一次侧为 V 型单绕组，其绕组中间为公共端子，绕组两端及公共端子分别与电力系统电源的三相电压相连接；二次侧也为 V 型单绕组，其结构形式与一次侧相类似，其中，牵引供电系统中的钢轨和接地系统与公共端子相连接，两端端子分别与两侧供电臂相连接。该变压器两相输出电压相序并不相同，故在变电所出口处应设置分相绝缘器。

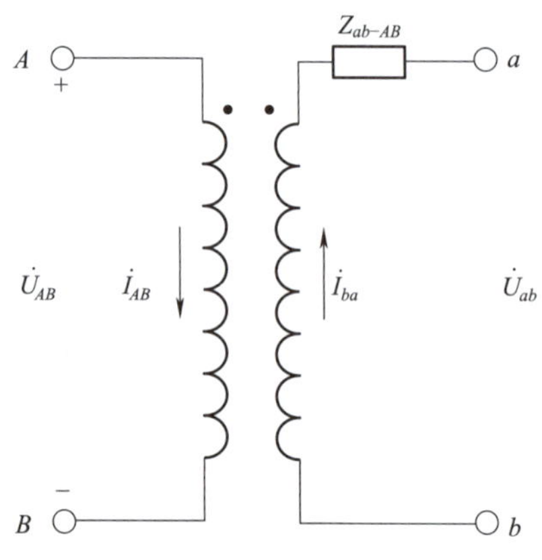

图 1-8　纯单向接线牵引变压器示意

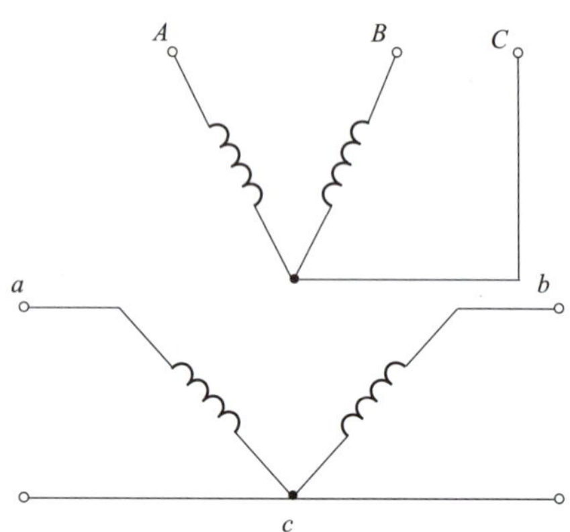

图 1-9　V/v 接线牵引变压器示意

3. V/x 接线牵引变压器

V/x 接线牵引变压器包含两个单相三绕组的变压器，分别为左右 AT 牵引网(供电臂)供电。二次侧绕组中性点抽出并接地，使得两个绕组电压为±27.5 kV，分别与 T 母线和 F 母线相连，形成 AT 供电方式。V/x 变压器具有较高的容量利用率和简单的接线方式，因此，在我国高速铁路牵引变电所中应用最为广泛。图 1-10 给出了 V/x 牵引变压器电气原理图。

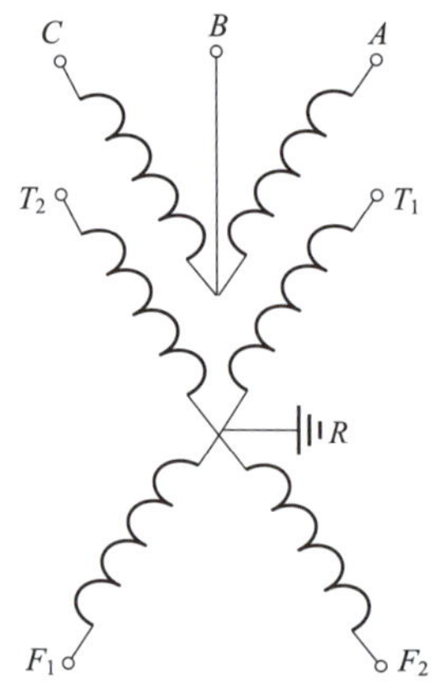

图 1-10　V/x 接线牵引变压器

4. Scott 接线牵引变压器

Scott 接线牵引变压器即能够在智能系统环境下，通过网络与其他设备或系统进行交互的变压器，其内部潜入的传感器单元以及执行单元能够在智能化单元的管理下，保证变压器在安全、可靠、经济的条件下运行。智能变压器的功能是在传统变压器基础上植入传感器，增加智能组件，利用数据化和网络化技术通过变压器状态传感器和指令执行元件，实现变压器的可视化、控制的网络化和自动化，为智能变电站提供最为基础的功能支撑。

5. 智能牵引变压器

智能变压器，即能够在智能系统环境下，通过网络与其他设备或系统进行交互的变压器。其内部潜入的传感器单元以及执行单元能够在智能化单元的管理下，保证变压器在安全、可靠、经济的条件下运行。智能变压器的功能是在传统变压器基础上植入传感器，增加智能组件，利用数据化和网络化技术通过变压器状态传感器和指令执行元件，实现变压器的可视化、控制的网络化和自动化，为智能变电站提供最为基础的功能支撑。

目前，在国电系统中，国网智能变压器应用已有很多成功案例，而在铁路系统中，对于应用于铁路建设的智能牵引变压器还没有一个明确技术条件，为使智能牵引变压器能更好更安全的应用国家的铁路建设，应对其进行更深入的研究。

智能牵引变压器是在普通牵引变压器的基础上，结合智能组件的制作安装特点，研发而成。它对普通牵引变压器进行了优化，具有如下创新点：

(1)变压器实现智能化

智能牵引变压器装有油色谱在线监测装置，光纤测温装置，超声局放监测装置，油箱振动监测装置，高频局放监测装置，铁心接地电流监测装置，变压器智能组件柜等智能组件以及智能变压器智能后台。

(2)变压器智能后台实现状态智能自评估

智能牵引变压器可以对智能牵引变压器进行过负荷能力评估，油气监测分析与评估，掌握牵引变压器的实时运行状态。

(3)变压器与智能组件采用传感器一体化融合设计技术

智能组件是智能牵引变压器的核心部件，它是依据监控设备模块化、设计标准化、安装就地化的原则，采用先进的检测技术、信号处理及数字化技术、嵌入式计算机技术、高速以太网通信技术以及状态评估诊断技术，实现对变压器智能化监测和状态评估。智能组件集成了对局部放电、温度负荷、油中溶解气体和微水、铁芯接地电流、光纤绕组测温、变压器振动等信号以及冷却装置、有载分接开关等执行机构的监控，同时为非电量保护装置、合并单元等预留安装和通信接口。

变压器智能组件主要包括:各种 IED(智能电子装置)、各种智能传感器、执行机构、通信网络和智能组件柜。

IED 主要包括:智能化单元、局放监测单元、油气监测单元、光纤绕组测温单元等。

传感器:包括局部放电传感器、油气微水传感器、油温度传感器、绕组光纤测温探头等。

执行机构:包括冷却装置和有载分接开关的电动操作箱。

通信网络:包括变压器智能化单元与各监测单元之间的通信,以及与站控层系统的组网。

系统主要组成如图 1-11 所示。

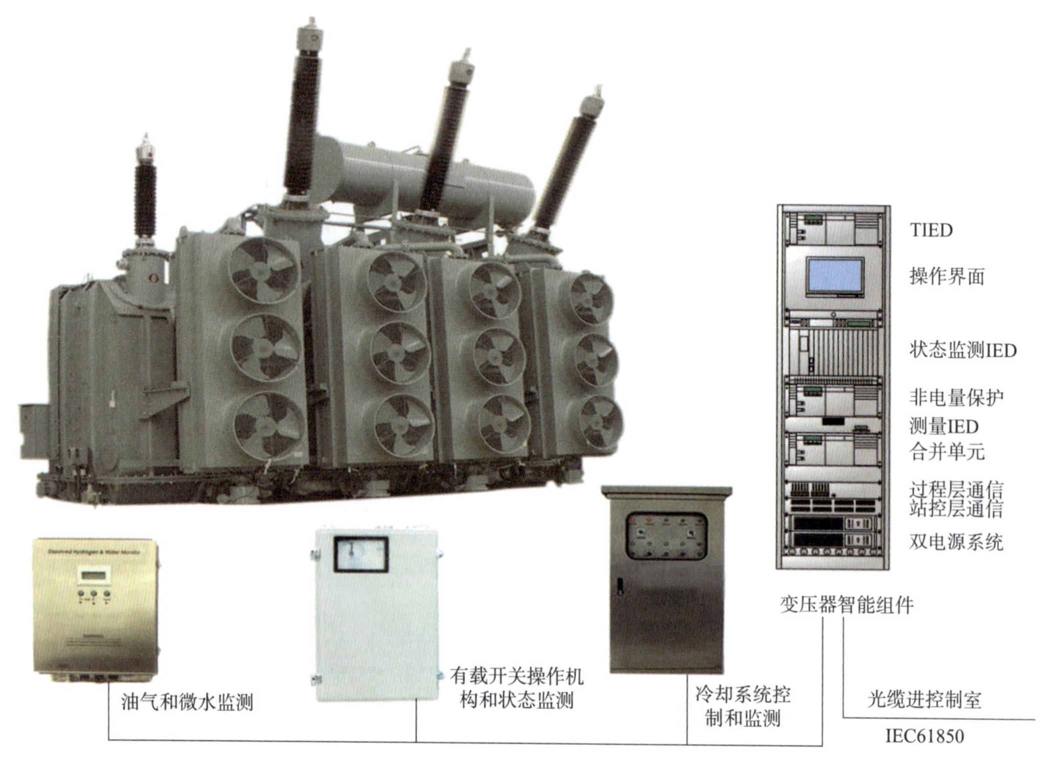

图 1-11　变压器智能组件系统组成

各种状态传感器将信号实时采集并传输到对应的监测单元。监测单元进行信号处理分析后将结果上报智能化诊断单元。简单的信号直接进入智能化测控单元,智能化诊断单元根据实时采集的信号和各监测单元的分析结果来完成对变压器当前运行状态的综合评估诊断。

所有 IED 按照 IEC61850 标准统一组网,然后由智能化单元通过光纤以太网按照 IEC61850 标准上报站控层。智能组件系统原理框图如图 1-12 所示。

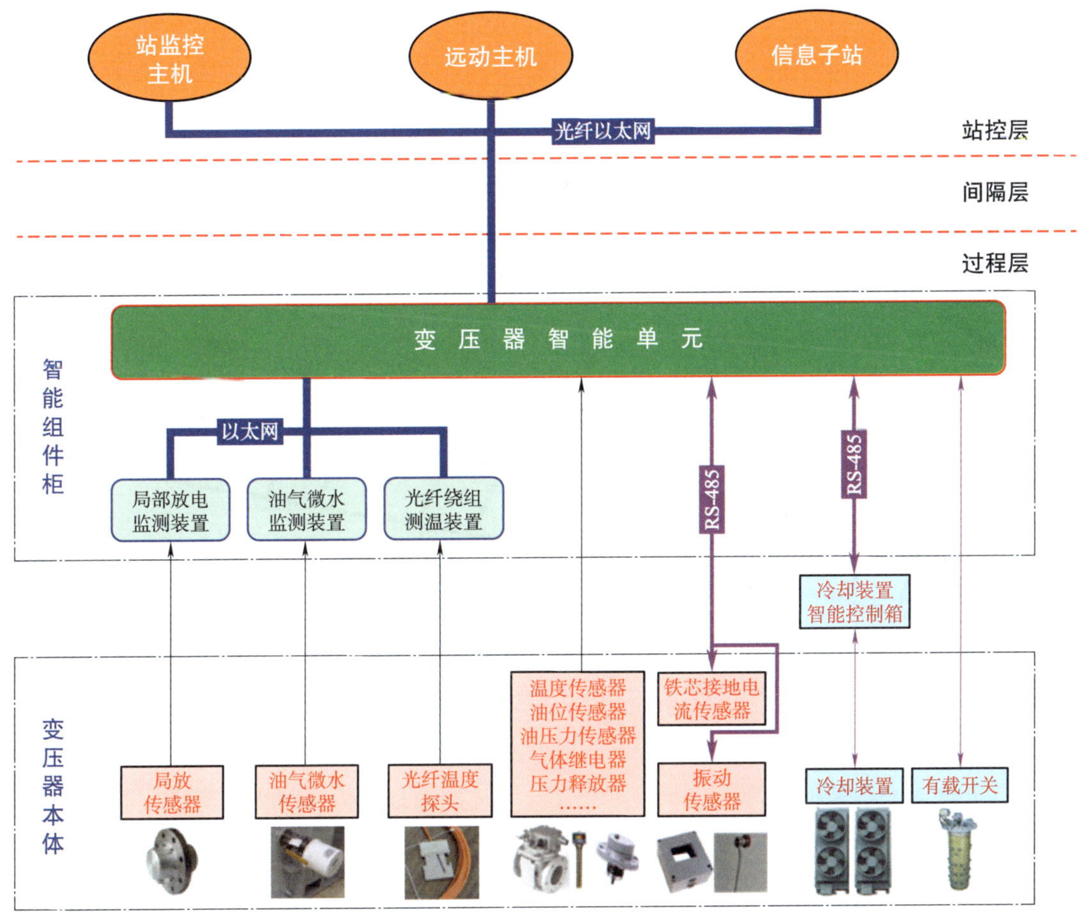

图 1-12　智能组件系统原理框图

各单元功能如下：

(1)智能化测控单元采集变压器本体非电量信号、油面温度信号等；

(2)局放监测 IED 采集变压器内部局部放电信号；

(3)非电量保护装置采集变压器本体非电量信号；

(4)合并单元 MU 采集变压器本体电压电流信号；

(5)智能化诊断单元与油色谱监测、铁芯接地监测单元、光纤绕组测温单元、智能化测控单元、局放监测单元、非电量保护单元、合并单元进行通讯；

(6)智能化诊断单元对各监测单元信号进行评估诊断，并与站控层主机进行通信。

1.3.2　牵引网

牵引网主要由馈线、接触网、轨道和大地、回流线构成，是电气化铁路牵引供电系统中不可或缺的一部分，牵引电流从牵引变电所主变压器流出，经由馈线、接触网供给电力机车，然后沿轨道和大地、回流线流回牵引变电所主变压器。如图 1-13 所示为带回流线的直接供电方式下的牵引网导线悬挂情况。

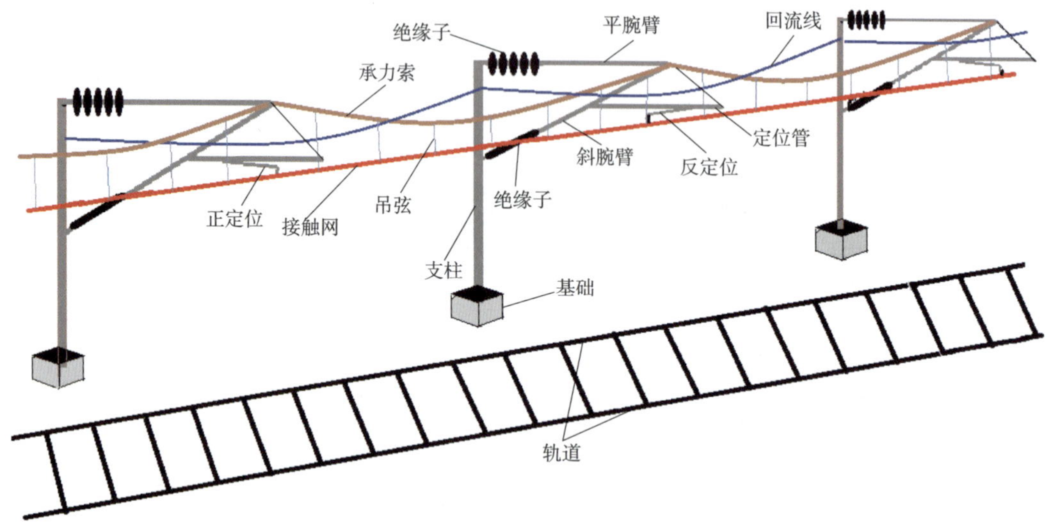

图 1-13 带回流线的直接供电方式牵引网示意

馈线由硬铝绞线或钢芯铝绞线架设在电杆上组成，其截面应满足馈电电流的要求。

接触网是牵引网的主体。它采用架空式的单链型悬挂或简单悬挂。前者除接触线外，还有承力索、吊弦，后者只有接触线而没有承力索。

接触线和承力索，在 20 世纪 90 年代以前，GLCA-100/215 与 GLCB-85/173 型钢铝接触线和 GJ-70 与 GJ-100 型钢绞线承力索用得较多，部分采用 TCG-100 与 TCG-85 型铜接触线和 TJ-95 与 TJ-100 型铜绞线承力索。进入 21 世纪，《铁路电力牵引供电设计规范》规定，接触线宜采用铜合金或铜接触线；新建干线电气化铁路承力索采用铜合金绞线，一些次要电气化铁路（如矿山铁路、地方专用线等）承力索可采用除铜合金或铜以外的其他材质绞线。关于高速电气化铁路设计的几个暂行规定更是明确要求，接触线、承力索应采用铜合金材质。既有干线电气化铁路承力索采用铜绞线的区段，按规范要求，应逐步更换成铜合金绞线。

钢轨按每米质量的不同分别为 75 kg/m、60 kg/m、50 kg/m、43 kg/m 等，每根钢轨标准长 12.5 m，长钢轨每根长 25 m。两根钢轨间有鱼尾板连接，两条轨道每隔 300 m 用圆钢并联，国家干线铁路多采用焊接无缝长钢轨。

导线的有效电阻和等效半径的值，通常由制造厂给定，或从手册上查得。我国电气化铁道的牵引网常用导线和钢轨的类型与有关数据见表 1-2～表 1-8。对于非圆形截面的导线，一般用计算半径来代表导线半径 R。

表 1-2 铜与铜合金接触线类型和基本参数

名称	型号规格	截面面积/mm^2		断面尺寸		参考单位质量/(kg·m^{-1})	计算半径/mm	等效半径/mm	直流电阻(20 ℃)/(Ω·km^{-1})	持续载流量/A		电阻温度系数(1/k)
		标称	计算	a/mm	b/mm					工作温度95 ℃	允许最高工作温度150 ℃	
铜接触线	CT85	85	86	10.8	10.76	769	5.23	4.08	0.207	410	—	0.003 81
	CT110	110	111	12.34	12.34	992	5.94	4.63	0.16	480	—	
	CT120	120	121	12.9	12.9	1 082	6.21	4.84	0.147	510	—	
	CT150	150	151	14.4	14.4	1 350	6.93	5.41	0.118	580	—	
铜银合金接触线	CTA85	85	86	10.8	10.76	769	5.23	4.08	0.207	—	—	0.003 81
	CTA110	110	111	12.34	12.34	992	5.94	4.63	0.16	480	650	
	CTA120	120	121	12.9	12.9	1 082	6.21	4.84	0.147	510	690	
	CTA150	150	151	14.4	14.4	1 350	6.93	5.41	0.118	580	800	
高强度铜银合金接触线	CTAH85	85	86	10.8	10.76	769	5.23	4.08	0.207	—	—	0.003 81
	CTAH110	110	111	12.34	12.34	992	5.94	4.63	0.16	480	650	
	CTAH120	120	121	12.9	12.9	1 082	6.21	4.84	0.147	510	690	
	CTAH150	150	151	14.4	14.4	1 350	6.93	5.41	0.118	580	800	
铜镁合金接触线	CTM110	110	111	12.34	12.34	992	5.94	4.63	0.202	450	640	0.001 85
	CTM120	120	121	12.9	12.9	1 082	6.21	4.84	0.185	480	680	
	CTM150	150	151	14.4	14.4	1 350	6.93	5.41	0.148	550	780	
高强度铜镁合金接触线	CTMH110	110	111	12.34	12.34	992	5.94	4.63	0.25	410	570	0.001 85
	CTMH120	120	121	12.9	12.9	1 082	6.21	4.84	0.23	430	610	
	CTMH150	150	151	14.4	14.4	1 350	6.93	5.41	0.184	490	700	
铜锡合金接触线	CTS110	110	111	12.34	12.34	992	5.94	4.63	0.216	380	570	0.003 65
	CTS120	120	121	12.9	12.9	1 082	6.21	4.84	0.198	410	600	
	CTS150	150	151	14.4	14.4	1 350	6.93	5.41	0.159	470	690	

表 1-3 铜与铜合金绞线承力索类型和基本参数

名称	型号规格	截面面积/mm^2		根数×单线直径/mm	单位质量/(kg·m^{-1})	计算半径/mm	等效半径/mm	直流电阻(20 ℃)/(Ω·km^{-1})	持续载流量/A		电阻温度系数(1/k)
		标称	计算						工作温度95 ℃	允许最高工作温度150 ℃	
铜绞线	JT70	70	65.81	19×2.10	599	5.25	3.98	0.275	350	—	铜单线 0.003 81
	JT95	95	93.27	19×2.50	849	6.25	4.74	0.194	435	—	
	JT120	120	116.99	19×2.80	1 065	7.00	5.31	0.155	505	—	
	JT150	150	148.07	19×3.15	1 347	7.90	5.99	0.122	585	—	
	JT150	150	147.11	37×2.25	1 342	7.90		0.123	580	—	

续上表

名称	型号规格	截面面积/mm²		根数×单线直径/mm	单位质量/(kg·m⁻¹)	计算半径/mm	等效半径/mm	直流电阻(20 ℃)/(Ω·km⁻¹)	持续载流量/A		电阻温度系数(1/k)
		标称	计算						工作温度95 ℃	允许最高工作温度150 ℃	
铜镁合金绞线	JTM70	70	65.81	19×2.10	599	5.25	3.98	0.346	310	420	铜镁合金单线0.004 00
	JTM95	95	93.27	19×2.50	849	6.25	4.74	0.244	385	525	
	JTM120	120	116.99	19×2.80	1 065	7.00	5.31	0.195	445	610	
	JTM150	150	147.11	37×2.25	1 342	7.90		0.155	515	705	
高强度铜镁合金绞线	JTMH70	70	65.81	19×2.10	599	5.25	3.98	0.43	280	380	铜镁合金单线0.004 00
	JTMH95	95	93.27	19×2.50	849	6.25	4.74	0.303	345	475	
	JTMH120	120	116.99	19×2.80	1 065	7.00	5.31	0.242	400	545	
	JTMH150	150	147.11	37×2.25	1 342	7.90		0.193	465	635	

表 1-4　传统接触线类型和基本参数

名称	规格	截面面积/mm²			断面尺寸		单位质量/(kg·m⁻¹)	直流电阻/(Ω·km⁻¹)	计算半径/mm	等效半径/mm	持续载流量/A	20 min载流量/A
		标称	钢	铝	*a*/mm	*b*/mm						
钢铝电车线	GLCA-100/215	215	67	148	16.5	19.6	925	0.184	9.02	8.57	470	520
	GLCB-85/173	173	54	119	16.7	13.2	744	0.23	7.47	7.1	400	440
铜接触线	TCG-100	100	—	—	10.8	12.81	890	0.179	5.9	4.6	600	
	TCG-85	85	—	—	10.8	11.76	760	0.211	5.64	4.4	500	

表 1-5　传统铜绞线类型和基本参数

名称	型号	计算截面面积/mm²	根数×单线直径/mm	单位质量/(kg·m⁻¹)	计算半径/mm	等效半径/mm	电阻/(Ω·km⁻¹)	持续载流量/A
硬铜绞线	TJ-70	68.8	19×2.14	618	5.35	4.055	0.28	340
	TJ-95	92.5	19×2.49	839	6.25	4.74	0.2	415
	TJ-120	117	19×2.80	1 057	7	5.31	0.158	485

表 1-6　传统铝绞线类型和基本参数

名称	型号	计算截面面积/mm²	根数×单线直径/mm	单位质量/(kg·m⁻¹)	计算半径/mm	等效半径/mm	电阻/(Ω·km⁻¹)	持续载流量/A
铝绞线	LJ-95	93.27	19×2.50	257	6.25	4.74	0.317	325
	LJ-120	116.99	19×2.80	323	7	5.31	0.253	375
	LJ-150	148.07	19×3.15	409	7.87	5.97	0.2	440
	LJ-185	182.8	19×3.50	504	8.75	6.63	0.162	500

表 1-7　传统钢芯铝绞线与钢绞线类型和基本参数

名称	型号	计算截面面积/mm²		根数×单线直径/mm		单位质量/(kg·m⁻¹)	计算半径/mm	等效半径/mm	电阻/(Ω·km⁻¹)	持续载流量/A
钢芯铝绞线	LGJ-95	铝	钢	铝	钢	401	6.84	6.5	0.315	335
		94.23	17.81	28×2.07	7×1.8					
钢芯铝绞线	LGJ-120	116.34	21.99	28×2.30	7×2.00	495	7.6	7.22	0.255	380
	LGJ-150	140.76	26.61	28×2.53	7×2.20	599	8.36	7.94	0.211	445
	LGJ-185	182.4	34.36	28×2.88	7×2.50	774	9.51	9.03	0.163	515
钢绞线	GJ-50		48.26		19×1.80	411.1	4.6		3.61(50 A)	90
	GJ-70		72.2		19×2.20	615	5.75		1.93(50 A)	120
	GJ-95						6.3		1.58(50 A)	140
	GJ-100		100.83		19×2.60	859.4	6.5	6.18	1.45	

表 1-8　单条钢轨的类型和参数

名称	规格/(kg·m⁻¹)	钢轨质量/(kg·m⁻¹)	钢轨截面/cm²	钢轨周长/mm	计算半径/mm	有效电阻/(Ω·km⁻¹)	内电抗/(Ω·km⁻¹)	等效半径/mm
钢轨	43	44.653	57	558	88.8	0.22	0.22	2.70
	50	51.514	65.8	606	96.4	0.18	0.18	5.53
	60	60.35	77.08	685	109	0.135	0.135	12.78

1.3.3　牵引变电所辅助监控系统

智能巡检是采用监控、编程、云计算等技术，实现牵引变电所设备运行维护人员通过后台数据中心，足不出户，就能实现远程检查和巡检，指导故障处理，提高了牵引变电所运行可靠性和检修效率，保障了供电安全，有效降低了运营成本，为变电所无人值守提供了技术支持，目前通过辅助监控系统实现该功能。

如图 1-14 所示，牵引变电所辅助监控系统是一种基于机器视觉技术的设备检测巡检、数据集成分析、故障研判预警技术，由视频监控及巡检、环境监测、动力照明控制、安全防范以及火灾报警等系统组成，运用数字化、信息化手段，通过对图像、数据的识别、集成分析，研判牵引变电所设备状态并提前进行预警。具备实时在线监测控制、信息共享、告警联动等功能，安全高效地完成设备运行状态监测及巡检等操作。

辅助监控系统能对牵引变电所牵引变压器、互感器、避雷器、隔离开关、断路器、高压柜、控制盘柜、电缆夹层等供电重点设备及重点区域进行实时监控。

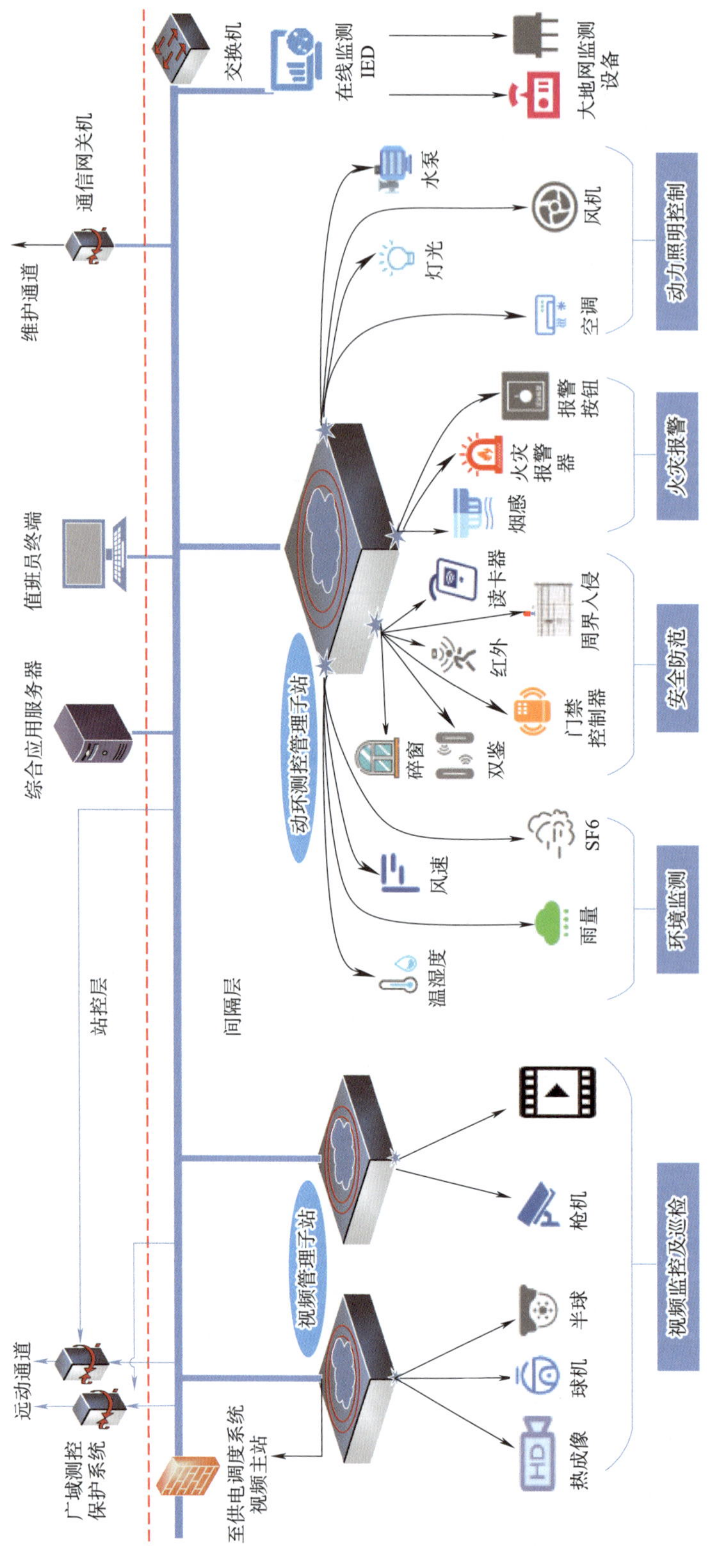

图1-14 辅助监控系统结构图

1. 视频监控及巡检系统

(1)系统构成

视频监控及巡检系统包括室内摄像机、室外摄像机、视频服务器等设备,变电所大门、进线区域、牵引变压器区域配置室外高速球形摄像机,实现牵引变电所内监管区域的视频显示、图像存储与回放、视频控制、视频巡检、图像识别、红外热成像监测。

(2)视频显示

视频显示对实时图像监视,现场视频数据流通过交换机等网络设备进入视频管理服务器,经过数据解码器最终在监视墙进行实时显示。支持 VGA/HDMI、主辅音视频及辅助视频端口的本地输出,支持视频预览分组切换、手动切换或自动轮巡预览,具备视频移动侦测、视频丢失检测、视频遮挡检测、视频输入异常检测功能,云台控制时,支持鼠标点击放大、鼠标拖动跟踪功能。

(3)图像存储及回放

图像存储有循环写入和非循环写入两种模式,支持定时和事件两套压缩参数,录像触发模式包括手动触发、定时触发、报警信号触发、移动侦测信号触发、动环装置信号触发等多种模式,每天可设定 8 个以上录像时间段,不同时间段的录像触发模式可独立设置。支持录像文件的锁定和解锁,可以按事件查询录像文件,及按通道号、录像类型、文件类型、起止时间等条件进行录像资料的检索和回放。

(4)视频设备控制

视频设备控制对牵引变电所内任意一摄像机进行控制,实现对摄像机视角、方位、焦距、光圈、景深的调整,对于带预置云台,操作人员可直接进行云台的预置和操作,可设置摄像机参数,包括设置预置位、区域名称、区域遮盖等;可完整的远程控制前端设备:如现场云台、电动变焦头、防护罩雨刷等各种受控设备。

(5)视频巡检

牵引变电所视频巡检的方式一般有固定摄像机、轮式巡检机器人或固定导轨式移动摄像机等,如图 1-15～图 1-17 所示。视频巡检能实现牵引变电所的远程智能巡视,可以模拟和替代人工巡视,具备巡检策略管理功能,根据所内实际设备情况对巡视线路、巡视步骤、巡视对象、巡视项目等内容进行自定义,实现牵引变电所的远程智能巡视。具有对巡检对象的标准图谱数据库,利用智能图像识别技术,在自动巡视时判断设备运行是否正常,如果出现异常自动进行报警。巡检结束后自动生成巡检记录表,并按照巡检时期、巡检人员等条件进行历史查询。

图 1-15　固定摄像机

图 1-16　轮式巡检机器人

图 1-17　固定导轨式移动摄像机

(6)智能图像识别

智能图像识别能对牵引变压器油位刻度进行智能识别和判断,在异常时进行报警。对户外高压断路器的分/合指示牌进行智能识别,判断开关状态;对隔离开关运行状态进行视频图像智能分析,实时判断隔离开关分合状态,并实现异常报警;对户内高压开关柜分合指示牌、开关柜指示灯进行视频图像智能分析,实时判断开关状态;对所内设备的气压表、温度仪、计数器等各类仪表的视频图像进行智能分析,实时判断仪表读数并智能报警。

同时能对安全防范系统上的报警进行图像复核,确认是否为真实有效的报警,有效解决传统周界防范等系统误报率高的问题。当相关报警信号产生时,摄像机能自动对准报警发生地,并采集实时图像,进行智能识别,经图像复核实现智能报警。

(7)红外热成像监测

牵引变电所红外热成像监测能对牵引变电所一次系统主导流设备进行红外温度监视,红外热像仪对牵引变压器、互感器、避雷器、导线、线夹等设备的热像图谱进行分析。采集到设备的红外图像后,通过表面温度判断法、同类比较判断法、图像特征判断法,来判断设备的状态,如果温度达到警戒值则进行报警,如图1-18和图1-19所示。

图1-18 红外热像仪

2. 环境监测系统

(1)系统构成

环境监测系统由动力环境测控装置、温度传感器、湿度传感器、SF_6探测器等组成。处在风力较大区域的变电所可在室外选择布置一个风速传感器,高压室、控制室等重要设备间各配置一套温度传感器、湿度传感器或组合型温湿度传感器。在含有SF_6气体设备的高压配电室及电缆夹层配置SF_6探测器。

(2)动力环境测控装置

动力环境测控装置主要分布在各个独立的动力设备和机房环境监控对象进行遥测、遥

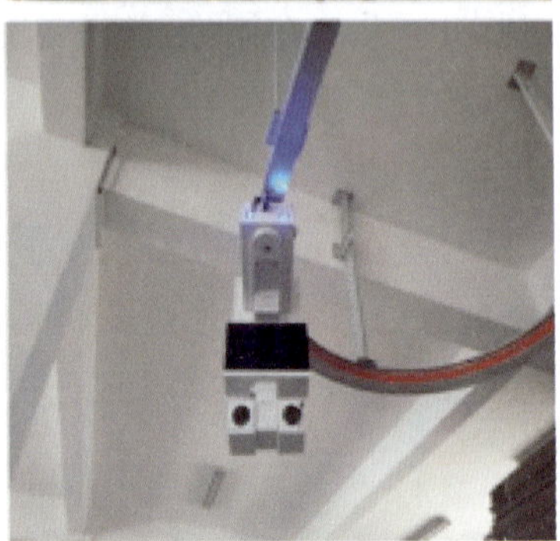

图 1-19　视频监控及巡检系统效果图

信等采集，实时监视系统和设备的运行状态，记录和处理相关数据，及时侦测故障，并作出必要的遥控操作，适时通知人员处理；实现变电所的少人值守，以及电源、空调的集中监控维护管理，提高供电系统的可靠性和通信设备的安全性。

(3)温湿度传感器

温湿度传感器由温湿度传感器加外接探头组成，主要监测机房、配电室、仓库、档案室内温湿度变化情况，将温湿度传感器安装于主控制室内，通过 RS-485 总线接入监测单元主机，监控中心即可远程采集温湿度数据，实时监控温湿度上下限，发现越限时可联动报警。

3. 安全防范系统

(1)系统构成

安全防范系统主要由周界入侵、门禁系统及红外等部分组成。通过各种探测和传感器技术的综合应用，针对变电所周界场所，实现在入侵破坏前的预警作用。分别对牵引变电所围墙、大门、窗户进行监视和入侵探测，对非法侵入进行提示告警，并且实时展示安防设备的工作状态、告警状态，通过对安防设备进行布防和撤防，保障变电所及周边环境的安全。

(2)周界入侵报警

周界入侵报警系统能够对变电所周界进行全天候的入侵监测和报警，如图 1-20 和图 1-21 所示。当发生非法入侵变电所或自然灾害导致的变电所围墙破坏时，系统能够实时自动向变电所、调度端、供电段等处的管理平台发送报警信息及现场实时视频监视画面，并且通过现场的声、光报警信号对入侵者形成心理震慑。

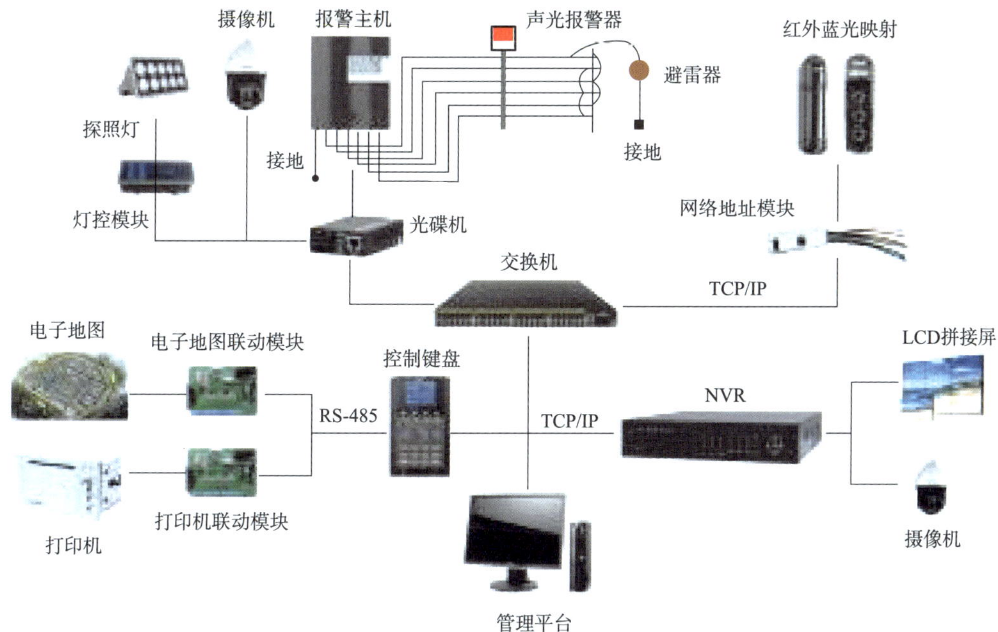

图 1-20　周界入侵报警子系统结构图

图 1-21　周界入侵报警系统

(3)门禁

门禁系统通常由电锁、感应卡、读卡器、控制器、综合管理服务器、系统管理工作站、制卡系统等组成,可实行分级管理、电脑联网控制。支持远方控制及音频、视频对话、权限设定等功能,安全防范系统视频监控系统对变电所内全区域人员进行监视,并把视频数据实时传输到监控中心。

(4)红外双鉴探测器

红外双鉴探测器通过探测人体发射的红外线并收集外界的红外辐射进而聚集到红外传感器上,通过热释电元件在接收了红外辐射温度发出变化时向外释放电荷,检测处理后产生报警。

4. 火灾报警系统

(1)系统构成

火灾报警系统包括火灾报警控制器、感温感烟探测器、声光报警器、手动报警按钮等。火灾探测区域按独立房间划分,有高压室、控制室、通信机械室等场所。根据探测区域的不同,可配置不同类型的探测器或者探测器组合。

(2)火灾报警系统

火灾报警系统可根据需要进行分级,报警信号、报警内容可在任何画面自动显示。当发生报警时,视频服务器将会自动进行存盘录像;视频监控系统具有与火灾报警系统联动的功能,即当发生火灾时,彩色监视器画面能够自动切换,显示火灾情况。火灾发生点处附近的摄像机将自动跟踪拍摄火灾情况,关闭空调、风机、自动打开所有门禁,开启相关应急灯具进行疏散引导,并启动声光报警,在此过程中报警信息全部存储到磁盘阵列,所有报警信息均可查询,有需要时可打印输出。

5. 动力照明控制系统

(1)系统构成

动力照明控制系统包括对牵引变电所内的风机、水泵、灯光、空调等设备的控制回路及控制器。灯光控制分组实现控制功能,其他设备控制设置一对一控制。

(2)动力照明控制系统

动力照明控制系统当由于入侵行为(围禁、门禁告警、私自破坏门禁设备等)触发报警时,相关摄像机自动凝视侵入目标并启动录像功能,启动声光报警,夜间自动打开室外照明。支持用户自定义辅助设备联动,辅助设备之间的联动关系可以自由设置,具备与各个子系统设备之间的联动;当室内温湿度越限时,监控界面自动给出报警信息,并启动风机或空调进行调节。当水浸探测报警时,自动启动水泵系统。当 SF_6 探测器报警时,自动启动风机系统。

在与 SCADA 系统进行联动时,当操作开关设备或发生事故跳闸时能联动周围摄像机,自动将摄像机对准到相关设备，实现多角度视频信息的实时监控，通过智能图像识别实现信息复核，并对整个操作过程进行全程录像。照明控制系统与视频监控系统、火灾报警系统、安全防范等多个系统能实现联动，实现夜间和光线照度不够时提供足够的光线亮度。

1.3.4 数字化牵引变电所

数字化牵引变电所利用数字化技术、网络通信技术，结合铁道牵引供电的特点，采用智能化一次设备、网络化二次设备等，能够实现整个牵引变电所设备的数字化，操作的智能化；变电所采用基于 IEC 61850 标准的通信网络进行信息交互，实现了系统设备之间的数据、信息共享；建立统一的通信标准与数学建模，提高了系统的扩展性，实现了装置的互操作性。

数字化牵引变电所具有以下优点：

(1)运行信息数字化、网络化，减少了功能重复的设备，提高了设备工作效率。

(2)设备之间具有互操作性，使得系统工作协调，设备选择灵活。

(3)二次设备功能网络化，实现功能的集成，提高各项性能。

(4)一次设备实现智能化，提高了设备工作能力。

(5)采用光纤连接，提高抗电磁干扰能力，大大减少电缆数量，提高经济性。

(6)系统开放，有很高的扩展性，有利于进行系统的建设、维修与升级。

与传统牵引变电所相比，数字化牵引变电所最大的改变是采用了数字化系统。从 2006 年以来，我国进行了大量数字化系统的投入应用，比如海宁 500 kV 数字化变电站、河南洛阳金谷园变电站等。其中，建于 2010 年的陈甫数字化变电站全部采用国内自主知识产权的数字化设备，标志着我国在电子互感器、智能开关、光纤网络化等多项数字化技术应用研究取得重大突破，达到国际同类先进水平。

而在实际应用中，数字化牵引变电所主要存在两个方面的问题：

(1)设备应用存在的问题。比如设备生产厂家有限，设备型号选择受到制约；研发技术水平不一致，部分厂家的设备功能不够完善。

(2)实际运行中存在的问题。比如数字化设备与现有的安全运行规程不能完全匹配，在相应方面需要调整与修改。

从目前数字化系统的运行情况来看，总体是平稳有序的：数字化采集功能较为正常、保护装置基本能够正确动作、自动装置运行正常。所以在一定程度上，表明牵引变电所数字化技术已经具备应用到实际牵引变电所上的能力，能够保证在运行过程中，达到可靠、安全、稳定的要求。

第2章 高速铁路电力牵引供电工程关键建造技术

为更好地满足人们的出行需求和经济发展的需求，铁路技术和设施不断升级和改进。高速铁路、城际铁路、货运铁路等铁路智能化新技术不断涌现，为人们提供了更加舒适、快捷、高效的出行体验。同时，随着科技的不断发展和应用，智能化、自动化等新技术正逐步应用于铁路建设和运营中，进一步提升了铁路的建设效率和工程建设质量。

2.1 接触网工程

接触网是铁路电气化工程的主构架，也是电气化铁路的电力输送脉络、接触网是沿钢轨上空“之”字形架设的，是电力机车或动车组通过受电弓与其接触受电取流的特殊形式高压输电线路，其主要由接触悬挂、支持装置、定位装置、支柱与基础等组成。

自国内第一条电气化铁路宝成线建成通车至今，电气化铁路建设已经过了六十多年的发展历程，已形成一套较为固化成熟的接触网施工操作规程和工艺标准。2008年京津城际建成通车，拉开了中国高速铁路建设的序幕。自京津城际建成通车至今，中国高铁经历了从无到有，从追赶到超越，从引进消化吸收再创新到系统集成创新，再到完全自主创新，已成为世界铁路科技的集大成者。截至2022年底，中国高铁营业里程已达到4.2万km，超过世界高铁总里程的三分之二。从东部走向西部，从“四纵四横”到“八纵八横”，从国内走向海外，中国高铁得到了迅猛的发展。结合“创新、协调、绿色、开放、共享”的发展理念，对高速铁路建设也提出了更高的要求，精品工程、智能建造已成为引领中国及世界高速铁路发展的重要方向。接触网工程建设中，积极推广应用、创新研发各类先进设备和信息化技术，从信息化测量、工厂化预配、专业化安装、智能化检测等，向机械化减人、自动化换人、智能化无人的方向持续迈进，进一步推动高速铁路的智能建造进程。

2.1.1 信息化测量技术

接触网施工测量主要包括接触网接口检查、基础定位测量、腕臂计算数据测量、吊弦计算数据测量等。信息化测量技术是以测量数据管理为核心，充分运用移动互联、云平台等技术，聚焦数据精准采集，通过应用系列精密测量仪器，实时将测量结果自动传输至后台进行下一步的归集处理，确保数据及时、真实、精确，实现工程测量信息化、高效化，为接触网工程提供精确的基础数据保障。

1. 接口工程检测

接触网接口工程主要包括：支柱及拉线预留基础，隧道内预留槽道，上网与回流电缆敷设桥梁预留锯齿孔，上下桥墩爬架，路基预留过轨防护管等。接口工程的质量直接影响后续的施工进度和质量，因此必须加强项目工程建设中接口管理工作，落实接口管理工作的职责，科学有序的全过程动态控制好接口质量，实现各专业之间的无缝衔接。本书重点论述支柱及拉线预留基础检查和隧道内预留槽道检测技术。

（1）支柱及拉线预留基础检测

接触网支柱及拉线基础预留检测内容包括：基础位置、基础型号、基础侧面限界、基础扭转度、基础标高、基础螺栓材质及防腐、基础螺栓间距及外露长度、基础混凝土保护层等。除了常用的钢尺、水准仪外，在基础螺栓间距及外露长度检查时，使用基础螺栓检测仪，如图 2-1 所示，通过 3D 扫描技术，拍摄一次就能获取基础正面、侧面、俯视三个视角方向的数据，自动生成三维模型，并将测得的基础螺栓实际数据与预置的设计图纸数据进行比对分析，指导现场纠错，确保基础质量。同时，通过移动互联将数据实时回传至项目调度中心信息化平台，以便于管理层及时掌握现场情况，为决策提供依据。

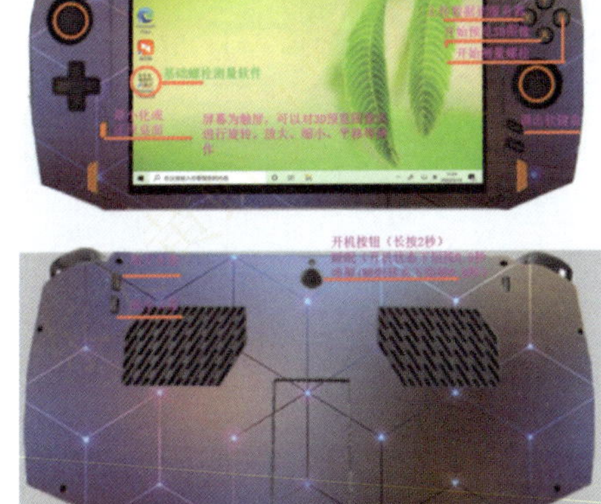

图 2-1　基础螺栓检测

基础螺栓检测仪由图像采集软件、图像识别结果输出软件、无线传输软件三部分构成，分别由高分辨率相机及镜头组成双目深度相机，采用红外光线进行环境光补偿，采用无线数据收发模块实现远程数据交互。通过双目与红外三点式测距，全自动校正测量仪与被测螺栓之间的距离，以便图像自动校正，消除人手的方位误差。视觉采集采用 2 000 万像素的高分辨率相机，最大可以采集 1 000 mm×800 mm 的区域图像，拍摄距离达 1 500 mm。图像识别采用先进的目标识别技术，重构螺栓三维模型。基础螺栓检测及测量结果如图 2-2 所示。

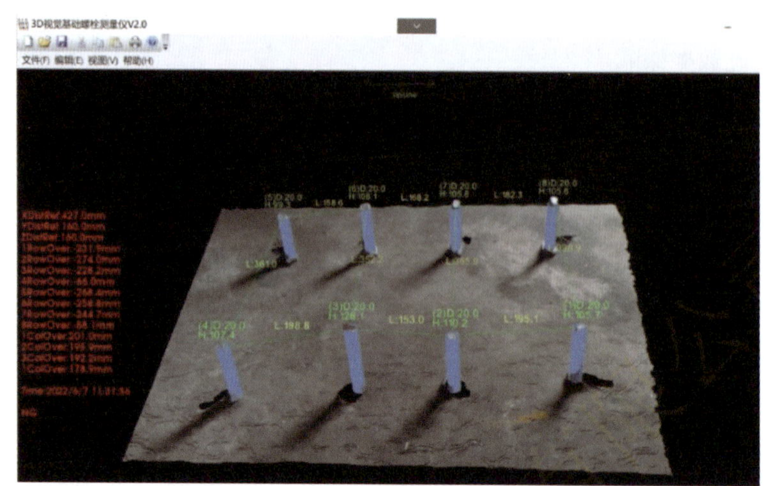

图 2-2　测量结果

通过对预留基础的检查测量，确保接触网基础型号、位置等参数符合设计要求，螺栓中心距线路中心距离、螺栓间距等参数允许偏差见表 2-1。

表 2-1　预留接触网基础参数允许偏差

序号	项　　目	误差要求/mm
1	螺栓外观检查无损伤、螺栓材质符合设计要求，同时应提供由第三方检测机构出具的极限抗拉强度、屈服强度、伸长率、冷弯试验报告；每根基础螺栓均应提供由第三方检测机构检测、监理单位见证的拉力试验报告	—
2	螺栓组中心距线路中心线的距离	+50/0
3	螺栓组中心顺线路方向偏移	±50
4	基础预埋件应牢固可靠，螺栓外露长度及螺纹长度	+10/0
5	螺栓相邻间距	±1
6	螺栓对角线间距	±1.5
7	预埋钢板应与基础面齐平或略高	+5/0
8	预埋钢板中部预留孔中混凝土略高于预埋钢板顶面	+5/0
9	预埋钢板应水平，高低偏差	<5
10	螺栓应垂直于水平面，每个螺栓的中心偏差在顶端偏移	<1
11	靠近线路侧螺栓连线的法线应垂直线路中心线，一组螺栓的整体扭转	±1.5°
12	基础面至轨面距离(以内轨为标准)；基础面高出路基面距离；基础平台尺寸；预埋钢板尺寸	±5
13	钢筋保护层厚度	>5

(2)隧道内预留槽道检测

隧道内预留槽道也是接触网专业的一项重点接口工程，其质量直接影响吊柱等部件的安装作业。隧道预留槽道检查内容包括槽道预留位置、槽道类型、槽道组间距测量、槽道组平直度及垂直度、槽道埋深、T 型螺栓安装空间等。传统施工中，一般利用工作人员高空作业，采用目测、尺量等方法进行检查测量，测量结果误差较大，且存在高空作业安全隐患。

结合现场作业条件和预留槽道检测内容，使用隧道槽道检测装置，如图 2-3 所示，运用计算机、电气、软件、机械、无线通信等技术，实现设备检测代替人工检查。利用 3D 激光视觉技术和激光三角测量法，扫描获取槽道截面数据，重构槽道 3D 模型，如图 2-4 所示，并与设计数据进行比对，超出误差范围，系统将出现红色警报提示；采用在线监控及数据同步模式，实现操作员远程实时查看动态检测过程和三维动态数据。

图 2-3　隧道槽道检测装置

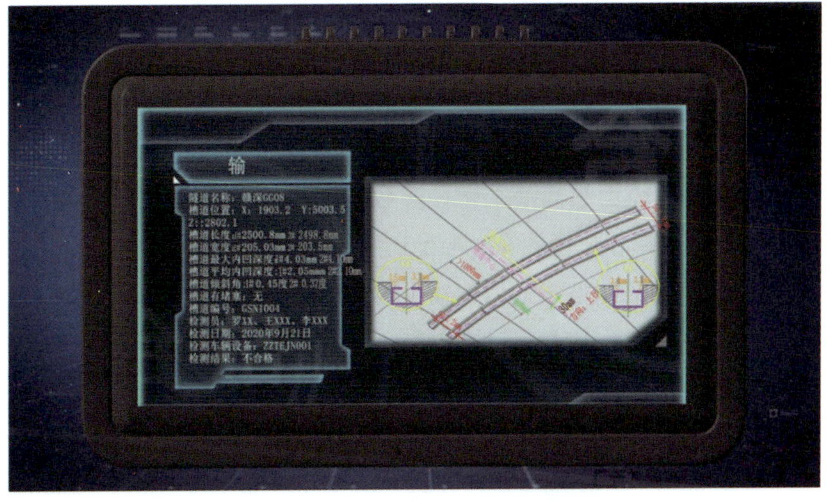

图 2-4　隧道槽道检测装置测量结果

隧道预留槽道型号、位置、埋入深度、垂直度及间距符合设计要求。相关参数允许误差符合下列标准：

①同组滑槽横线路方向偏转施工允许误差为5‰，两槽间距允许偏差为±5 mm；

②同组滑槽顺线路方向允许同时产生定位误差，允许偏差为±500 mm；

③滑槽不得出现扭转、变形情况，滑槽的倾斜施工误差小于3 mm；

④滑槽内泡沫填充物完好，不得被混凝土覆盖，滑槽埋入深度施工误差为0～5 mm；

⑤接触悬挂下锚滑槽（隧道侧壁）垂直状两槽道应垂直大地，水平状槽道应水平。

2. 腕臂计算数据测量

接触网腕臂计算数据包括支柱侧面限界、支柱斜率、跨距、轨面超高、腕臂底座高度、底座间距等，均需现场测量、整理后，报送至给计算人员进行腕臂计算。测量数据的准确性直接影响腕臂计算结果及预配质量，从而影响后续接触网各项参数和整体施工质量。

传统施工中，腕臂计算数据测量一般在轨道铺设、精调到位后进行，采用经纬仪、水准仪、接触网激光测量仪、钢尺等工具配合完成。支柱侧面限界值为近轨面高度处支柱前沿至轨道中心的距离，一般采用钢尺或激光测量仪测量。支柱斜率为支柱内沿（靠线路侧）的倾斜率，单位为mm/m，内倾为正，外倾为负，一般采用经纬仪测量。外轨超高采用激光测量仪进行测量，曲内为正，曲外为负，单位为mm。跨距是指相邻两支柱中心的距离，一般采用50 m钢尺、滚轮测距仪、手持激光测距仪等测量。

传统测量方法不仅受站前单位施工进度制约较大，且测量工序繁多、测量人员需求较多。结合现场实际情况，创新测量方法，使用基于CPⅢ数据的接触网测量装置，如图2-5所示，将测量作业提前至无轨状态，作业时间节点大幅度前移，为后续施工创造有利条件。基于CPⅢ数据的接触网测量装置是在全站仪的基础上，开发配置满足腕臂计算需求的测量软件系统的新型测量装置，由测量软件系统、测量主机、棱镜等组成，利用设计或站前单位提供的CPⅢ成果数据进行腕臂计算数据测量。测量装置建站一次，可测量多组接触网支柱的侧面限界、斜率、底座高度、轨面超高等腕臂计算数据，如图2-6所示，精确度在3 mm以内。节省人力的同时，测量效率和数据精确度也得到大幅度提升。

测量主机测得的数据通过蓝牙通信传输至内置测量软件系统的显示终端，自动分析、计算得到所需的腕臂计算数据，并自动传输至后台，由计算人员进行腕臂计算。

3. 吊弦计算数据测量

接触网吊弦计算数据是在腕臂计算数据的基础上，测量已架设承力索的实际高度和拉出值，主要采用具备数据自动传输功能的接触网激光测量仪完成，如图2-7所示，现场测量数据及时传输至后台进行吊弦长度计算。

图 2-5　基于 CPⅢ数据的接触网测量装置

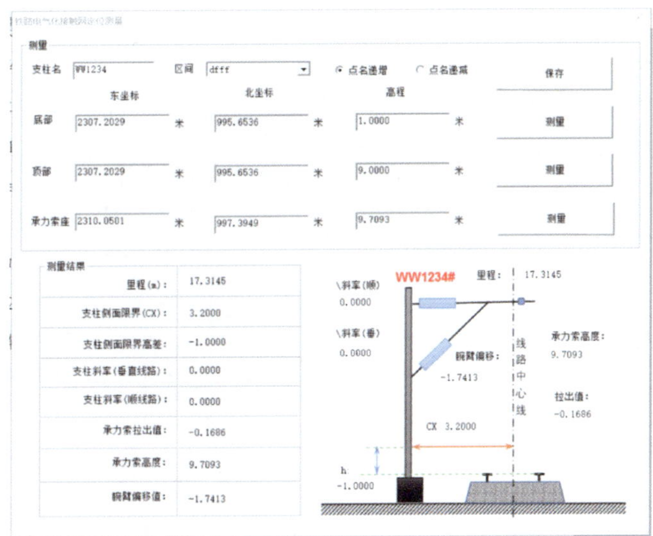

图 2-6　基于 CPⅢ数据的接触网测量装置测量结果

图 2-7　吊弦计算数据测量

2.1.2 工厂化预配技术

随着高速铁路的不断发展，为确保施工的安全质量，满足高速铁路接触网的高标准建设要求，对接触网腕臂、定位装置、吊弦、斜拉线、下锚拉线等关键结构部件，经过精确测量、准确计算、模拟仿真后，实现了工厂化预配，有效地保证预配加工质量，也提高了铁路运营的安全性和可靠性。

1. 腕臂、吊弦计算

(1)腕臂计算原理

腕臂计算是根据实际测量数据、支柱装配形式计算出平腕臂、斜腕臂长度，以及承力索支撑线夹、套管双耳置、主定位环等零部件安装位置，为工厂化预配提供技术依据。

腕臂计算可以由人工也可采用专用软件进行，其计算原理如图 2-8 所示。

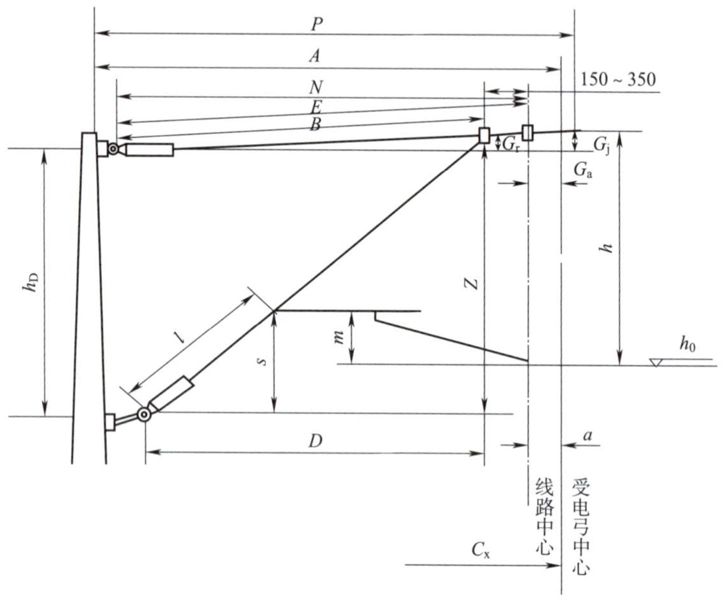

图 2-8 腕臂预配计算分析图(单位：mm)

计算承力索相对线路中心的偏移值为 c_a。承力索位置是指承力索投影相对于线路中心线的水平距离，用 c_a表示。对于直链型悬挂，承力索在接触线的正上方，在直线区段受电弓中心与线路中心在同一铅垂面内；在曲线区段由于外轨超高受电弓中心线向曲线内偏移 c 值。

直线区段 $$c_a=a \tag{2-1}$$

曲线区段 $$c_a=a-c=a-\frac{\Delta h\times h}{L} \tag{2-2}$$

式中　a——拉出值；

Δh——外轨超高；

h——导线高度；

L——轨距。

上底座安装位置处支柱内缘至线路中心水平距离 A 为

$$A=C_x+h_G\times\delta \tag{2-3}$$

式中　C_x——支柱侧面限界；

h_G——支柱轨面处至上底座垂直距离；

δ——支柱倾斜率。

上底座绝缘子连接孔至支撑线夹的水平距离 N 为

$$N=A-c_a-\text{上座底长度(上底座长度为 180 mm)}$$

平腕臂抬高量 G_j 为

$$G_j=h_0+h-\text{上底座安装高度}-\text{支承线夹支承高度(90 mm)}$$

平腕臂支承线夹位置 E 为

$$E=\sqrt{N^2+G_j^2}$$

平腕臂长度 p_z 为

$$p_z=E+\text{腕臂外露长度(可考虑为 350 mm)}$$

平腕臂套管双耳位置 B 为

$$B=E-\text{支承线夹与套管双耳间距(可取 200 mm)}$$

套管双耳抬高量 G_r 满足

$$\frac{G_r}{G_j}=\frac{B}{E}\qquad G_r=\frac{B}{E}\times G_j$$

套管双耳距下底座绝缘子连接孔的垂直距离 Z 为

$$Z=h_D+Gr-\text{套管双耳长度(70 mm)}-\text{下底座垂直高度(100 mm)}$$

式中　h_D——上、下底座间垂直距离。

套管双耳距斜腕臂绝缘子耳环孔的水平距离 D 为

$$D=\frac{B}{E}\times N-h_D\times\delta-\text{(下底座水平长度}-\text{上底座水平长度)}$$

斜腕臂总长度 X_z 为

$$X_z=\sqrt{D^2+Z^2}$$

定位管中心至导线的垂直距离 m 为

采用普通定位器时：$m_z=h_0+250$（正定位）

$m_f=h_0+375$（反定位）

$m_R=h_0+170$（软定位）

采用组合定位器时：

$$m=\text{定位支座结构高度}+\text{定位器倾斜高度 }\Delta h-\text{限位支钉至定位钩距离}$$

主定位环至斜腕臂绝缘子耳环孔垂直距离 S 为

$$S=H_0+m-(\text{下底座安装高度}-\text{下底座垂直长度})$$

主定位环安装位置 l 为

$$l=\frac{S}{Z}\times X_z$$

腕臂用料长度 P、X 为

$$P=P_z-\text{绝缘子占用长度}$$
$$X=X_z-\text{绝缘子占用长度}$$

此为腕臂计算基本原理，在不同工况及结构形式等情况下，需建立不同的数学模型结合有限元方法进行精确计算，满足精度要求。下面简单介绍有限元法的计算步骤。

对于不同物理性质和数学模型的问题，有限元求解法的基本步骤是相同的，只是具体公式推导和运算求解不同。有限元求解问题的基本步骤通常为

第一步：问题及求解域定义。根据实际问题近似确定求解域的物理性质和几何区域。

第二步：求解域离散化。将求解域近似为具有不同有限大小和形状且彼此相连的有限个单元组成的离散域，习惯上称为有限元网络划分。显然单元越小（网格越细）则离散域的近似程度越好，计算结果也越精确，但计算量及误差都增大，因此求解域的离散化是有限元法的核心技术之一。

第三步：确定状态变量及控制方法。一个具体的物理问题通常可以用一组包含问题状态变量边界条件的微分方程式表示，为适合有限元求解，通常将微分方程化为等价的泛函形式。

第四步：单元推导。对单元构造一个适合的近似解，即推导有限单元的列式，其中包括选择合理的单元坐标系，建立单元试函数，以某种方法给出单元各状态变量的离散关系，从而形成单元矩阵（结构力学中称刚度阵或柔度阵）。

为保证问题求解的收敛性，单元推导有许多原则要遵循。对工程应用而言，重要的是应注意每一种单元的解题性能与约束。例如，单元形状应以规则为好，畸形时不仅精度低，而且有缺秩的危险，导致无法求解。

第五步：总装求解。将单元总装形成离散域的总矩阵方程（联合方程组），反映对近似求解域的离散域的要求，即单元函数的连续性要满足一定的连续条件。总装是在相邻单元结点进行，状态变量及其导数（可能的话）连续性建立在结点处。

第六步：联立方程组求解和结果解释。有限元法最终导致联立方程组。联立方程组的求解可用直接法、迭代法和随机法。求解结果是单元结点处状态变量的近似值。对于计算结果的质量，将通过与设计准则提供的允许值比较来评价并确定是否需要重复计算。

简而言之，有限元分析可分成三个阶段，前置处理、计算求解和后置处理。前置处理是建立有限元模型，完成单元网格划分；后置处理则是采集处理分析结果，使用户能简便提取信息，了解计算结果。

利用 ANSYS 软件，对腕臂结构进行了 Multi Body，Multi Part 建模，如图 2-9 所示，其中所有零件尺寸、材料与实际保持一致。加入约束、力、力矩并经过 Mesh、Analysis、Solution 等，最终得出在多向受力的情况下腕臂的应力变化以及型变量。根据静态力分析结果、模拟分析结果、动态分析结果、谐响应结果以及型变量分析结果来优化腕臂计算的最终算法，制定边界条件避开共振响应避免振动误差，优化最终计算结果的精度。

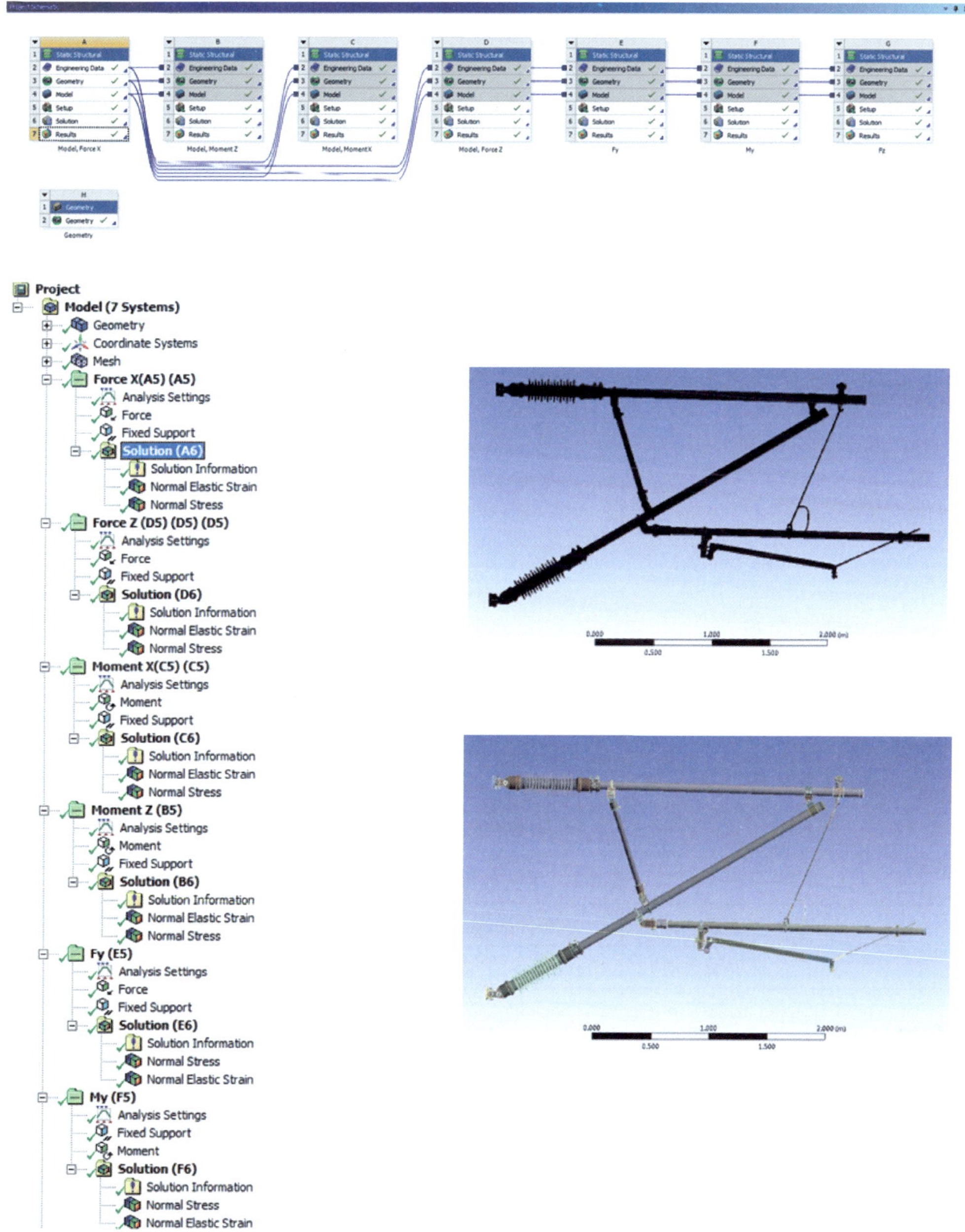

图 2-9 腕臂结构 ANSYS 建模分析

(2)吊弦精确计算原理

为使接触悬挂具有良好的受流状态,跨距中吊弦要求均匀对称分布。由于吊弦在跨距中的位置不同,吊弦长度不同,吊弦长度应满足接触线高度和弛度的要求。随着大气温度的变化,吊弦会产生顺线路方向的偏移。要求吊弦在平均温度下呈垂直状态,在极限温度下顺线路方向的偏移不大于 30°。吊弦垂直线路方向的偏移不大于 20°。为满足吊弦安装要求,吊弦布置时应进行吊弦间距、吊弦长度和吊弦偏移的计算,计算原理如图 2-10 所示。

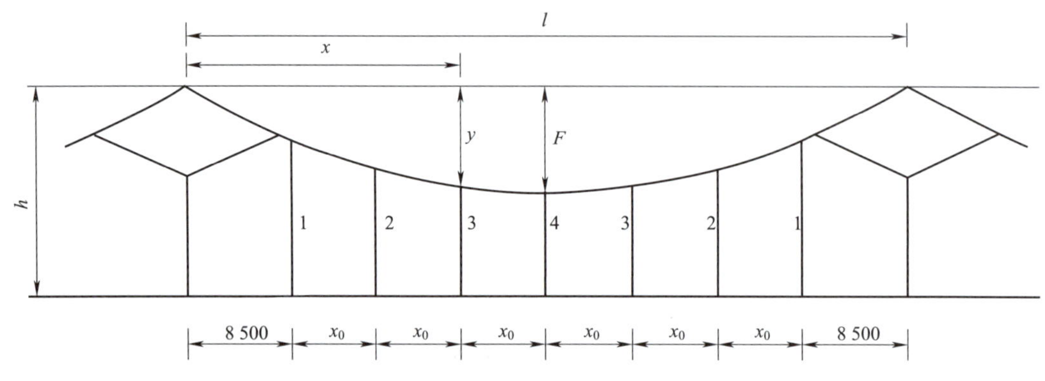

图 2-10 吊弦计算原理图(单位:mm)

吊弦间距计算式为

$$x_0=\frac{l-2e}{k-1} \tag{2-4}$$

式中 x_0——吊弦间距,m;

l——跨距长度,m;

e——支柱旁第一吊弦至悬挂点的水平距离,弹性链型悬挂为 8.5 m,简单链型悬挂为 4.0 m;

k——跨距中吊弦根数,参考取值见表 2-2。

表 2-2 吊弦数量选用参考值

简单链型悬挂	跨距/m	35～39	40～49	50～59	60～65
	吊弦数量	4	4	6	7
弹性链型悬挂	跨距/m	35～39	40～49	50～59	60～65
	吊弦数量	3	4	5	6

吊弦长度计算式为

$$c=h-y=h-\frac{qx(l-x)}{2T} \tag{2-5}$$

式中 c——吊弦长度,m;

h——结构高度,m;

q——链型悬挂单位垂直负载，N/m，满足 $q=g_c+g_j+g_d$；

g_c——承力索单位自重负荷，N/m，

其中　g_j——接触线单位自重负荷，N/m，

g_d——吊弦单位自重负荷，N/m，一般按 0.5 N /m 取值；

x——计算点至悬挂点的水平距离，m；

T——承力索额定张力，N。

吊弦偏移计算式为

半补偿：

$$E=L\alpha_j(t_x-t_p)$$

全补偿：

$$E=L(\alpha_j-\alpha_c)(t_x-t_p)$$

$$t_p=\frac{t_{max}+t_{min}}{2}$$

式中　E——吊弦偏移，mm；

L——计算点至中心锚结的水平距离，mm；

α_j——接触线线胀系数；

α_c——承力索线胀系数；

t_x——安装温度；

t_p——平均温度；

t_{max}——安装地区的最高温度；

t_{min}——安装地区的最低温度。

从公式中不难看出，当 E 值为正时吊弦向下锚方向偏移，当 e 值为负时吊弦向中心锚结方向偏移。在全补偿链型悬挂中，当承力索和接触线线胀系数相同时，吊弦无偏移。

此为吊弦计算基本原理，为了提高吊弦计算精确，针对吊弦每个工况制定不同的算法和模型，具体分类包含三层判断，如图 2-11 所示，根据简单链型悬挂、弹性链型悬挂和锚段关节设定第一层分类判断层；等高或者不等高设定第二层分类判断层；第三层分类判断层设定依据是各种代表性工况，具体包括直线段、竖曲线段、水平曲线段、中心锚结和集中载荷等，建立不同的数学模型结合迭代法分析计算。

迭代法也称辗转法，是一种不断用变量的旧值递推新值的过程，跟迭代法相对应的是直接法，即一次性解决问题。迭代法又分为精确迭代和近似迭代。“二分法”和“牛顿迭代法”属于近似迭代法。迭代算法是用计算机解决问题的一种基本方法。它利用计算机运算速度快、适合做重复性操作的特点，让计算机对一组指令（或一定步骤）进行重复执行，在每次执行这组指令（或这些步骤）时，都从变量的原值推出它的一个新值。迭代法是为了在计算机计算过程中为了提高吊弦计算精度专门加入的一种编程方法。

迭代是数值分析中通过从一个初始估计出发寻找一系列近似解来解决问题（一般是解方程或者方程组）的过程，为实现这一过程所使用的方法统称为迭代法（Iterative Method）。

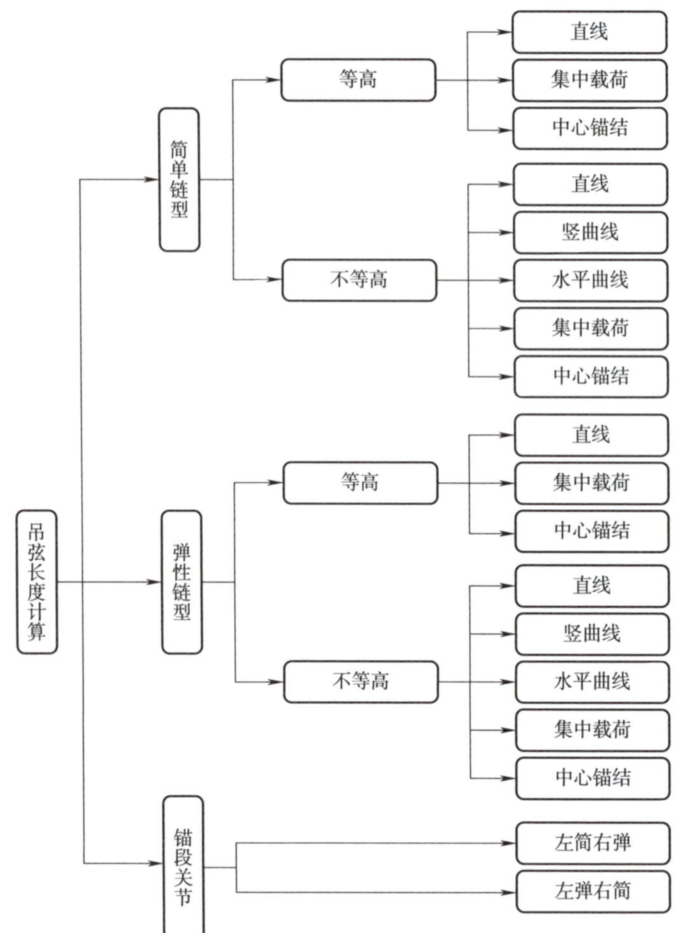

图 2-11　吊弦计算分类

跟迭代法相对应的是直接法(或者称为一次解法),即一次性的快速解决问题。一般如果可能,直接解法总是优先考虑的。但当遇到复杂问题时,特别是在未知量很多,方程为非线性时,我们无法找到直接解法(例如五次以及更高次的代数方程没有解析解,参见阿贝耳定理),这时候或许可以通过迭代法寻求方程(组)的近似解。

最常见的迭代法是牛顿法。其他还包括最速下降法、共轭迭代法、变尺度迭代法、最小二乘法、线性规划、非线性规划、单纯型法、惩罚函数法、斜率投影法、遗传算法、模拟退火等等。

利用迭代算法解决问题,需要做好以下三个方面的工作:

①确定迭代变量:在可以用迭代算法解决的问题中,至少存在一个直接或间接地不断由旧值递推出新值的变量,这个变量就是迭代变量。

②建立迭代关系式:所谓迭代关系式,指如何从变量的前一个值推出其下一个值的公式(或关系)。迭代关系式的建立是解决迭代问题的关键,通常可以顺推或倒推的方法来完成。

③对迭代过程进行控制：在什么时候结束迭代过程，这是编写迭代程序必须考虑的问题。不能让迭代过程无休止地重复执行下去。迭代过程的控制通常可分为两种情况：一种是所需的迭代次数是个确定的值，可以计算出来；另一种是所需的迭代次数无法确定。对于前一种情况，可以构建一个固定次数的循环来实现对迭代过程的控制；对于后一种情况，需要进一步分析出用来结束迭代过程的条件。

在此基础上，结合不同工况建立相应的精确计算模型引入均布力矩法后，可实现吊弦的精确计算。

(3)腕臂、吊弦计算软件

根据腕臂、吊弦计算原理，开发相应计算软件，如图 2-12 和图 2-13 所示。统一数据接口，计算结果可与自动化生产线实现实时数据传输、远程驱动、自动预配。与 BIM 参数化建模数据互通，可生成三维参数化模型，为“一杆一档”数字化资产交付、数字孪生提供基础。

图 2-12　腕臂吊弦计算软件界面

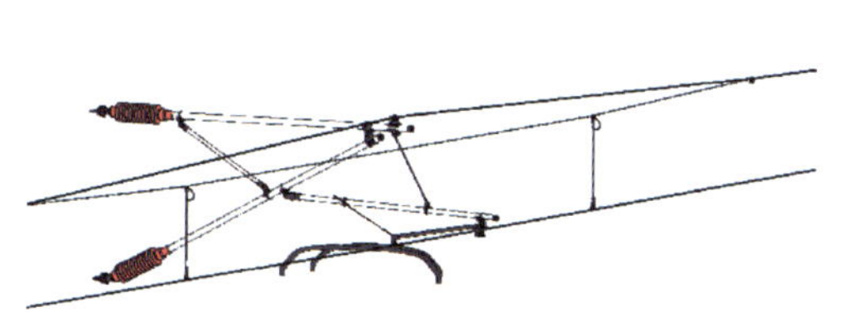

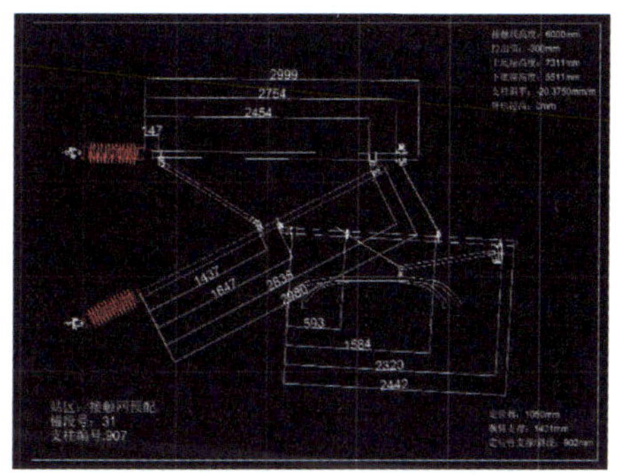

图　2-13

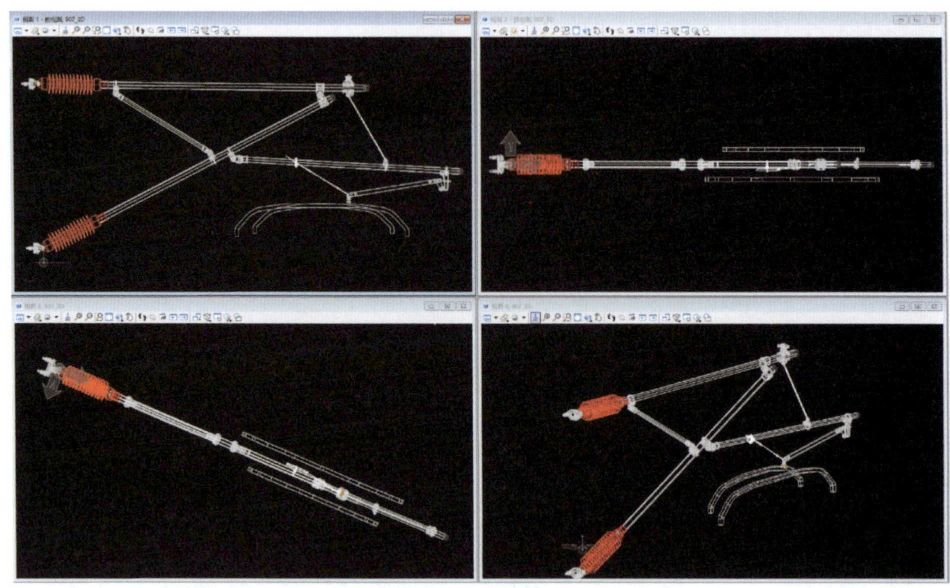

图 2-13　BIM 参数化腕臂预配建模

2. 腕臂自动化预配

高速铁路接触网腕臂主要分为简统化钢腕臂、简统化铝合金腕臂、普通钢腕臂、普通铝合金腕臂四种形式。腕臂自动化装配技术由控制单元、预配单元、信息单元三部分组成。其中控制单元是指对腕臂计算结果进行分析，并对预配参数进行设定的部分；预配单元是指通过 Programmable Logic Controller 和 SIMOTION 运动控制系统对伺服电机、气缸控制达到预配的目的；信息单元是指通过计算机及“互联网＋”技术、云端、大数据平台、二维码技术将腕臂相关参数储存在二维码及云端，实现数据共享等功能。

下料切割、钻孔：通过传送装置将检测合格后的管材传送到指定位置后，由桁架机械手抓住管材指定位置，根据计算数据尺寸传送管材至指定位置，完成平/斜腕臂钻孔，管材切割下料。

装配：根据计算数据及桁架机械手传送管材的位置，零配件自动传送、桁架机械手抓取零配件自动定位、拧紧电机对零配件自动拧紧，完成后的平/斜腕臂由桁架机械手传送至平/斜腕臂组装位置进行组装，并传送至检测区域。系统对实时控制软件和监控软件进行了设计，针对螺栓的材质的软、硬及配合的松、紧程度，自动调节拧紧速度，从而保证螺栓拧紧的高精度。采用科学的评定方法，使得精度在±5%之内，角度精度为±3%。

标识打包：通过机器人对安装完成的腕臂进行出料，将腕臂摆放在托盘中，节约的人工成本。整体腕臂安装完成后，视觉检测合格激光打码后进行出库。

结合接触网腕臂形式，下文主要介绍利用简统化腕臂装配和铝合金腕臂自动化两种生产线实现腕臂的工厂化预配。

简统化腕臂装配生产线由腕臂管缓存、腕臂管加工、零件缓存、零件移送定位、腕臂预配五大功能模块组成，如图 2-14 所示，实现了自动上料、腕臂管优选、数字控制、精确定位、智能拧紧、顺序码放等全流程自动化生产，可最大限度提高生产效率。配套的预配实时监控系统，可实现腕臂预配历史数据查询及腕臂预配质量追溯。经该生产线零部件安装定位精度为±1 mm，螺栓拧紧力矩误差为±3%。

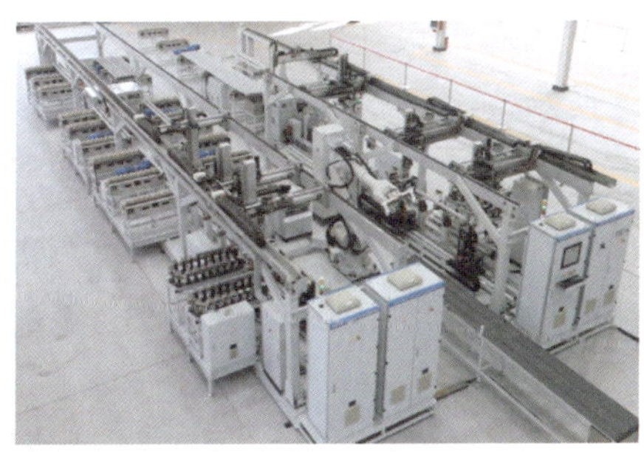

图 2-14　接触网简统化腕臂装配生产线

铝合金腕臂自动化预配生产线由腕臂管优选模块、管加工模块、单耳预配模块、套管座和承力索座预配模块及成品输送模块五大模块组成，如图 2-15 所示，实现了按需上料、腕臂管智能优选、自动下料、精确定位、数字化拧紧等全流程自动化生产，最大限度地保证预配质量一致、提高生产效率。

图 2-15　铝合金腕臂自动化预配生产线

该生产线采用伺服控制系统，管材切割下料、零部件定位精度为±1 mm；采用高精度智能拧紧轴，螺栓拧紧力矩误差控制在±2%；配置多自由度机械手，可实现所有铝合金腕臂类型的预配；配套的实时监控系统，可实现腕臂预配历史数据查询及腕臂预配质量追溯；配套打印系统可根据需求打印标签及粘贴二维码，包含腕臂几何尺寸、支柱号（区段）、锚段号、双腕臂大小里程及预配负责人实名制等信息；同时，该生产线还具备接收远程下发的预配数据后自启动进行预配的功能，实现腕臂计算与腕臂预配工序间的数据贯通。

3. 吊弦自动化预配

吊弦是链型悬挂的重要组成部分，通过吊弦将接触线悬挂在承力索上，调节吊弦长度可保障接触悬挂的结构高度和接触线距轨面的工作高度，同时也提高了电力机车受电弓的取流质量。吊弦由承力索、接触线吊弦线夹及吊弦本体组成，而吊弦本体一般在预配车间，利用吊弦预配平台，由吊弦线、心形环、钳压管、连接线夹制作而成。吊弦预配技术已较为成熟，预配平台已由最初的手工平台经历过半自动平台，到现在的全自动预配生产线，如图 2-16 所示。

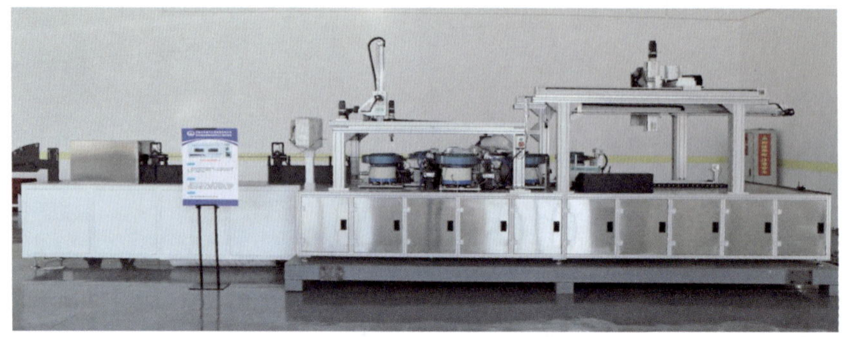

图 2-16　接触网吊弦自动化生产线

生产线由送线模块、零件上料模块、两端装配模块及成品打包模块等组成。根据吊弦预配数据，生产线可实现自动上料、测量定长熔断、精确定位、智能装配压接、激光标识、成品打包全流程自动化作业。生产线采用伺服控制系统，吊弦长度误差可控制在±1 mm 范围内，预配精度高。采用液压压接模具，拉拔测试优于标准要求。采用六自由度机器人，实现吊弦载流环压接加工和成品输送，如图 2-17 所示。配套的实时监控系统，具有历史数据查询功能，可追溯吊弦装配质量。

图 2-17　吊弦自动化预制

4. 拉线自动化预配

基于激光测距原理，采用数学几何分析方法，通过测量现场拉线安装位置及扣料长度，计算出拉线预配长度，同时将该计算数据传到网络管理平台，实现测量数据的上传、计算、储存、预配数据导出等功能。

下锚拉线自动化生产线，如图 2-18 所示，集成线盘自动送线装置、自动切割装置、拉线回头自动制作装置、线夹推进装置、拉线自动化煨弯装置、拉线回头自动绑扎装置和拉线码放装置等部件，通过 PLC 技术控制机械臂、数控十字滑台、垂直控制伺服电机、水平控制伺服电机、绑扎拧紧电机等来实现拉线自动标定切割、煨弯、线夹安装、回头绑扎等功能，从而完成拉线的自动化预配。

图 2-18　下锚拉线自动化生产线

(1)下料

操作人员启动数控切割台，拉线头在电控传送装置传送下，进入切割台内部机箱，机箱内部减速机在皮带轮传动下，将拉线穿进引导管内，引导管一端利用动力轮辅助编码器进行计数，当达到测量长度时，剪切滑台滑动到指定位置夹紧拉线，进行切割断线，外部机械手臂将剪切好的拉线码放至指定位置。

(2)安装线夹

抓取机械臂将拉线线夹和楔块放置到煨弯操作台指定位置，抓取拉线将其传送到旋转折弯机构位置，根据设定的煨弯位置，折弯机构将拉线煨弯，模块顶紧装置将煨弯的部分顶紧楔块，线夹滑台将拉线线夹滑动到楔块处，顶紧装置用力将楔块顶紧线夹内完成线夹安装。

(3)回头绑扎

煨弯完成的线夹会传送到自动绑扎操作台，通过数显后台控制系统控制操作，将自动煨弯完成的拉线线夹固定在线夹张紧滑块，通过传感器将张力值传输到机械手臂，手臂收到信号开始进行绑扎工作，绑扎缠绕时为保证绑扎过程中绑扎线受力均匀，数控十字滑台上的垂直伺服电机和水平伺服电机对其前后、左右方向进行控制,绑扎过程中的张力值时时传输到操控后台进行分析,一旦超过设定标准值机械就会故障报警。

2.1.3 专业化安装技术

随着我国电气化铁路的飞速发展,高速铁路建设标准日益提高,同时贯彻推进数智升级、智能高铁的理念,高速铁路接触网施工建设中,积极推广应用、创新研发了一大批具有先进性、智能性、实用性、高效性特点的机械化设备和专业化工器具,实现了关键工序机械化建造,全工序专业化安装,在推进机械化减人、自动化换人、智能化无人的道路上实现了新的飞跃。

1. 支柱组立

接触网支柱安装过程包括:基础质量检查、材料运输、支柱外观质量检查、支柱吊装、支柱整正、测量检查、填写记录。接触网支柱类型主要包括 H 型钢柱、圆钢管柱、格构式钢柱等,而高速铁路项目中使用最多的则是 H 型钢柱。传统施工中,接触网 H 型支柱组立主要采用汽车吊等机械,吊装过程中需要作业人员拆装吊装索具,具有一定的高空作业安全风险。

结合传统的吊装工艺和 H 型钢柱的结构特点,研发、创新应用了 H 型钢柱自动化安装设备,如图 2-19 所示。该设备通过桁架 T 型结构,将设备的跨度增大,增加了整机的稳定性。四个液压升降立柱由电液比例阀控制,能够同步升降,提高了各运动部件的运行精度。立柱升降油缸采用外挂式对称安装,使升降时受力均匀,液压油缸采用外挂式安装便于观察和检修。安装车的平移由对称的两个双作用液压油缸组成,旋转部件由低速大扭矩液压马达驱动,旋转和移动平稳。

图 2-19 H 型钢柱自动化安装设备

(1)调整螺母安装

根据基础标高在进行支柱吊装前,提前安装下部调整螺母的高度,依次戴好垫片,用自制水平尺对调整螺母的纵向、横向进行水平调整,对斜率要求比较大的支柱可直接用水平尺测出调整螺母的基本坡度,再戴好垫片,如图 2-20 所示,以减少支柱安装后的整正工作。

图 2-20 基础螺母调整

(2)支柱吊装

自动化安装设备抓取 H 型钢柱后,遥控控制抓取装置在 T 型框架结构上平移、旋转钢柱、伸缩臂进行支柱对位、组立。在钢柱的固定抓取方式上,采用电永磁铁吸取形式,电永磁铁在充磁后可牢牢地将钢柱吸住,在不人为消磁的情况下,能够始终保持吸附状态,如图 2-21 所示。对电永磁铁的吸附能力进行了静态试验,在充磁吸附后断电的情况下,仍然能够牢牢地吸附 24 h 以上不脱落。电永磁铁技术的使用能够有效避免刮伤破坏钢柱的镀锌保护层。采用无线遥控器控制各个动作,有效避开作业范围,使操作人员的视野更加开阔,提高了作业安全性。作业方式上采用了逻辑动作、快速精准对位、自动拧紧等新型作业方式,同时还省去了吊装索具的拆装等烦琐工序,极大地减少了用工人数,降低了工人的劳动强度,提高了施工作业效率。

图 2-21 利用自动化安装设备组立支柱

（3）地脚螺栓紧固

支柱对位安装后，复核支柱斜率并调整支柱底座法兰下的调整螺母使斜率达标后进行地脚螺栓紧固。传统施工中，钢柱地脚螺栓紧固一般采用专用套筒扳手，费时费力，且无法参数化测量紧固力矩。随着机械化、专业化施工水平的提升，创新使用锂电大扭力扳手，如图 2-22 所示，改变了传统作业方式，锂电驱动，力矩可调节，根据螺栓规格型号选择合适的套筒，快速完成 M24-M42 范围常见规格型号的螺母的紧固和拆卸。紧固时，应对角循环紧固，待主螺母紧固到标准力矩后，依次紧固备螺母，并对角循环紧固。

图 2-22　利用锂电大扭力扳手紧固地脚螺栓

支柱组立后，其斜率和侧面限界应符合要求，支柱斜率允许施工偏差见表 2-3，支柱侧面限界允许偏差为$^{+50}_{0}$ mm。

表 2-3　支柱斜率允许偏差

斜率方向	支柱类型	施工偏差(mm/m)	备　注
横线路方向	中间柱、关节内悬挂一支支柱、转换柱、对锚柱、锚柱、开关设备柱	0.1%～0.5%	接触悬挂锚柱按接近 0.5%，曲内柱按接近 0.1%
	桥上悬挂一支锚支转换柱；分相中悬挂两支锚支一支工支转换柱	±0.2%	受力后斜率 0～0.5%
顺线路方向	中间柱、转换柱、对锚柱	±0.5%	
	接触悬挂锚柱	偏向拉线侧 0.5%～1%	受力后偏向拉线侧 0～1%

2. 吊柱安装

隧道吊柱的传统安装方法一般采用“滑轮＋绳索吊装、高车梯配合”的安装方式，受环境限制较大，作业劳动强度大，施工效率低。经过探索创新，研发了公铁两用隧道吊柱安装车组，适用于已铺设轨道和无轨道状态下的环境。

车组主要包括吊柱吊装模块和作业平台两部分，如图 2-23 所示。吊装模块采用两节曲臂，液压旋转盘，吊柱抓手和大功率液压泵等连接装置组成，其中抓手采用高强度的尼龙轮，既满足吊装需求，又不损伤吊柱镀锌保护层。施工中，通过车体上安装的控制装置或便携式遥控控制装置控制液压，对吊柱抓手进行操作，可利用吊装模块底部和抓手处的旋转盘对吊柱进行角度调整，利用曲臂调整吊柱侧面限界，当吊柱接近安装位置时，微调控制吊装控制装置，从而实现吊柱对位安装。

车组升降作业平台或曲臂作业平台承载工作人员配合进行安装作业。同时还能实现公路、铁路两用快速转换，并采用四脚液压支撑，增加了自动抓轨器，充分保证车组在曲线路段吊装过程中的作业安全。

图 2-23 利用吊装车组进行隧道吊装安装作业

3. 腕臂安装

接触网腕臂定位装置，如图 2-24 所示，是安装在支柱上部，用以支撑接触悬挂，并起传递负荷的作用的结构，一般由圆形钢管或铝合金管支撑，其长度与接触网的结构高度、支柱的侧面限界、支柱所在位置（直线、曲线、曲内、曲外等）等因素有关。

图 2-24 腕臂定位装置

随着高速铁路建设的发展,腕臂安装也逐步步入机械化、智能化作业阶段,目前运用较多的是智能腕臂安装设备和腕臂安装车组。

(1)智能腕臂安装设备

智能腕臂安装设备,如图 2-25 所示,主要用于腕臂自动化安装作业,由动力系统、液压系统、可移动底座、登高作业斗、6D 机械臂、控制系统组成。

腕臂抓取:针对腕臂结构特点采用三角定位夹具,以三角形支架为基础,上部设有两个由伺服电机控制的抓取机构,用于抓取平腕臂,下部设有可调式抓取机构,用于不同型号尺寸的斜腕臂,上下部抓取机构配合可抓取国内主要类型腕臂。

腕臂对位:作业时,利用北斗定位、激光测量等技术,通过自动计算定位坐标实现自动对位,同时采用视觉识别技术,控制机械手精准抓取腕臂,修正腕臂安装定位点坐标,还具备异物识别系统,可在碰撞前自动暂停作业。

腕臂安装连接:腕臂准确地移动至安装位置后,由可升降作业平台上的作业人员安装棒式绝缘子与腕臂底座间或平、斜臂管与棒式绝缘子间连接螺栓(销钉),并按要求将连接螺栓紧固到位,完成腕臂安装。

智能腕臂安装设备极大地提高了作业效率,降低了工人的劳动强度和安全风险,更重要的是推动腕臂安装作业进入智能化时代。

图 2-25 利用智能腕臂安装设备安装腕臂

(2)腕臂安装车组

图 2-26 所示为腕臂安装车组,其主要由腕臂抓取机构和高空作业平台两部分组成,均采用曲臂结构形式。腕臂抓取机构抓取成套腕臂结构后,运送至腕臂安装位置,由高空作业

平台承载作业人员进行腕臂结构与底座的螺栓连接安装，进一步提升了腕臂安装作业机械化程度。

图 2-26　利用腕臂安装车组作业

腕臂安装后，相关参数应符合以下要求：

①值允许偏差±30 mm。腕臂棒式绝缘子排水孔朝下；

②腕臂安装完成后应模拟测量承力索高度及拉出值，承力索和接触线应在同一垂直面内，施工偏差不得超过±20 mm；

③承力索悬挂点距轨面的高度符合设计要求，允许偏差±50 mm；

④止动垫片掰向正确，连接销钉与开口销穿向正确，开口销掰开角度大于 120°；

⑤腕臂无明显弯曲现象，受力后的腕臂的挠度不大于 1.0%L(L 为腕臂长度)。

4. 附加线架设

高速接触网除承力索和接触线外，根据供电方式及特殊需要还设计有其他导线，如供电线、回流线、架空地线、正馈线、保护线等，这些统称为附加线。附加线也是接触网的重要组成部分，其中正馈线、保护线、架空线或回流线一般与接触悬挂同杆架设。附加线架设施工流程包括：施工准备、安装线盘、起锚、线索展放、调整弛度、落锚、归位。

施工准备：附加线肩架、落锚角钢、下锚拉线已按标准安装、调整到位。核对附加线线盘规格型号，检查线材无断股、交叉、折叠、硬弯、松散等缺陷。将施工所需的线盘安装固定在放线架上，注意线头从线盘的上方引出。

起锚：在附加导线预留好适当对接长度后，安装预绞式耐张线夹，作业人员上杆将耐张线夹与下锚件连接，完成起锚。

展放：起锚完成后，机械牵引进行线索展放，展放过程中作业人员配合将线索挂至预定位置的架线滑轮内。

落锚：根据架线实时温度及附加线安装曲线，查询确定附加线弛度。紧线并测量调整附加线弛度达标，预留适当对接长度断线，安装预绞式耐张线夹，并将其与下锚件连接，完成落锚。

附加线归位：将附加线从架线滑轮内取出，按设计要求加装铝包带或预绞式保护条后，安装至鞍子或悬垂线夹内。铝包带绑扎要求：铝包带绑扎长度为 200 mm，规格为 1×10 mm，应一道道密切缠绕，不得重叠，绕向应同导线绕向一致，双支正馈线间每隔 15～20 m 处安装预绞式等距线夹。预绞式接续条要均匀的缠绕，不得漏股、散股。

传统施工中，主要采用人工展放线索的方式架设附加线，且每次只能展放一根导线，施工效率低，人工成本高。随着高速铁路建设的快速发展，建设标准和施工质量要求的不断提升，不断总结以往高铁施工经验，创新施工工艺工法，运用附加线架设装置和附加线架设车组进行附加线线索展放，提高施工效率，保证施工质量。

(1)附加线架设装置

图 2-27 所示为附加线架设装置，主要由线盘固定架和线索导向臂两部分组成，可实现双线同时架设机械化作业。将装置固定于轨行车辆或货车平板上，附加线线盘固定于线盘固定支架上，线索经过导向臂前端的导向滑轮，通过遥控控制导向臂的伸缩、弯曲将附加线摆放至预定位置，再辅以人工将附加线悬挂至附加线肩架上的滑轮内，完成附加线展放。

图 2-27　附加线架设装置

(2)利用附加线架设车组架设附加线

附加线架设车组由线盘运输车及架线车组成,如图2-28所示。架设车主要功能结构包括线索导向臂和作业平台两部分组成,通过调整导向臂将线索推送至预定临时固定位置,作业平台承载工人对线索进行临时固定悬挂。该车组可根据现场施工条件,选择轨道运行和无轨车轮运行两种运行方式,也可实现双线同时架设。

图2-28　附加线架设车组架设附加线

附加线架设可通过上述两种装置完成线索展放作业,实现了附加线线索展放的机械化作业,其余工艺流程与传统施工方法基本一致。附加线架设应满足以下施工技术标准要求:

①附加线的弛度或张力符合设计要求,允许偏差0～5%。

②AF线(正馈线)最大弛度时距地面安全距离:居民区及站台处不小于7 m,非居民区不小于6 m。PW线(保护线)最大弛度时距地面安全距离:居民区及站台处不小于6 m,非居民区不小于5 m。

③不同分段的两正馈线水平排列时其悬挂点间距离不小于2.4 m,垂直排列时(上方为供电线,下方为供电线或回流线)其悬挂点间距不小于2 m。

④最大弛度时同回路的正馈线带电体距接触悬挂的带电体间的空气绝缘间隙不小于540 mm。

⑤AF线跨越接触网最大弛度时,距承力索距离不小于3 m。PW线跨越接触网最大弛度时,距承力索距离不小于2 m。AF、PW线跨越非电化股道时,对轨面不小于7.5 m。

⑥接续条缠绕方向与被接续的导线外层绞向一致。

5. 承力索、接触线架设

接触网恒张力放线,是我国于20世纪末至21世纪初自国外引进的一项铁路电气化施工工艺。恒张力架线车是高速铁路接触网施工的关键设备，也是接触线架设施工质量的根本保证。通过张力系统使接触线在架设过程中保持恒定张力，同时架线车组的匀速行进，有效地保证接触线的平直度，以满足高速铁路对接触网的高标准质量要求。

目前，国外设计生产恒张力放线车的厂家主要有奥地利的普拉塞(Plasser)、法国的吉斯玛(GEISMAR)、意大利的泰斯美克(TESMEC)、德国的ZECK等。国内设计生产的恒张力架线车主要有襄樊金鹰FX型等。接触网恒张力放线车主要由轨道平车、操纵室、张力机构、线盘展放架、抬拨线机构、动力系统、液压系统及电气系统等组成，可完成电气化铁路区段接触网线索的架设、更新及回收等作业。

(1)接触线架设

接触线架设施工内容包括施工准备、起锚、接触线展放、落锚、接触线中心锚结安装、接触线归位(定位)安装。

如图2-29所示，接触网恒张力架线车主要由底盘(路用平板车)、安装在基架上的线盘架、张力施加装置、导向装置和控制装置等部分组成。机架通过水平驱动装置绕其后端垂向轴线进行相对底盘的水平回转运动，通过倾摆驱动装置绕其纵向水平轴线倾摆和垂向旋转；张力施加装置使线索保持预设的恒定张力；利用水平驱动装置及倾摆驱动装置同时动作，既可实现导向柱绕机架水平轴线的回转摆动，实现线索的“之”字值，也可同时实现机架绕垂向轴线相对于底盘的回转，使导向柱顶部不对线索施加水平推力，对接触导线进行最大程度保护，避免导线产生硬点、扭曲变形等缺陷，提高了架线的质量。

图2-29　接触网恒张力架线车

施工准备：将线盘上的接触线头与提前缠绕穿过张力装置的牵引辅助绳网套连接。

起锚：架线车组司机按程序把工况控制板上“线盘制动缓解”和“绞盘制动缓解”按钮持续按住，将线盘和绞盘缓解。架线作业人员人工转动线盘与绞盘，将线索端头拉到补偿装置附近。将立柱升到工作高度，同时将立柱张力轮托起。遥控操作，旋转并升作业平台靠近锚柱补偿装置位置处。起锚人员配合架线车上人员将补偿连接件复合绝缘子与接触线终端锚固线夹连接完成起锚。

接触线展放如图 2-30 所示，在确认设定架线张力无误后，架线车按时速 3～5 km/h 匀速行驶，控制调整导向柱位置和高度，开始展放接触线。线索展放过程中，作业人根据位置需求安装不同长度的 S 钩，每跨距内不少于 4 处，S 钩上部挂在承力索上，下部挂滑轮，再将接触线挂在滑轮内，保证整锚段接触线的平顺性。架线车上的作业平台基本接近下锚柱时停止展放。

图 2-30　接触线架设

落锚：架线到落锚地点后，司机遥控操作，将作业台转向锚柱并操作，使放线车体倾向下锚侧（田野侧）。落锚人员在接触线和下锚连线的适当位置安装紧线器，用链条葫芦把补偿装置与接触线连接，紧链条葫芦，当加力至链条葫芦逐渐向田野侧偏移，司机配合逐渐降低接触线的张力。待从导向柱引出的接触线无张力后，作业平台配合断线安装终端锚固线夹，并连接至下锚绝缘子，完成落锚。

接触线的平直度检测：每隔 300 m，在不同悬挂点用塞尺检查导线与检测尺之间的间隙，其间隙不得大于 0.1 mm/1 000 mm。

接触线归位：将接触线安装在定位器的定位线夹里，并按设计要求预留顺线路的偏移量，采用腕臂吊弦定位仪进行测量定位，如图 2-31 所示，再用力矩扳手将定位线夹螺栓紧固到位。

（2）承力索架设

承力索架设一般采用小张力架设，也可采用恒张力架设车架设，施工过程与接触线架设基本一致，不再赘述。

图 2-31　腕臂吊弦定位仪

6. 接触网悬挂安装与调整

承力索、接触线架设完成后，下一步施工工序则是进行接触线悬挂安装与调整，主要包括接触线归位（即定位装置安装）、接触线中心锚结安装、吊弦预配与安装、电连接安装、设备安装等，复核、调整接触线高度、拉出值等接触网参数，使其达到设计要求。在接触悬挂安装与调整作业过程中，常用的专业化、智能化的安装工机具主要有以下内容：

（1）公铁两用高空作业台车

公铁两用高空作业台车，如图 2-32 所示，可满足有轨道和无轨道作业环境下的高空作业需求，既解决了站后工程受轨道专业施工进度制约的影响，也改变了传统车梯作业的施工模式，在持续推进机械化作业的道路上迈出了一大步，同时也减少了作业人员，提高了施工效率，降低了安全风险和施工成本。

图 2-32　公铁两用高空作业台车进行作业

（2）接触网数字化升降平台的应用

接触网数字化升降作业平台，如图 2-33 所示，适用于腕臂安装、承力索归位、弹性吊索安装、定位安装、吊弦安装、电连接安装、线岔安装、分段绝缘器安装、验收等工序作业。

通过平台上的线控或遥控操作系统控制平台在轨道上的前后移动和平台升降，配合施工人员进行安装调整作业，平台上的作业人员和下部辅助人员均可操作。该平台代替了传统车梯，减少传统施工推扶车梯人员，实现了机械化减人的目的。同时，该平台配套设置的测距系统，可按预先设定的距离进行，在吊弦安装作业中可根据吊弦计算数据自动定位行驶至吊弦安装位置。

图 2-33　接触网数字化升降作业平台

(3)轻型数显式弹性吊索安装仪

轻型数显式弹性吊索安装仪主要用于接触网弹性吊索安装，由卡线器、弹吊卡线器、张力显示仪、调紧螺母等部分组成，如图 2-34 所示。作业时，拉力传感器数显屏实时显示弹性吊索张力，通过旋拧调紧螺母，快速调整弹性吊索张力至设计值后进行“蜂鸣”提示，达到快速安装的目的，张力误差在 3 N 以内。

图 2-34　轻型数显式弹性吊索安装仪

(4)高铁锂电精密拧紧系统

高铁锂电精密拧紧系统主要用于吊弦安装施工，快速将吊弦线夹连接螺栓紧固至预设的力矩值，如图 2-35 所示。一键操作，省时省力，工作效率高，是传统工艺扭力扳手的 5 倍以上。

图 2-35　高铁锂电精密拧紧系统

(5)背负式电连接压接设备

背负式锂电电连接压接设备用于电连接安装施工，如图 2-36 所示，包含背负泵，压接钳头、压接模具、锂电池、油管等组成。背负式压接设备改变了传统的“发电机＋液压泵＋压接钳”的施工方式。具有自动检测压接强度、智能保压、存储数据等功能。一键操作，可有效降低操作人员劳动强度，效率是传统压接方法的 5 倍。

图 2-36　背负式电连接压接设备

2.1.4　智能化检测技术

高速铁路接触网工程施工完成后，正式开通运营前需对接触网各项几何参数进行检测。

智能化检测技术是指以“互联网＋”和“智能化”为引领，积极运用先进的工装，实现检测数据自动采集、多维度分析，同时让检测过程可视化，检测结果参数化、图形化，为项目提供决策依据，最终实现建设优质项目的目标。目前，接触网常用的较为先进的检测方法有接触网智能诊断系统、接触网悬挂状态检测系统。

1. 接触网智能诊断系统

接触网智能诊断系统主要用于对新建接触网静态检测，如图 2-37 所示，适用于已开通的铁路接触网巡检。接触网智能诊断系统包含相机、激光器、位移传感器、水平传感器、计算机、电池以及轨道行进平台等。接触网施工完成后，将诊断系统沿钢轨匀速行驶，利用激光测距技术，采用非接触式测量方式，实现接触网导高、拉出值、超高、限界等静态几何参数的连续测量，并将检测结果以数据和图形两种方式输出，以便于技术人员分析及后续缺陷分析，可实时将接触网数据及波形图上传至信息化管理平台，实现 BIM 模型属性信息的及时更新，保障数据全流程贯通，为后期电子化交付、运营维管提供现场实际数据支撑。

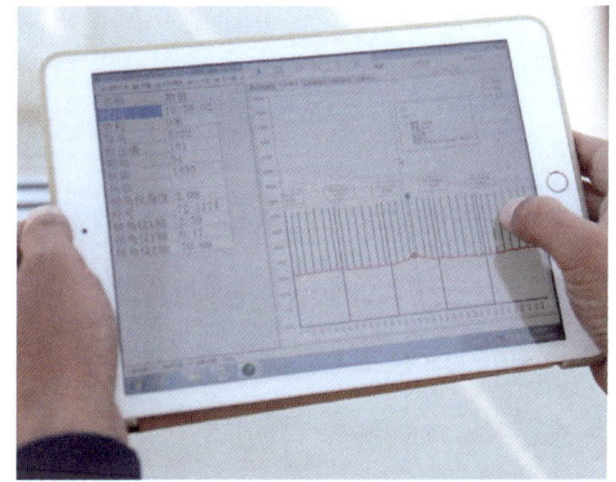

图 2-37　接触网智能诊断系统

2. 接触网悬挂状态智能检测系统

接触网悬挂状态检测系统主要包括车顶设备和车内设备。车顶设备主要包括摄像机组单元、摄像机光源组单元、激光定位单元和车顶设备控制器单元，车内设备主要包括摄像机信号接口单元、控制信号接口单元、工控机单元、存储设备单元和显示设备单元。

接触网悬挂状态检测装置（以下简称“4C 装置”），如图 2-38 所示，安装在接触网作业车辆上部，采用高清高速摄像机阵列，对接触网悬挂的正反方向、全局与关键部位细节同步高清成像，以形成接触网悬挂全景和重点区域的视场。通过高清相机采集接触网定位装置、支撑装置、接触悬挂及附加悬挂区域图像及杆位信息并建档，并精确定位到线路两侧的支柱、隧道内吊柱号码，形成施工过程影像档案，实现竣工数字化交付。可用于技术人员查看分析，及时发现施工缺陷，及时整治，确保施工质量。同时，也适用于设备运维单位对接触网悬挂状态的监测，周期性地对接触网主要零部件、结构及相关位置的参数进行高分辨率成像，进而对接触网技术状态进行检测分析，及时发现零部件的变形、松脱、裂损等故障隐患，形成维修建议，指导消除接触网故障隐患，确保行车安全运行。

图 2-38　接触网悬挂状态智能检测系统

采用 4C 检测系统，提高缺陷检出数量和速度，也使分析人员从繁重的图像审核中解放出来，转而关注缺陷分布规律、缺陷原因调查、缺陷整改追踪等更有意义的行为，更好地发挥人员知识经验、逻辑思维优势，采用人机协同模式，及时发现缺陷，及时处理，确保铁路接触网供电安全和行车安全。

2.2　变电工程

高速铁路电力牵引供变电工程建造主要包括牵引变电所、AT 所和分区所施工，高速铁路牵引变电所由室外一次高压设备和室内二次设备组成。室外一次高压设备主要包括牵引变压器、断路器、隔离开关、电压互感器和电流互感器、高压开关柜等设备；室内二次设备主要包括综合自动化柜和交直流柜等设备。结合高速铁路建造特点，运用 BIM、视觉识别、物联网、云计算等先进技术，在变电所施工过程中信息化测量、工厂化预配、专业化安装等方面智能化建造水平不断提升。

2.2.1　信息化测量技术

牵引变电所设备基础定位测量是实现设备精准安装的基础环节，传统基础定位测量采用经纬仪与水准仪相结合的光学定位测量技术。随着卫星定位技术发展，在牵引变电所基础测量中引入基于北斗定位测量技术。运用智能化设备和信息化相结合方式，实现了牵引变电所设备信息化测量。

1. 光学定位测量技术

(1)测量内容

光学定位测量依据图纸及设备布置结构特点，采用水准仪、经纬仪分别进行设备基础中心线定位及标高测量。主要内容包括场坪标高引入、测量基准线确定、基础纵横中心线及标高确定。

(2)测量步骤

基础测量前确认图纸齐全，各专业间数据匹配，配电装置安全净距离符合要求，测量仪器及计量器具符合国家质量检定标准和计量要求。

测量首先引入铁路线路工程绝对标高，并确认牵引变电所场坪标高。绝对标高的引入需找出并确认设计图纸给定的铁路水准点 A 和变电所内预定的水准点 B(图 2-39)，水准点 B 一般选在牵引变电所房屋的台阶、地基顶面、墙壁处等不易被破坏处。牵引变电所绝对标高测量步骤如下：

①将水准仪置放在距 A、B 两点中间较为平整的地面上，调整水准仪后，使其物镜对准后视点 A 处塔尺，读取读数 a(即镜高)，做好记录；

②调整物镜，对准前视点 B 处塔尺，读取读数 b，做好记录；

③计算 A、B 两点的高差，h_{AB} 和 B 点标高 h_B，满足

$$h_{AB}=a-b$$

$$h_B=h_A+h_{AB}$$

式中　a——A 点镜高；

B——B 点镜高；

h_{AB}——A、B 两点的高差；

h_A——A 点的绝对标高；

h_B——B 点的绝对标高。

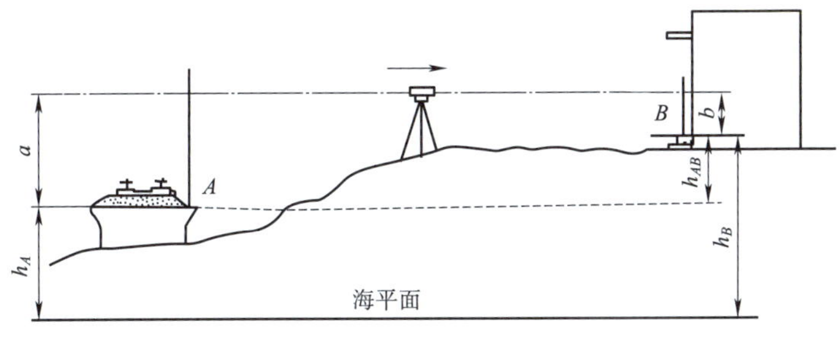

图 2-39　绝对标高引入示意

牵引变电所绝对标高引入后，依据设计文件计算并测定场坪标高和基础标高。

标高引入后设置定位基准线(图 2-40)。确定生产房屋或围墙中轴线，以等距 a 或 b 值，将房屋或围墙中轴线平行引出，以该线作为竖向基准线，根据设计图给定的 a'或 b'值，在基准线上用经纬仪测出 A、B、C、D 等多处测点，并在各测点的位置上设测点标桩；在竖向基准线的 A 点上，安置、调整经纬仪，使物镜“十”字丝竖线对准最远端测点中心，记下水平刻度，再将器身旋转 90°紧固制动螺旋，依据设计图给定的 b'值定出横向基准线及该线的 A'、B'、C'、D'等多处测点。

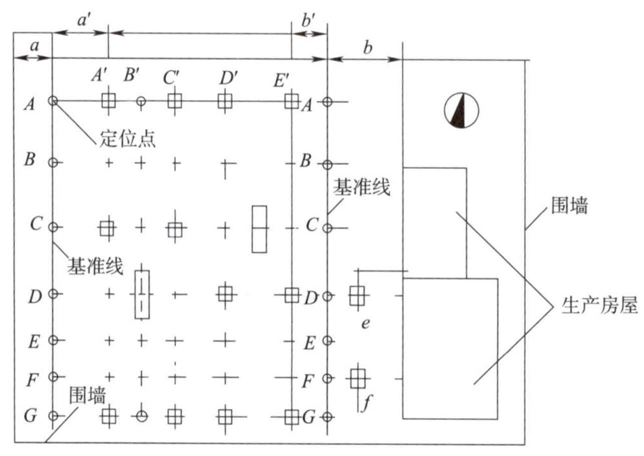

图 2-40　测量基准线的确定

在标高及中轴线均确定后进行基础中心定位放线。将经纬仪定位在基准线上，仪器调平后，进行经纬仪中心定点核准；将经纬仪物镜“十”字竖线对准远端基准点中心，并读取水平度盘的读数，填写记录；向预测方向旋转 90°，确认基础两条定位线互相垂直；从仪器的置中点测量出第一基础中心的位置，确定后打入标桩；重新测量标桩上标定第一基础中心的位置，并用划笔在标桩上标定出该基础的横向中心线。

用经纬仪对该基础进行测中，标桩定位人员将定位小钉置于标桩的横向中心线上，按测量人员的指挥移动小钉，至与经纬仪物镜“十”字丝竖线重合，将小钉打入标桩，此即为该基础的中心标桩。

绝对标高以及定位基准线定位完成后，使用经纬仪与水准仪等仪器对基础模板四角及边缘处定位，其轴线偏差不大于 15 mm，表面平整度偏差不应大于 5 mm；基础各部位尺寸应进行多次校核以保证放线尺寸准确无误，偏差应符合表 2-4 要求。

测量中应注意，在引入绝对标高时水准仪位置应尽量靠近两测试点中心位置；经纬仪使用过程中应保证水准气泡始终居中。

2. 基于北斗定位测量技术

基于北斗定位测量方法，运用北斗卫星全天候精准、快速定位的特点，利用点校正算法，将待放样点数据输传至 RTK 放样终端(测量手簿),再利用放样终端进行基础定位放样,实时监测。

表 2-4　基础偏差范围

施工部位		允许偏差/mm
基础轴线位置允许偏差	独立电气设备	±10
	三相联动设备	±10
	构支架基础	±20
基础顶面高程允许偏差	独立电气设备	$^{0}_{-20}$
	三相联动设备	$^{0}_{-10}$
	构支架基础	$^{0}_{-10}$
预埋螺栓允许偏差	中心距	$^{+2}_{-2}$
	外露长度	$^{+20}_{0}$

基于北斗定位测量技术测量快速、便捷。光学测量确定一个基础点位,需要 2～3 人多次移动测量仪器,同时还需保证环境能见度较高,避免大雾、风沙等天气;基于北斗定位测量技术只需将测量数据输入至 RTK 放样终端,1～2 人手持,根据系统提示,按提示方向行走便可确定设备基础点位。

北斗定位测量装置主要包含测量放样系统平台、RTK 放样终端(测量手簿)、便捷太阳能板、流动站等元件,如图 2-41 所示。

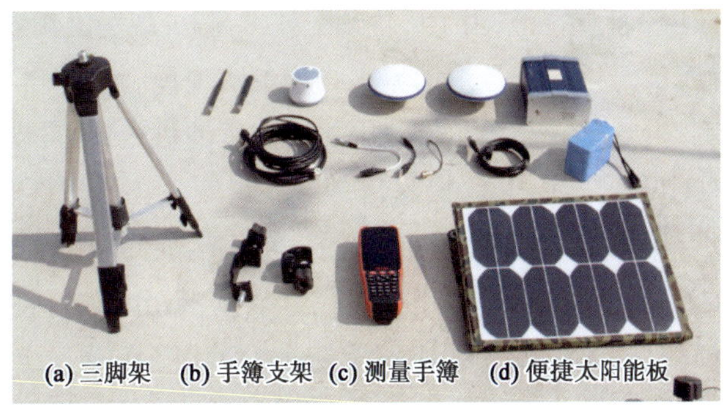

图 2-41　北斗测量装置主要元件

利用高质量的 RTK 放样终端一次设站即可高精度测完整个变电所基础。RTK 测量不要求基准站、移动站间光学通视,只需满足"电磁波通视",因此和传统测量相比,RTK 测量受通视条件、能见度、气候、季节等因素影响和限制较小,只要满足 RTK 的基本工作条件,就能进行快速的高精度定位,测量工作更容易。

基于北斗测量定位主要流程包含绝对标高确认,信息录入,点位测量。

(1)绝对标高确认

测量前在测量放线区域位置安装基准站,启动 RTK 放样终端(测量手簿),利用"点校正"算法校正已知点坐标,得出该作业区域内绝对标高。

(2)信息录入

绝对标高确认后,将施工放样内容(基础平面图点位坐标)以CAD图纸或者手动录入的形式输入到RTK放样终端(测量手簿),系统自动排列放线点位。

(3)点位测量

操作人员手持RTK放样终端(测量手簿)移动确定基础位置,手持终端转换计算输入的WGS-84坐标数据,可确定放线基础的坐标、间距、标高等要素信息,确定基础开挖范围。放样系统平台可根据每个基础交点坐标将定位结果生成网格布置图,提供整个测量区域内整体标高、基准轴线位置等信息。网格布置图实时显示水平度与垂直度,全过程校验。

2.2.2 工厂化预配技术

工厂化预配技术是将现场加工材料采用自动化机械集中加工并配送的一种施工方式。采用工厂化流水线生产流程管理,加工精度高,标准统一,可提高工作效率。目前牵引变电所工厂化预配技术主要应用在硬母线和软母线预配制作。

1. 牵引变电所硬母线预配技术

牵引变电所硬母线施工主要包含室外钢柱接地线安装,主变低压侧铜排安装,室内水平接地母线安装,传统施工方法是现场实地测量后,根据测量数据现场采用煨弯机、切割机、冲孔器等工具完成煨弯、切割、冲孔等施工作业,制作时多人协作配合,现场工作量较大。根据工作量大、重复性工作较多的工序特点,可采用工厂化预配技术,减少现场工作量,提高效率。

牵引变电所硬母线工厂化预配是采用流水线装备实现预制数据自动读取、自动上料、冲孔、剪断、铣角、铣毛刺、折弯、标记、成品打包等加工流程的机械化、自动化的一种技术。

硬母线流水线加工设备采用PLC控制、软件编程、液压、激光打印、模块化组装等技术实现硬母线流水式工厂化预制,生产过程实时监控,可实现成品数据查询及预配质量追溯。

硬母线流水线加工设备(图2-42)采用模块化组装技术,分为上料模块、主体传送模块、冲孔剪切模块、折弯模块、数控模块、标识模块,实现模块化组装,便于运输及安装。

上料模块主要由真空吸盘和移动轨道组成,可实现硬母线自动上料。真空吸盘依据工件原材料尺寸及重量进行选配,重点考虑工件平衡,明确吸着部位以及吸盘个数、吸盘直径;由使用环境及工件的形状、材质确认吸盘的形状、材质及是否需要缓冲器。移动轨道应充分考虑工件质量,确定其间距及形式。

主体传送模块采用辊轮技术实现硬母线在各模块间的输送,辊轮设置应考虑工件传输过程中的磨损,避免出现表面划痕。

冲孔剪切模块采用液压技术实现硬母线冲孔及剪断、铣角、铣毛刺,液压泵压力根据工件强度应满足冲孔及剪切动力,数字化控制实现冲孔精准定位,液压模具硬度应大于工件硬度。

图 2-42　硬母线流水线加工设备

折弯模块采用液压折弯机原理实现工件折弯。折弯包含立弯和平弯，模具设置需考虑以下技术要求：母线开始弯曲处距母线连接位置不应小于 50 mm，弯曲处不得有裂纹及显著的折皱，母线的最小弯曲半径符合图 2-43 和表 2-5 的规定。

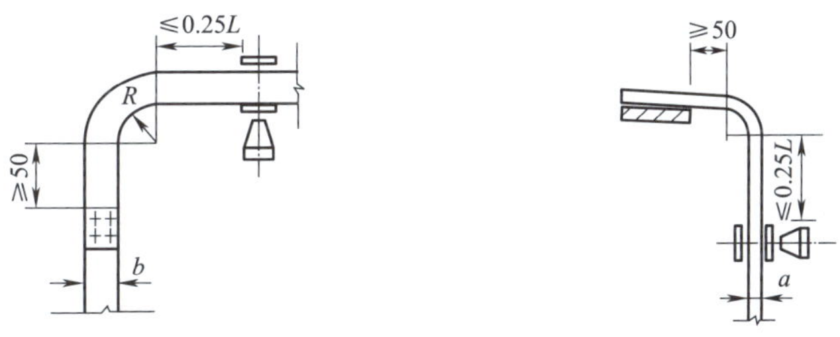

图 2-43　硬母线的立弯与平弯(单位:mm)

a—母线厚度;b—母线宽度;L—母线两支点间的距离

表 2-5　矩形母线最小弯曲半径

母线种类	弯曲方式	母线断面尺寸/mm	最小弯曲半径		
			铜	铝	钢
矩形母线	平弯	50×5 及以下 125×10 及以下	2a 2a	2a 2.5a	2a 2a
	立弯	50×5 及以下 125×5 及以下	1b 1.5b	1.5b 2b	0.5b 1b

数控模块运用 PLC 控制及软件编程技术可读取 BIM 模型数据及 CAD 图纸数据，实现数据导入、各模块运行控制、数据查询等功能，可存储加工信息，包含使用位置、加工时间等。

标识模块运用激光打印技术实现二维码标识打印，二维码信息包括加工时间，安装地点，长度及规格型号等内容。

硬母线工厂化预配主要流程包含预制准备，自动上料，冲孔、铣角、剪断，折平、立弯，标记、包装、存放。

(1)预制准备

预制准备包含核对图纸数据,领取加工材料,检查设备的冲剪、折弯等关键模具。

(2)数据导入

将图纸数据导入计算机,自动识别并分析提取关键加工信息,生成硬母线加工数据。驱动上料系统、数控冲剪机、柔性折弯等模块进行加工。加工数据通过网络或移动存储介质与相关管理系统实现数据贯通,数据包括母线编号、材质、型号、操作员等,数据参数见表 2-6。

表 2-6 数据参数

序号	编号	生产日期	操作员	安装部位	材质	型号(长×宽×厚)	冲孔尺寸×数量
1							
2							
…							

(3)自动上料

按设定参数将对应的硬母线原材料摆放在上料区指定位置。自动上料模块将原材料按照参数设定的加工顺序逐一输送至设备流水线上。上料完毕后,传送模块将硬母线输送至冲孔剪切模块准备进行下一道工序。

(4)冲孔、铣角、剪断

输送至冲孔剪切模块的硬母线根据系统指令要求依次完成冲孔、剪断、铣角等加工作业。加工完毕的硬母线传送至折弯模块,准备进行折弯作业。

(5)折平、立弯

折平弯的硬母线由翻转装置将母线侧立,依次完成各角度的折弯工作,折立弯的硬母线通过数控折立弯单元完成折立弯作业,加工完毕后将硬母线输送至缓存架上,准备进行标记、包装等作业。

(6)标记、包装、存放

加工完成的硬母线由标识模块进行信息标记,包括安装编号、安装位置、硬母线长度、生产日期、操作员等。对标记完成的硬母线进行包装,包装要以防碰撞、防刮划、方便运输为目的。将包装完毕的硬母线以所亭为单位分组存放,存放地点要求通风、干燥、避免雨水侵袭。

2. 牵引变电所软母线预配技术

牵引变电所软母线施工主要包含测量下料、裁剪,线夹压接,冲孔、安装等作业,主要施工流程包括现场测量、长度计算、现场裁剪、线夹压接、接线板冲孔等工序。根据施工特点,可采用工厂化预配技术,降低误差,提高效率。

牵引变电所软母线预配技术运用数控装备实现自动计算、裁剪、线夹压接、标记、成品打包等加工流程的机械化、自动化的一种技术。

软母线数控装备采用 PLC 控制、软件编程、液压、激光打印、系统化组装等技术实现软母线流水化、工厂化预制,预配质量实时监控系统,实现数据查询及预配质量追溯。软母线数控装备(图 2-44)包括输送、调直、裁剪、压接、数控、标识系统,可实现模块化组装。

图 2-44　软母线数控装备

输送系统运用滑轮转动方式实现软母线输送,滑轮大小按母线直径考虑,且应充分考虑与母线摩擦,避免损伤。

调直系统运用矫直机原理,实现软母线校直。选取应考虑母线的材质、直径、强度。

裁剪系统运用冷切断线技术,实现对软母线的裁剪,裁剪后不得出现散股。

压接系统采用液压装置,实现线夹压接,压接模具与母线规格相匹配,压接时相邻两模间钢管重叠不应小于 5 mm,铝管重叠不应小于 10 mm,压接后六角形尺寸为 $0.866D+0.2$ mm(D 为压接铝管标称外径)。

数控系统运用 PLC 控制及软件编程技术可实现数据录入及计算,各系统运行控制、数据查询等功能,可存储加工信息,包含使用位置、加工时间等。导线在档距内安装长度按下式计算。

$$s_1=L-s_{01}-s_{02}+\frac{8}{3}\times\frac{f^2}{L}+K$$

式中　L——每组挂线环内沿之间的净距;

s_{01},s_{02}——绝缘子串的长度;

F——导线的弧垂(按当时温度确定);

s_1——实际安装长度;

K——不同安装档距的修正值,见表 2-7,仅供变电所施工使用。

表 2-7　变电所软母线安装 K 值　　mm

型号	跨　度				
	10 m	15 m	20 m	25 m	30 m
150 mm^2	45	40	35	30	25
185 mm^2	50	45	40	35	30

标识运用激光打印实现二维码标识打印，二维码信息包括加工时间，使用地点，长度及规格型号等内容。

软母线工厂化预配主要流程包含预制准备，数据导入，软母线剪切，线夹压接，标识、包装、存放。

绝缘子串测量：将绝缘子组装好后（含耐张线夹），测量从 U 形挂环内侧到耐张线夹钢锚内孔处（即导线钢芯所达到的位置）之间的距离，测量结果应两端分别记为 S_{01}、S_{02}，如图 2-45 所示。

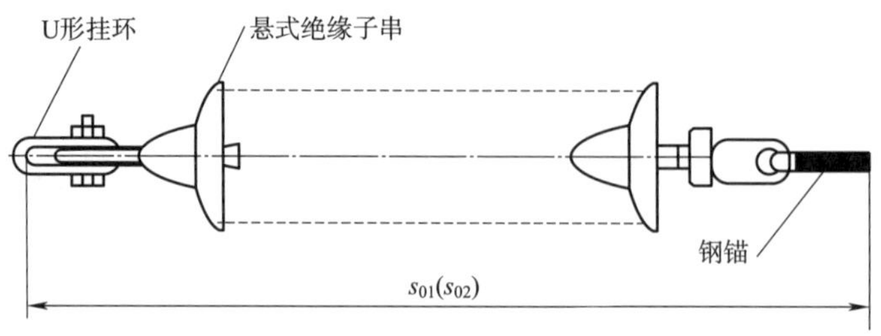

图 2-45 绝缘子串组装测量

吊环间水平距离测量：安放测距仪并调整水平。测量吊环 A（棱镜）吊环 B（棱镜）的斜距（d_{SD}），测量 A 高度和 B 高度，计算 A 和 B 垂直距离（d_{VD}）；计算吊环 A 和吊环 B 之间的水平距离 L，如图 2-46 所示。

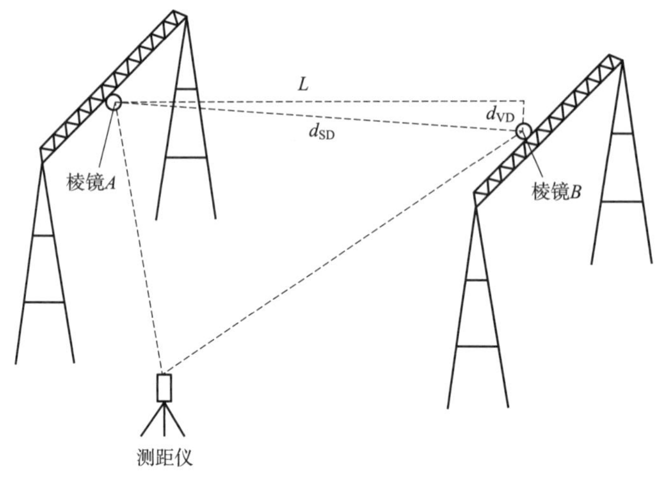

图 2-46 吊环间距测量示意

引下线及设备间连线测量，利用 BIM 技术获取引下线及设备间连线长度，如图 2-47 所示。

(1)数据导入

设置软母线型号、长度等参数，录入或导入吊环水平距离、引下线及设备间连线长度、设计弛度值、绝缘子串长度等数据，自动计算生成加工数据。驱动输送机、调直、压接单元等系

图 2-47　引下线及设备间连接线 BIM 模型测量

统进行加工。加工数据通过网络或移动存储介质与相关管理系统实现数据贯通，数据包括编号、安装部位、母线规格、线夹型号、长度等，数据参数见表 2-8。

表 2-8　数据参数

序号	编号	加工时间	操作人	测量人	安装部位	母线规格	夹具型号	裁剪长度	测量数据				
									s_{01}	s_{02}	F	K	s_1
1													
2													
…													

(2)母线裁剪

母线由输送系统及调直系统处理后，按照预制长度自动裁剪。母线安装耐张线夹，进行首末端铝层环切，保留内部钢芯。安装其他线夹直接切断。裁剪完成后进行线夹压接。

(3)线夹压接

母线裁剪后经过输送及调直系统后进入压接系统压接，机械手按操作时序将线夹放置至压接装置，完成压接。压接顺序为自铝线端头向管口施压，钢锚挂环要与线夹引流板方向垂直，引流板方向满足安装要求。

(4)标识、包装、存放

人工复核预制软母线质量，由标识模块在线夹上进行信息标记，包括编号、安装位置、长度、生产日期、操作员等信息。可按类型为一个小单元、以所为一个大单元进行包装并标识。包装完成后，以所为单位进行存放。

2.2.3　专业化安装技术

随着高速铁路建设标准日益提高，需进一步提升高速铁路牵引变电所施工质量，施工应采用机械化、专业化安装技术手段，质量全过程控制，施工工艺质量不仅要满足结构安全、可靠、耐久、外观精致的要求，还应利于运营维护。

1. 牵引变电所关键设备安装技术

(1)牵引变压器安装技术

牵引变压器安装主要包括本体安装、散热器安装、油枕安装、高压套管安装、气体继电器安装、温度计安装、低压侧母排安装和接地安装等。

待基础达到安装条件后,采用液压推进或吊装方式完成牵引变压器本体就位,就位过程中倾斜不得大于15°。本体就位后采用对角固定方式按标识顺序安装散热片。油枕安装前检查无漏气,采用吊装方式安装在托架上。油枕安装完成后,安装高压套管,安装时油标朝外,放气塞在最高位置。安装气体继电器前应第三方试验合格,拆除油枕与继电器连接法兰封板,将继电器安装在中间位置。气体继电器安装完成后用专用设备进行注油作业。注油后静置48 h后安装温度计及低压侧母排。最后进行接地制作,将变压器铁芯、外壳分别引至地网。

牵引变压器安装工艺应达到要求:铁芯应采用单独的接地线或铜排接引至主地网;外壳对角分别接引至主地网,连接处均匀涂抹电力复合脂;地线标识颜色应采用黄绿色,间距为200 mm;上下节油箱、油枕与安装支架采用铜母排做电气连接;低压侧套管与硬母线连接时采用伸缩节(图2-48);本体线缆防护采用金属线槽(图2-49),端子箱与金属线槽采用法兰连接,端子箱内部预留不小于200 mm配线空间;油池内鹅卵石大小、颜色一致,大小宜选用8 cm左右,鹅卵石上部添加黄色防火复合网栅(图2-50),方便巡视检修;防火墙按当地民俗文化装饰。

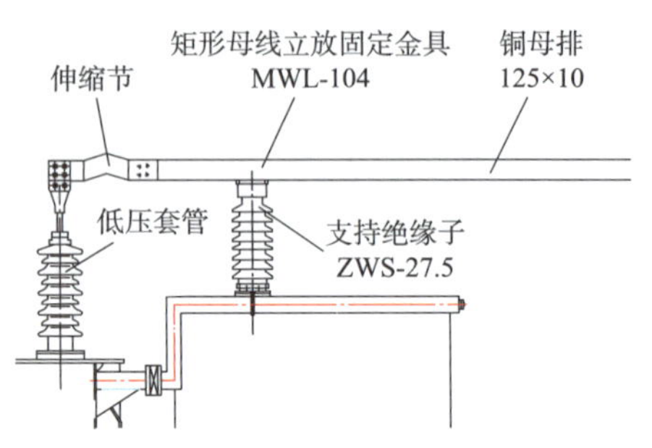

图2-48 低压侧硬母线及伸缩节安装示意

图2-49 金属线槽

图2-50 黄色防火复合网栅

(2)隔离开关安装技术

隔离开关安装主要包括开关吊装、本体调整、主刀装配调整、机构箱安装和接地制作等。

隔离开关安装首先将单极开关绑扎牢固后，再吊装就位，就位时调整开关方向使之符合产品规定，就位后完成本体调整。本体调整时支柱绝缘子垂直于底座平面，相间距离与设计要求之差不应大于 20 mm；相间连杆在同一水平线上，连杆内径与转轴或连接头间隙不应大于 1 mm。本体调整完成后安装操作机构箱，随后按照厂家安装说明书完成主刀装配及传动调整。调整后的隔离开关分合闸时触头应同时接触，触头接触时的不同期值应不大于 20 mm。机械闭锁装置动作灵活，准确可靠。最后完成接地制作施工及保护管安装，将隔离开关地刀、机构箱、本体分别接地。

隔离开关安装工艺应达到要求：机构箱接地采用黄绿电缆沿支架或钢柱接引至钢柱接地处，走向横平竖直(图 2-51)；地刀工作接地用铜排连接至主地网，铜排用瓷式绝缘子安装固定(图 2-52)；隔离开关本体架构采用黄绿地线或铜排接地(图 2-53)；机构箱配置保护管固定法兰盘，保护管用螺栓与法兰盘垂直固定，封堵良好(图 2-54)。

图 2-51　隔离开关机构箱接地

图 2-52　隔离开关地刀接地

(3)避雷器安装技术

避雷器安装主要包括避雷器底座安装、本体安装、均压环及放电计数器安装、接地制作等。

首先，安装避雷器底座，安装前用平锉去除底座上平面的氧化膜、油漆，使其上平面平整、光滑。然后，采用吊装方式安装避雷器本体，本体安装前确认外部完整无缺损，封口处密封良好，各连接处金属接触表面无污垢、毛刺；安装应牢固，倾斜度不大于 3‰。本体安装完

图 2-53　隔离开关本体接地

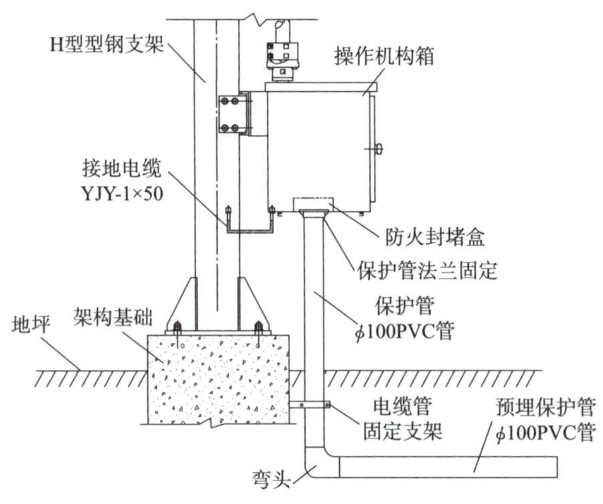

图 2-54　机构箱保护管安装示意

成后，安装均压环和计数器等附件，均压环安装水平，不得歪斜，计数器绝缘安装在钢柱上（图 2-55）。工作接地、保护接地分别与地网可靠连接。

避雷器安装工艺应达到以下要求：并列安装的避雷器在同一轴线上，铭牌位于易于观察侧，且三相位于同一侧；计数器安装位置一致，便于观察；避雷器工作接地经计数器接地，计数器上端接地采用扁铜，并喷涂黄绿漆，间隔 200 mm，计数器下端接地采用电缆与地网连接。

（4）断路器安装技术

断路器安装主要包括支柱框架安装、机构箱安装、单极灭弧室安装、SF_6管道连接、补充SF_6气体、接地制作。

图 2-55　避雷器工作接地

首先，进行支柱、框架及机构箱连接安装，采用吊装的方式安装起吊，缓缓下落，平稳落于基础上，紧固地角螺栓；安装时应注意，底架平面的水平误差不应大于 2 mm；底座与基础间用调平螺母调平；安装完成后，打开机构箱门和箱盖，拆去箱顶法兰上的保护盖板和软木胶垫，解开固定连接板和气管用的压敏胶带，为后续工作做好准备。然后，进行灭弧室安装，灭弧室安装时在灭弧室顶部对称系紧尼龙吊绳，灭弧室轴线与相应相序的机构顶板法兰中心线重合在同一轴线上时，缓缓下落，平稳落至法兰面上，对称紧固螺母；灭弧室安装完成后，安装 SF_6 管道，然后进行行程测量，触头及机构活塞的行程应符合产品技术要求；断路器本体安装完成后，补充 SF_6 气体至产品标准压力。最后，进行接地制作，保护接地与地网可靠连接。

断路器安装工艺应达到要求：机构箱接地采用 50 mm^2 黄绿电缆接引至断路器框架上；机构箱配置保护管固定法兰盘，保护管用螺栓与法兰盘垂直固定，封堵良好。

(5)互感器安装技术

互感器的安装主要包括互感器本体安装、保护管安装和接地制作等。

首先，安装互感器本体，安装检查互感器外观完整无缺损，无渗油，油位指示正常，采用吊装的方式安装固定，固定前确认极性方向一致。然后，安装电缆保护管及金属软管。最后，进行接地制作，电流互感器备用绕组短封后接地，电压互感器备用绕组 N 端及一次绕组接地分别单独引至主接地网。

互感器安装工艺应达到以下要求：互感器、隔离开关、避雷器的软母线应在同一平面上；本体接地采用 50 mm^2 黄绿地线与钢柱连接。

(6)开关柜安装技术

高压开关柜安装主要包括开关柜就位、开关柜拼接、接地线安装、气室充气、电缆舱内电压互感器和避雷器安装。

先进行柜体就位，利用门型吊装支架或液压叉车将第一面开关柜安装在预定位置，调整后用螺栓固定在基础框架上，依次间距 0.5～1 m 逐面就位，柜盘面保持在同一水平面上。就位完成后进行拼接，拼接前外表面清扫干净，拆除母线套管防护罩并拆除套管外侧法兰挡板，并取出套筒内的干燥剂，检查套筒内母线固定螺栓无缺失。用无水酒精清理干净套筒内表面、法兰连接面及母线铜排，均匀涂抹润滑脂至法兰连接面及法兰密封圈上，将密封圈压到法兰连接面处。将母线放置在第一面柜体法兰上，用跨顶平行移动第二面柜缓慢接近第一面柜，保证母线同一水平面上，两柜母线及套筒法兰完全接触后，检查接触面吻合情况，如有错位应及时调整。按照前面步骤，依次完成所有开关柜连接，用螺栓固定在基础框架上。拼接完成后进行柜间接地排安装，并用电缆与地网连接。接完成后进行气室充气，真空泵抽真空处理，气室内压力降至低于 2 kPa；然后用。微水仪检测气瓶六氟化硫气体微水含量，小于 150 ppm，按照说明书充气。充气完成后进行电缆舱内电压互感器和避雷器安装，电压互感器安装前按说明书确认法兰螺栓固定情况。最后进行外观检查。

高压开关柜安装工艺应达到以下要求：开关柜固定牢靠，同室同列柜顶等高，排列整齐，涂层完整；盘眉、编号、标识、铭牌、模拟线布置整齐统一。柜内配线连接可靠、排列整齐，开关柜与电缆回路对应，进出线电缆的方向、相别正确。底座槽钢、框架和接地母线应接地可靠(图 2-56、图 2-57)。预留型钢、沟槽管洞应与设备要求相符，埋留槽钢宜为立式(图 2-58)，应高出最终地坪 10 mm，并采取防腐措施。

图 2-56　高压开关柜安装效果图

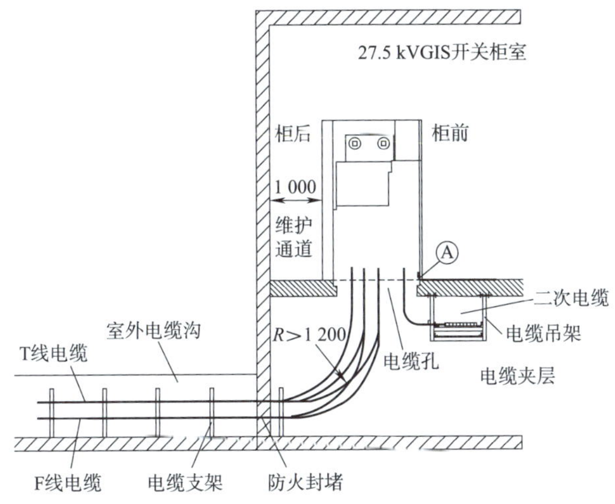

图 2-57　高压开关柜安装示意(单位:mm)

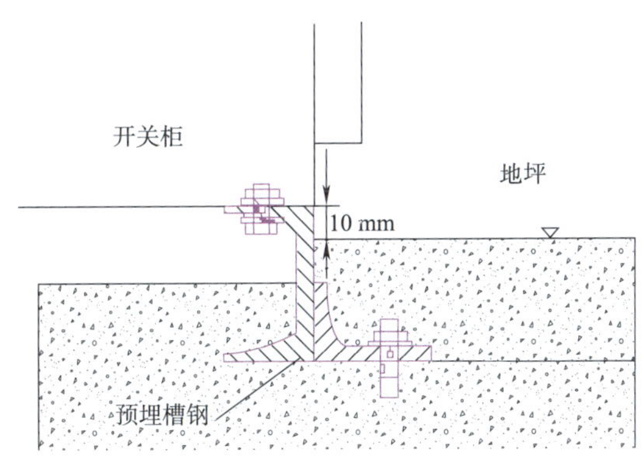

图 2-58　预埋槽钢示意

(7)电缆附件安装技术

电缆附件安装主要指 27.5 kV 单芯交联电缆预制式户内(外)终端头制作安装,终端头制作安装主要包括剥切外护套、铠装接地线安装、剥切内护套、屏蔽铜丝接地线安装、剥切半导体、安装终端、安装接线端子、固定接线端子和地线等。

装剥切外护套,电缆校直后,按照图 2-59 尺寸进行剥切,内护套露出 20 mm,距外护套端口下方 40 mm 处,环形剥开外护套,宽度 40 mm。露出金属铠装,如果有漆层,用砂纸打光铠装层。图 2-59 中数值根据电缆的截面、户内或户外形式取值,并满足产品安装说明书的技术要求。

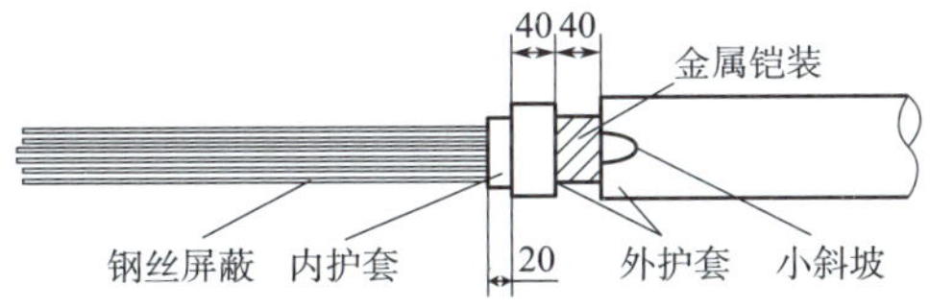

图 2-59　电缆终端头剥切尺寸(单位:mm)

铠装接地线安装，用恒力弹簧将钢铠接地线固定在金属铠装上，如图 2-60 所示。

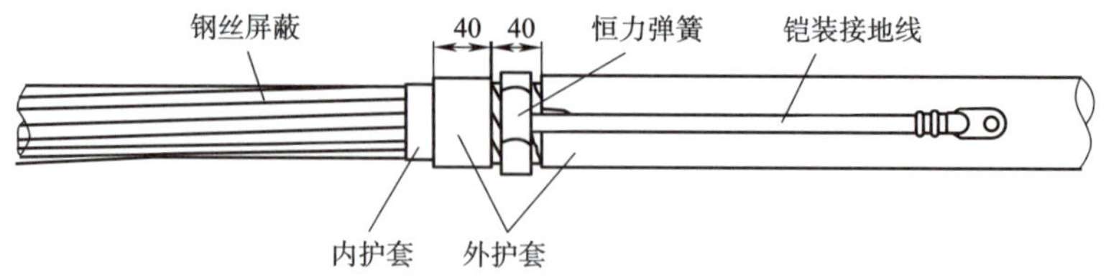

图 2-60　钢铠接地线的固定(单位:mm)

安装地线中冷缩管，按照图 2-61 所示尺寸，从内护套断口向接地线的方向，用红色密封胶稍微拉伸，半搭盖饶包一个来回，饶包宽度 130 mm。在密封胶表面包绕一层 PVC 带。再按照图 2-61 所示定位尺寸 40 mm 安装冷缩地线管。地线管的支撑骨架条要边抽拉，边逆时针方向旋转。

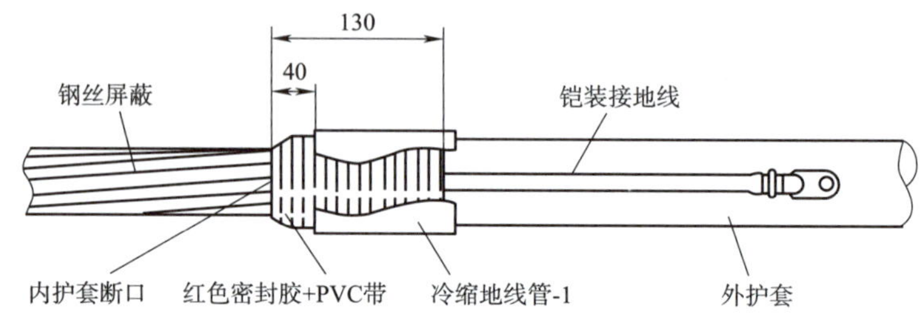

图 2-61　内护套断口处的接地线

屏蔽铜丝接地线安装，如图 2-62 所示，将屏蔽铜丝在内护套断口处反折整齐(靠近断口处，尽量均匀弯曲，并轻轻打平)。然后在铠装接地线的另一侧，分成三股扎成“辫子”作为屏蔽铜丝接地线，外部收缩一层热缩管，压接端子。最后按照图 2-68 所示饶包 50 mm 一层半导电带。

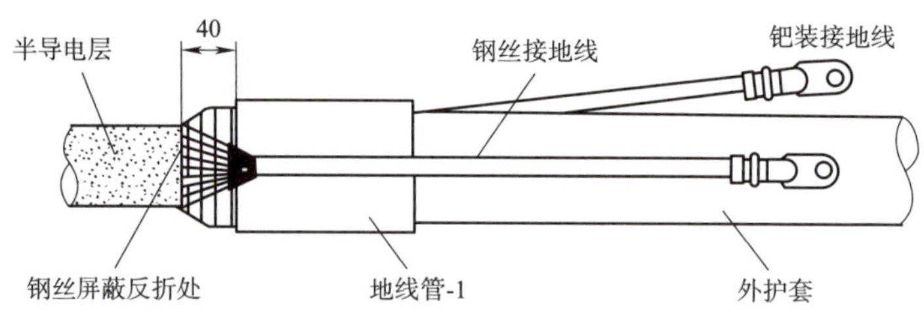

图 2-62　屏蔽铜丝在内护套断口处反折整齐(单位:mm)

冷塑地线管对齐半导电带端口收缩，按照图 2-63 所示 300 mm 处，包绕红色密封胶 60 mm，外加一层 PVC 带，把第二个冷塑地线管对齐半导电带端口收缩到位。

剥切半导体：如图 2-64 所示尺寸依次剥切电缆：

①半导电层留下 50 mm，切记剥切半导电层时不能损伤绝缘层，环切断口与线芯方向

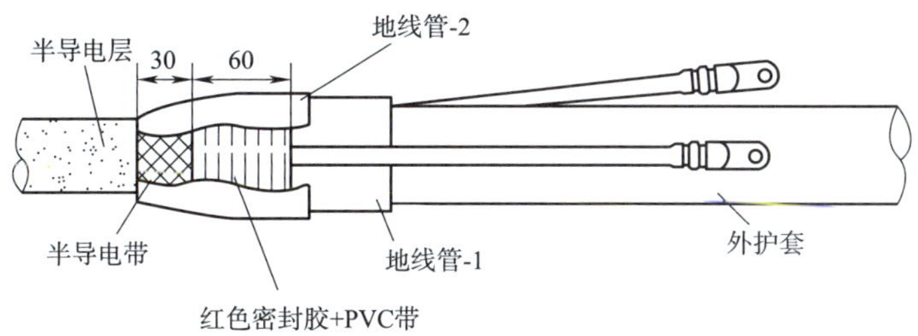

图 2-63　冷塑地线管对齐半导电带端口收缩到位示意(单位:mm)

垂直,断口处半导电层不能有层间剥脱现象。

②半导电层断口处做斜坡处理,斜坡长度 20～30 mm,使其平滑过渡,坡面光滑。断口不能有尖端毛刺、锯齿状,不能有凹坑或凸起。可用刀片或者玻璃先行处理,然后再用 400 号砂纸打磨,如图 2-70 所示。

③绝缘层露出要保证图 2-64 中 b 的尺寸,用砂纸均匀打磨,保证没有残留的导电颗粒,不能有刀痕,凹坑或者凸筋,可先用 240 号砂纸打磨处理,然后再用 400 号砂纸进行抛光。图 2-64 中 b 根据户内或户外形式取值,并满足产品安装说明书的技术要求。

④芯线露出长度 24 mm＋端子孔深,绝缘端部倒角 2×45°。

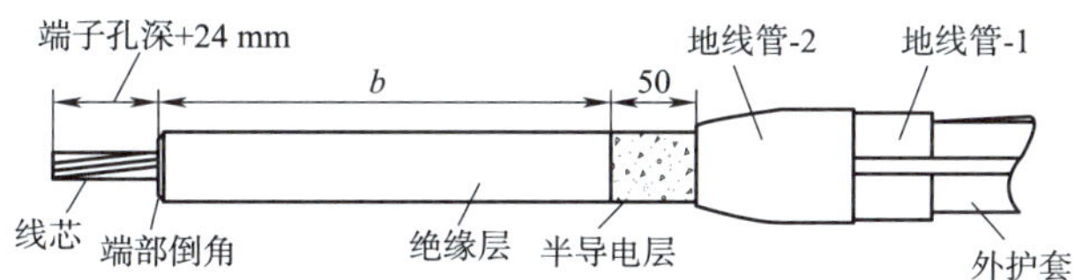

图 2-64　芯线露出长度 24 mm＋端子孔深示意(单位:mm)

半导电层包绕,按照图 2-65 所示尺寸,留出 20 mm 半导电层,用半导电带拉伸 200%,包绕一个单边厚 5 mm 的台阶,右侧可覆盖地线管约 5～10 mm,尾部用力压住包紧。用 PVC 带包住电缆线芯端部,用清洁纸清洁电缆绝缘层,从绝缘向半导电层方向一次性抹去。表面稍晾干后在电缆绝缘上均匀涂抹硅脂。然后用塑料棒往终端内表面涂抹硅脂。

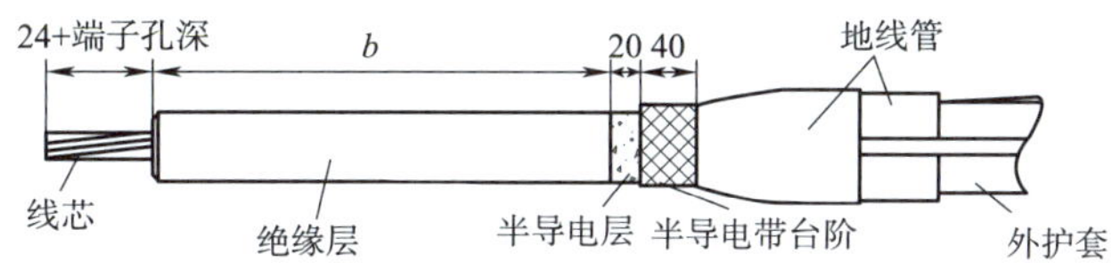

图 2-65　半导电层包绕尺寸示意(单位:mm)

安装终端,翻起终端尾部的裙边,一人双手握紧终端下部,使终端下部内孔对准电缆,另一人一只手握住终端中部,另一只手堵住端部的小孔,用力把终端推到电缆上,不宜推入过长,终端内部台阶刚好抵住半导电带台阶为止。检查到位后,抹去多余的硅脂,去掉线芯端部的 PVC 带。然后用尼龙扎带分布固定两条接地线,如图 2-66 所示。

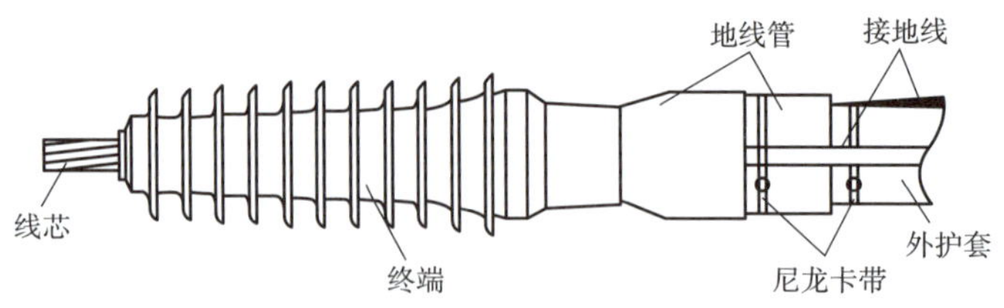

图 2-66 安装终端示意

安装接线端子，如图 2-67 所示，安装接线端子：可先行将端子套在线芯上，检查端子下端面和终端距离为 2～5 mm，如果不适合，检查并修正尺寸，合适后，再旋转端子至合适的固定方向即可压接。一般压接两道，按照图 2-68 所示顺序压接，然后去除毛刺尖端。

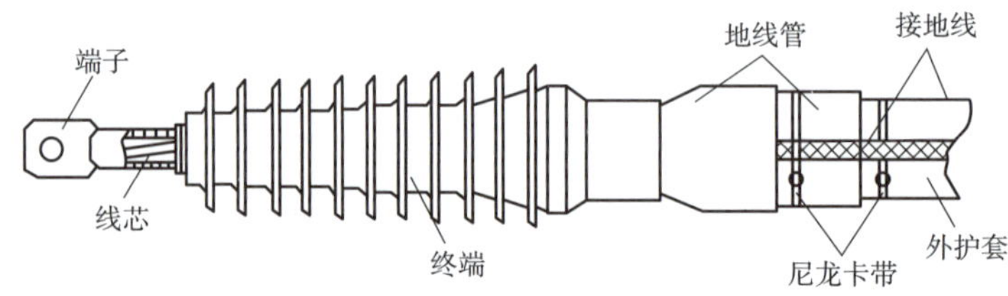

图 2-67 安装接线端子示意

固定接线端子和连接地线，终端就位后，固定接线端子，连接接地线。本施工方法适合金属屏蔽和金属铠装分开双接地的接地方式，如果需要单接地，可将两根接地线连在一起共同接地。

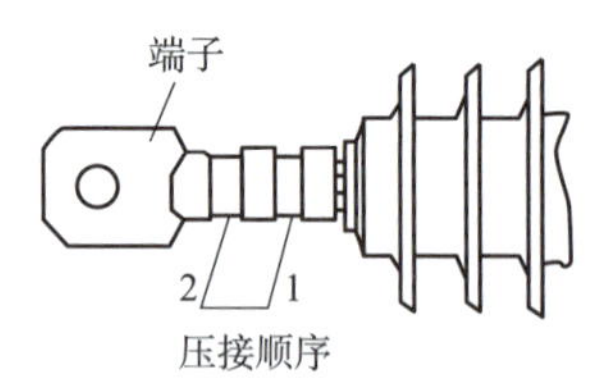

图 2-68 接线端子安装示意

电缆附件制作安装工艺应达到以下要求：附件安装前应保证电缆的型号、预留长度、绝缘电阻及附件应满足要求；高压电缆附件制作前从剥切到完成应连续作业，一次性完成，且整体作业环境应保证清洁、无尘，相对湿度不应超过 75%，温度应高于 5 ℃；电缆终端的制作应在水平状态下进行，完成后再竖直安装。剥切电缆护层、铠装带和屏蔽层时不得损伤芯线绝缘，屏蔽层的端部要平整，不得有毛刺；高压电缆终端顶部平整，电缆回路、相序正确、标识清晰，电缆终端固定牢靠，与母线、设备连接正确屏蔽层与铠装层的接地线相互绝缘。

(8)二次配线技术

二次配线技术主要包含电缆校线、套标号牌、制作电缆头、线芯排把、接线及备用线芯处理等。

电缆校线，确认电缆起止点，用 500 V 的兆欧表摇测绝缘，电缆在电缆头制作前后的绝缘电阻均不应小于 5 MΩ。

套标号牌，在电缆两端靠近电缆头位置套标号牌。

制作电缆头，控制电缆采用铠装带屏蔽电缆时，应在钢铠和屏蔽层均焊接单根 BVR-

2.5 mm^2 的黄绿相间多股软铜线作接地线，电力电缆头采用同型号 4 mm^2 接地线。钢铠和屏蔽层的接地线应在电缆头的同一侧引出，两根接地线间距 4～6 mm，并采用穿线号管或其他方式区分。自粘胶带在缠绕时应进行拉伸，拉伸率应为其原长度的 1.5 倍左右(图 2-69)。缠绕完成后应采用统一长度(90～110 mm)的黑色热缩管加热收缩，电缆的直径应在所用热缩管的热缩范围之内；对热缩管处理应采用电吹风从上向下均匀加热，加热时热缩管不能移位。

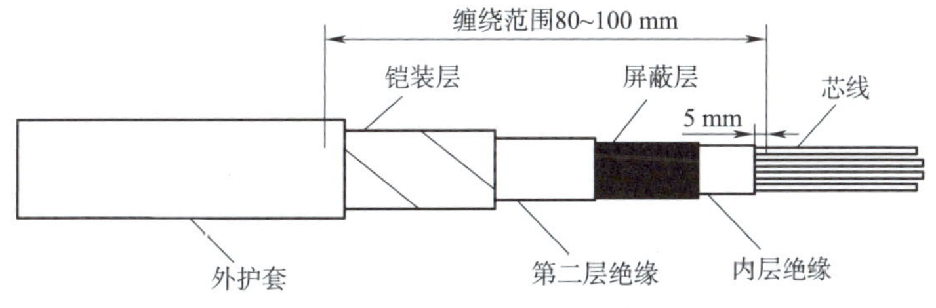

图 2-69　控制电缆头制作示意

线芯排把，电缆校线完成后将每根电缆的芯线拉直，不能损伤绝缘和芯线，然后根据每根电缆在端子排的接线位置进行并拢绑扎，宜每隔 150 mm 用尼龙扎带绑扎一次。

接线，应按照端子排由下至上的顺序逐根芯线进行。

二次配线工艺应达到以下要求：施工过程中应注意二次配线电缆线芯绝缘层颜色应统一线号管，采用圆形白色塑料管，文字方向一致，电缆头及接地线排列整齐、颜色统一(图 2-70)；电缆头与标牌采用绑扎固定方式，线把绑扎间距宜为 90～180 mm(图 2-71)；采用无线槽布线时，端子排与门框间距不小于 200 mm，电缆应单根成束绑扎，备用芯高出端子排 250～300 mm，并采用热缩套管封帽处理(图 2-72)。

图 2-70　线号管排列效果图

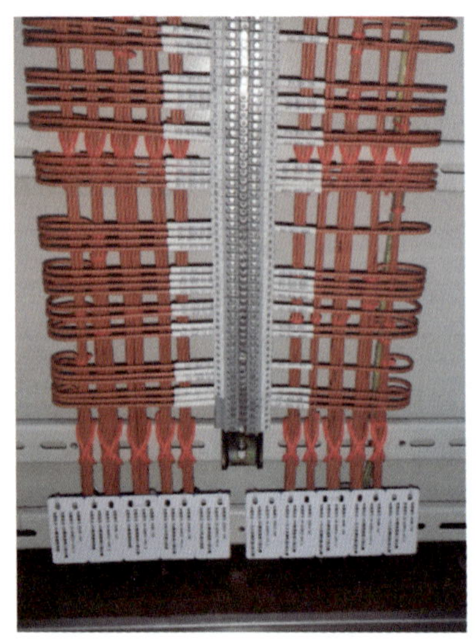

图 2-71　电缆牌绑扎效果图

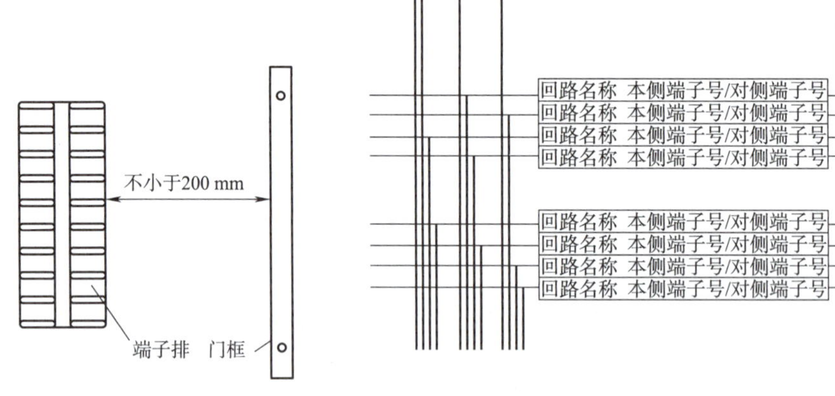

图 2-72　无线槽接线方式示意

2. 基于 BIM+线缆敷设管理软件的电缆敷设技术

牵引变电所内电力电缆、控制电缆数量多，类型杂，传统的人工敷设方式易出现交叉、排布不规则、预留长度不合理、错放或漏放等现象，造成敷设进度慢、材料消耗多，施工成本高。基于 BIM+线缆敷设管理软件的电缆敷设技术(图 2-73)，利用 BIM 仿真模拟变电所模型，采用线缆敷设管理软件进行碰撞检查，规划线缆敷设路径，生成三维敷设路径图，指导电缆敷设施工，提高作业效率。

基于 BIM+线缆敷设管理软件通过导入牵引变电所 BIM 模型，根据设备位置和电缆清册自动生成三维模型，可输出电缆清册、电缆路径图、电缆分层排布剖面图等二维图纸。可提供电缆敷设的三维可视化技术交底资料，生成的电缆敷设模型可作为数字化资料永久保存，为运维提供便利。该技术运用流程主要包含模型建立、智能计算、成果导出、敷设效果检查。

图 2-73 线缆敷设管理系统软件

(1)模型建立

确认电缆型号尺寸、设备接线点、电缆沟走向及电缆支架位置,运用 LOD400 级别 BIM 模型,建立详细的设备及基础、电缆沟、支吊架、桥架、房屋及夹层等信息数据。

(2)智能计算

根据录入信息,虚拟敷设路径,模拟布置电缆路径、电缆分层排布、电缆预留,按照路径最短、避免交叉、整齐美观的原则在软件中精确绘制线缆路径模型(图 2-74),赋予每根线缆编号、名称、型号、起点位置、终点位置、长度、用途等关键信息,根据线缆转弯半径等内容模拟计算每根电缆长度,生成电缆清册。

(3)成果导出

整理输出线缆材料表,包括线缆配盘表、材料明细表等。实现对线缆、桥架、支吊架、预埋管等材料的精确统计;生成线缆敷设顺序表,包含敷设顺序、起止点路径、线缆型号、线缆编号、线缆长度等信息;生成关键位置电缆沟内电缆分层排布剖面图。

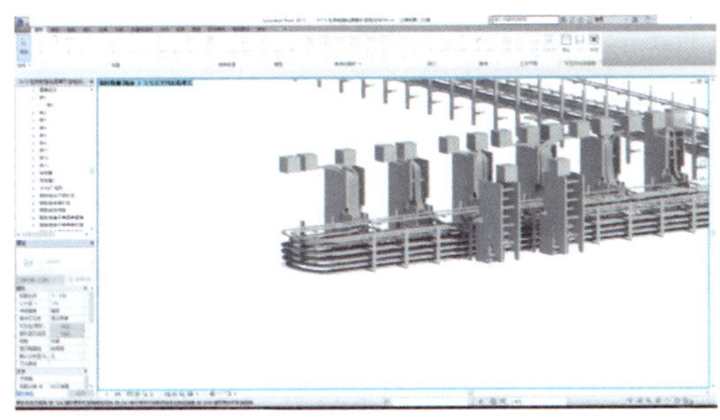
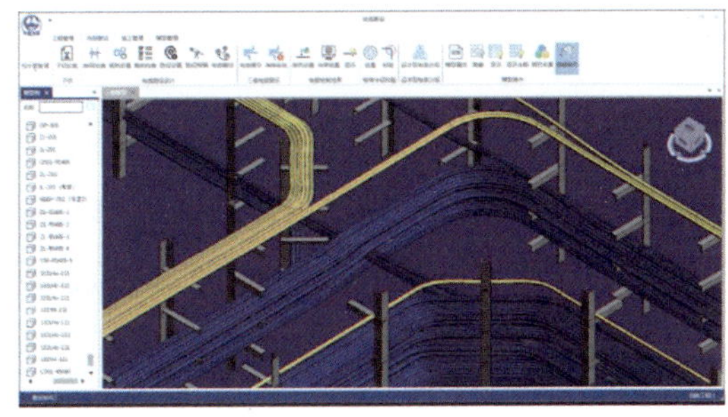

图 2-74 线缆 BIM 模型

(4)敷设效果检查

输出的电缆布放三维模型、敷设顺序表,可有效优化现场电缆敷设工艺。如图 2-75 和图 2-76 所示。

图 2-75　二次电缆敷设效果图

图 2-76　27.5 kV 电缆敷设效果图

2.3　应用案例

2.3.1　工程概况

新建贵阳至南宁高速铁路(以下简称“贵南高铁”)位于贵州省东南部和广西壮族自治区西北部,北起贵阳市,经贵阳枢纽与沪昆、成贵和渝黔铁路衔接,向南经龙里、都匀、独山、荔波和广西壮族自治区的环江、金城江、都安、马山、武鸣等地,止于南宁市并与柳南、广西沿海、南广、湘桂、云桂等铁路相连,新建正线全长 481 km。

2.3.2　总体技术方案

以“信息化管理平台+BIM 平台”为核心,融合数据标准、数据存储、数据传递、数据应用一体化,打通硬件设备、现场施工生产过程所产生的数据与平台间的自由传递,实现从施工准备阶段的图纸审核、现场测量、BIM 建模,到项目实施阶段零配件预配、自动仓储物流、智能化安装,再到平推阶段的安装复测、产品交付等项目管理全流程、全要素、建维一体化的数据贯通、全工序机械化施工,其系统如图 2-77 所示。

按照首线示范、研用结合、以用促研的工作思路,在贵南高铁重点对数据贯通和全工序

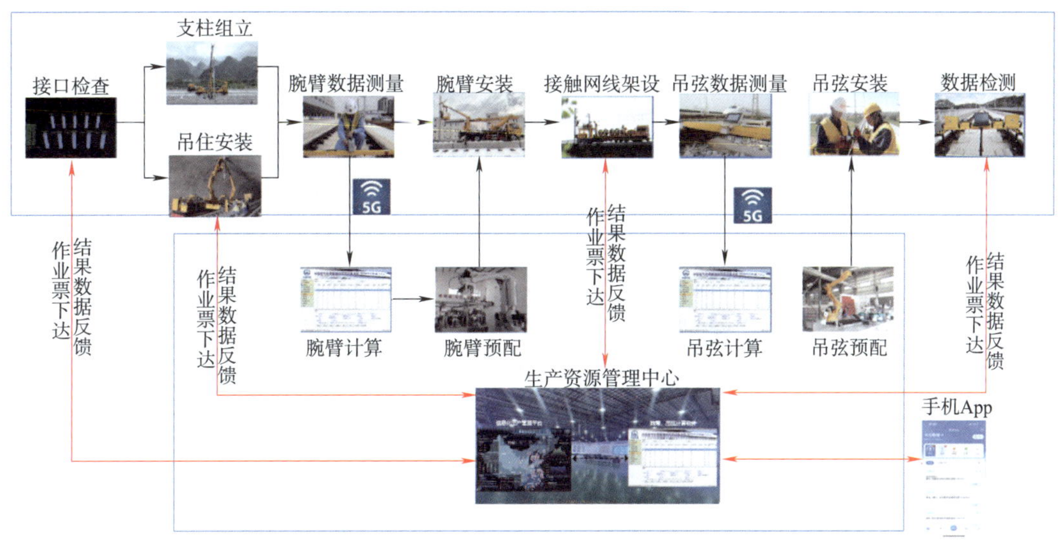

图 2-77　数据贯通、机械化施工系统图

机械化作业进行了示范应用。

2.3.3　技术实施方案

1. 施工全过程信息贯通

贵南高速铁路、津兴城际项目实施过程中，践行“数据贯通”的理念，运用云、大、物、智、移、BIM 等新一代信息技术与项目管理深度融合，实现了物料管理全过程的数据贯通和施工作业全流程的数据贯通。目前信息化管理平台已与自主研发的接触网基础螺栓检测仪、接触网激光测量仪、腕臂/吊弦预配装置、腕臂安装机器人、手推式检测车等智能工装的数据贯通；已与接触网腕臂计算软件、隐患排查系统等平台实现数据贯通，实现将国铁集团施工管理系统中的工程分解清单、进度日报等数据进行导入，与 BIM 模型与智慧一杆一档数据关联。

技术准备阶段，依据设计图纸建立四电专业 BIM 构件库，将施工图纸信息数据化，利用参数化建模，导入线路参数、设备规格型号、导高、拉出值等数据，快速生成细化模型，进行设计优化、碰撞检查、指导现场施工。如应用牵引变电所内高压电缆敷设参数化建模(图 2-78)指导施工，优化支架及电缆沟。

接口检查阶段，研发、创新应用了一系列的精密检测工装设备，对接触网基础、隧道内槽道等预留接口检查验收，提前发现问题，及时处理，确保后续施工质量。例如，接触网基础螺栓检测仪，在基础正上方拍摄一张照片，运用图形识别技术提取螺栓间距、外露长度等数据，并与设计数据进行比对分析，判别合格与否，将检测数据及结果自动上传信息化管理平台，如图 2-79 所示。

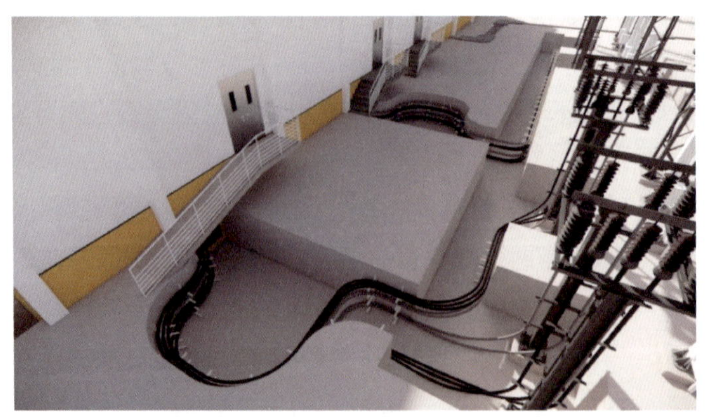

图 2-78　牵引变电所内高压电缆敷设参数化建模

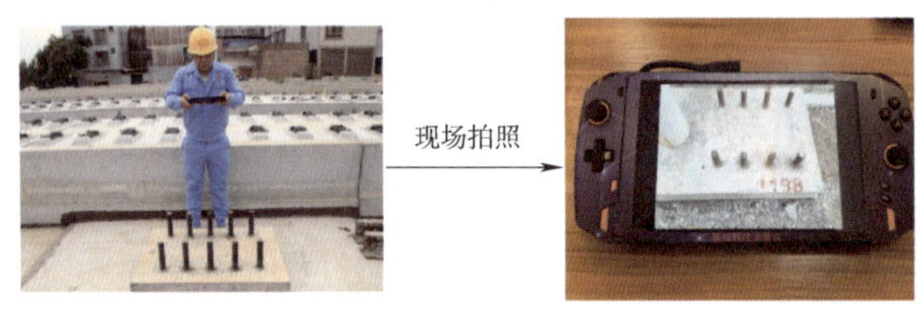

数据上传平台

图 2-79　接触网基础检查数据贯通

智能测量预配阶段，通过利用系列精密测量系统，运用移动互联、云平台等技术，聚焦数据精准采集、实时传输、互联互通、远程驱动，实现了测量、计算、预配各业务链条间的数据贯通。例如：贵南项目接触网工程中，利用接触网激光测量仪 DHJ-9 将支柱斜率、限界、外轨超高等现场测量数据，自动传输至接触网腕臂计算软件，实现测量数据与全自动腕臂预配平台互联贯通。全自动腕臂生产线接收腕臂计算软件计算数据启动自动化预配，如图 2-80 所示。信息化管理平台同时具备将预配后成品几何数据自动传输至 BIM 模型和支柱二维码信息。

智能施工阶段，推广应用智能化的支柱组立、吊柱安装、腕臂安装、附加线架设等先进工装设备，实现关键工序作业机械化、智能化。例如，贵南项目应用的腕臂安装机器人，如

图 2-80　腕臂数据测量-计算-预配数据贯通

图 2-81 所示，具备六位成像、激光测量微距修正、自动化控制等功能，既可以通过遥控装置、现场操控也可以通过生产信息化调度指挥中心远程操控，实现智能化安装腕臂处于实时监测状态。指挥中心后台可远程操控腕臂安装机械臂自动启停，实时采集现场安装图像。

图 2-81　远程控制监测腕臂安装作业

智能检测阶段，运用手推式检测车进行接触网几何参数连续测量，实时将接触网数据及波形图上传至信息化管理平台，并实时更新 BIM 模型属性信息，保障数据全流程贯通，如图 2-82 所示，为后期电子化交付、运营维管提供现场实际数据支撑。

2. 全工序机械化施工

(1)高铁多功能立杆车组

高铁多功能立杆车组是针对高铁未铺轨前接触网施工专用施工设备。高铁多功能立杆车组由多功能窄轨吊车与窄轨平车组成，可用于支柱组立、硬横梁架设、吊柱安装、附加线和承力索架设等施工作业，其作业场景如图 2-83～图 2-89 所示。车组可在高铁轨道板间和轨道板上走行，解决了汽车吊、轨道吊无法到场的问题。

图 2-82　智能检测数据贯通

图 2-83　多功能窄轨吊车“添翼一号”

图 2-84　窄轨平车(载重 10 T)

图 2-85　多功能窄轨吊车+窄轨平车车组

图 2-86　多功能窄轨吊车硬横梁支柱组立作业

图 2-87　多功能窄轨吊车架梁作业

图 2-88　多功能窄轨吊车隧道内吊柱安装

图 2-89　多功能窄轨吊车架设附加线

(2)公铁两用吊柱安装车组

由吊柱运输车、吊柱安装车组成，主要用于隧道内吊柱安装作业，如图 2-90 所示。吊柱由货斗、小型随车吊组成，吊柱通过运输车运送至吊柱安装位，小型随车吊将吊柱吊装至安装车送料平台后，由吊柱安装车进行安装作业。吊柱安装车由送料平台、安装平台组成，由提升设备将钢柱提升后，通过安装平台将吊柱与施工人员一同起升至吊柱安装位，进行安装作业。高铁吊柱安装车组从物料运输到安装作业，减轻施工人员劳动强度，提高工作效率，减少了施工过程中频繁运输物料的无用功。

图 2-90　吊柱安装车安装吊柱

(3)高铁腕臂预配安装车组

由腕臂预配车和腕臂安装车组成，主要用于实现高铁腕臂预配与安装在现场协同作业，如图 2-91 和图 2-92 所示。腕臂预配车是由隐藏式龙门架、腕臂预配架、腕臂物料区等部分组成，在施工现场组成成套腕臂后由腕臂安装车进行腕臂安装作业。腕臂安装车由腕臂抓取机构、高空作业平台等部分组成，腕臂抓取机构将成套腕臂抓取至腕臂安装位后，通过高空作业平台将作业人员送至安装位附近进行腕臂安装作业。高铁腕臂预配安装车组在高速铁路接触网施工中，实现成套腕臂机械化施工，减少施工时间、提高施工效率。

图 2-91　腕臂预配车+腕臂安装车高铁腕臂预配安装车组

(4)模块化恒张力架线车

模块化恒张力架线车采用模块化布局理念，通过优化整车结构，在提升整车实用性的同

图 2-92　腕臂安装车安装腕臂

时实现全车零部件国产化，摆脱了对国外技术的依赖，具有创新创效、便捷便利、高效高能等特点，适用于标准化扩展应用，如图 2-93 所示。在接触网线架设过程中实现了平直度达到 0.01 mm，精度超过验标不高于 0.1 mm 的要求。

图 2-93　模块化恒张力架线车

第3章 高速铁路电力牵引供电工程数智化技术应用

为贯彻创新、协调、绿色、开放、共享的发展理念及国家大数据战略、“互联网＋”行动等相关要求，新一代信息化技术将云计算、大数据、物联网、人工智能、移动互联网、BIM＋等与项目管理、工程建造深度融合，从而增强铁路工程施工阶段信息化发展能力，优化信息化发展环境，加快推动信息技术与铁路建设发展的深度融合，充分发挥信息模型技术在信息化发展中的引领和支撑作用，塑造铁路电力牵引供电工程智能建造新业态。

3.1 信息化技术

在诸多工程项目建设交付的过程中发现，工程项目通常建设范围较广，交付周期较长，施工人员较多，部分项目部管理人员存在多区域办公的现象，且在项目建设交付中，具体数据的形成人为干预过大，部分数据无法做到溯源，内部人员沟通不畅，缺少数据分析环节，导致重大决策上缺少相关依据支撑，资源不能充分利用等问题。

在政策与需求的推动和引领下，5G、物联网、人工智能、大数据等高速发展，将新一代信息技术逐步引入到铁路工程建设领域，发展铁路工程智能建造技术，打通信息技术和传统建设接口，实现融合创新。推进铁路施工、运维等过程的智慧、高效、绿色协同发展，成为未来铁路工程建设和管理转型升级的发展方向。

3.1.1 技术现状

信息化技术综合运用5G网络、大数据、物联网、人工智能等现代信息技术，通过搭建合理的信息化平台(项目管理平台)，通过对生产要素人员、机械设备、物资、施工方法、施工接口进行数字化管理，实现工程质量、安全、进度、成本的实时管理和可追溯；实现项目风险和关键节点预警。

项目管理平台以建设工程项目为载体，以工程调度为核心，融合大数据、BIM＋GIS、万物互联、云计算、视频监控、移动传输技术，打造项目施工业务的全覆盖的工程项目管理信息系统。搭建的平台，实现工程项目施工全过程、全要素管控。同时平台数据互联互通、信息高度共享、数据价值充分体现、技术业务深度融合，赋能企业工程项目管理实现“数据＋算法”智能决策，有效降低了决策风险，提高了管理效率，项目管理平台功能设计如图3-1所示。

平台业务板块构架

管控视图：统计分析 | 领导决策 | 业务实施

数字化管理
面向集团、子分公司

调度管理	技术管理	机械管理	安全管理	人员管理	进度管理	数据分析
项目管理	施组评审	机械位置监控	风险位置信息	专家库	项目进度	产值数据
调度报告管理	专项方案评审	重点位置监控	风险实时预警	管理人员维护	项目施工计划横道图	人员数据
项目考核分析	工程收尾评审	机械设备台账	风险统计分析	作业人员管理	进度台账管理	机械数据
集团施工任务	工程总结评审	机械设备维护	项目风险台账	劳务人员管理	形象进度图	风险数据
子分公司施工任务	监督检查管理	机械设备管理	项目风险监控	施工人员管理	施工日志/作业票	进度数据分析

智慧施工
面向项目部、作业层

项目信息	施工图初始化	施组初始化	作业队管理	施工管理	施工管理统计	智能建造
工程项目信息	施工图初始化	施工计划初始化	作业队管理	施工日志	施工计划输出	一杆一档
专家库	施工工序清单	劳务队伍管理	作业队人员配置	工程进度日志	完工/完成产值分析	BIM+GIS
项目分配管理	施工工序录入	施工人员计划	作业队队长设置	机械台班日报	日报/日志输出	电子围栏
重点项目管理	施工工序修改	机械使用计划	作业队工班长分配	质量验收	项目产值报表	车辆GPS轨迹分析

项目监控	接触网专业	施工物资管理	施工安全管理	施工计划	智慧作业票	技术管理
项目部监控	激光计算	图集技术参数	风险识别计划	年/季/月产值计划	PC端作业票下发	专项方案计划
械设备监控	检测车、轨道等	提料清单	施工安全事项	年//季/月工序计划	移动端作业票填报	施工技术标准

图 3-1　项目管理平台功能设计

3.1.2 整体目标

项目管理平台通过集成新兴信息技术，上下层级打通，施工要素整合，数据量化管理，自动化预警等实现工程项目施工的加强管理、提升效率与辅助决策，形成符合工程项目建设实际的逻辑框架。不断打造数智升级多样化应用场景，运用建筑信息模型，结合 GIS、大数据、人工智能、虚拟现实、数值模型等先进技术，建设多样的数智化工程应用场景，推动建筑工程从物理资产到数字资产的转变。

以智能采集技术为支撑，推动传感器网络、5G、边缘计算等物联网技术在智慧工地的集成应用，提高生产过程中的自动化数据采集能力，积极探索实践物联网在智慧工地、安全检测等方面的创新应用，推广成熟的工具软件以满足项目现场施工管理需求。全面深入打造开放式的技术架构体系，以信息化平台为基础，融合主流技术，打造项目施工业务的全覆盖的工程项目管理信息系统，全面实现数据互联互通、信息高度共享、数据价值充分体现、技术业务深度融合，实现项目建设管理目标。

通过顶层设计，形成符合工程项目建设实际的逻辑框架。整合合同与工程项目的管理信息，包括工程量清单、材料、进度等计划，涵盖机械设备、专项方案施工组织、设备租赁、风险识别、劳务人员、施工安全、技术标准、进度日报、施工日志、设备台班、工程量统计、隐蔽工程、质量验收等涉及施工生产管理的全业务链条数据，使其具备集团各层级对项目的数智化管理能力。

形成以“单位工程-单项工程-分部工程-分项工程-施工图工序”为架构的项目数据库，实现统计数据价值化。项目工程实体进度与物资管理、产值管理的互联互通，具备劳务效率分析、产值自动生成、自动提料、进度预警分析功能。

系统采集施工组织设计、施工图清单、进度日志等真实源数据，实现劳务人员实名制、调度报表自动生成上报等功能。具备大型机械（盾构机、轨型车辆）实时监控与调度，实现风险监控与预警功能。取缔人工链条，实现减员增效智能化调度的功能，平台架构如图 3-2 所示。

构建开放式架构、插件式功能模块，达到与其他平台数据互联共享的目的，同时建设项目部可根据需求灵活配置、自由拓展的工具型子平台。

3.1.3 主要应用点

1. 施工进度信息化

（1）项目施工进度计划的编制

自上向下将项目计划按专业/单位工程/分部工程/分项工程逐层分解（任务项目、数量、周期），形成指导作业的详细计划。计划编制由 WBS 创建、OBS（施工组织）创建、节点计划编制、实物工作量计划编制组成，工期计划明确到单位工程、工序。

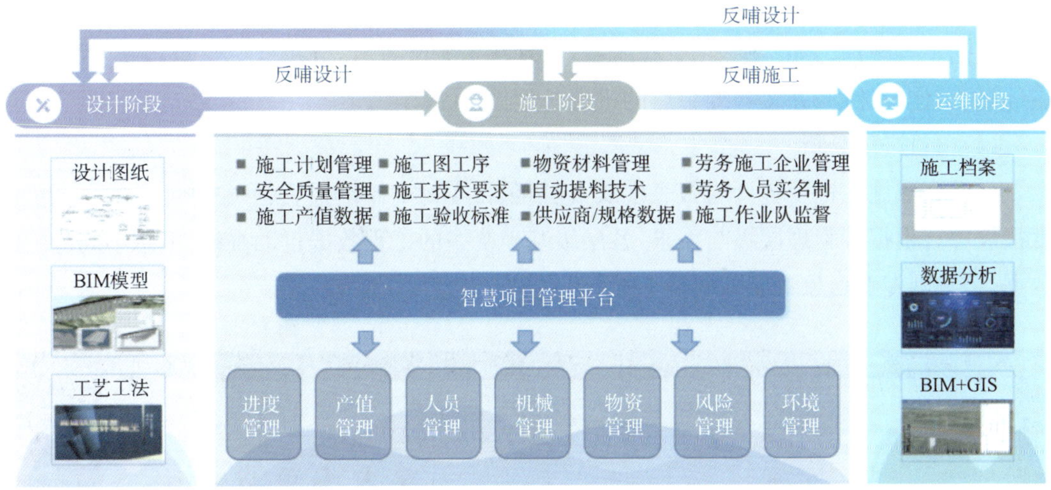

图 3-2　项目管理平台架构设计

(2)项目进度上报

进度上报可通过移动端或 PC 端进行填报。作业队登录手机 App 或 PC 端网页,查询施工任务,报告当天完成数量,信息同步上报至各层级,手机端上报界面如图 3-3 所示。

下午5:26　关闭页面

接触网专业

单位工程	工序总数	开累完成
固安东至永清南 >	6268	1230
永清南站 >	1756	308
永清南至安次南 >	9090	1846
安次南站 >	1903	64
安次南至胜芳 >	7288	812
胜芳站 >	1738	237
1#分区所 >	0	0
1#AT所 >	0	0
安次南变电所 >	0	0
2#AT所 >	0	0
2#分区所 >	0	0
安次南存车场供电…	0	0

--没有更多了--

项目
施工专业　接触网专业
单位工程　永清南至安次南
设备类型　支柱
支柱/设备号
查看更多信息
工序名称
导线弛度(mm)-施工
与接地体绝缘距离
附加导线弛度-温度(℃)
作业票号
施工安装日期
班组
班组负责人
工序名称
工序名称
工序名称
返回

图 3-3　移动端进度上报

(3)项目进度调整

依据工程现场工期实际,结合技术条件、现场资源配置等,分析变更影响,调整 WBS、节点计划、工作量计划,并发布变更后的进度计划等。

(4)项目进度分析

自动完成施工进度统计与报表生成,包括项目实物工作量报表、形象进度与施工产值进度报表等。根据各管理层级与需求,各层级基于统一的工程数据自动查询、汇总不同范围的数据,接触网专业形象进度如图 3-4 所示。

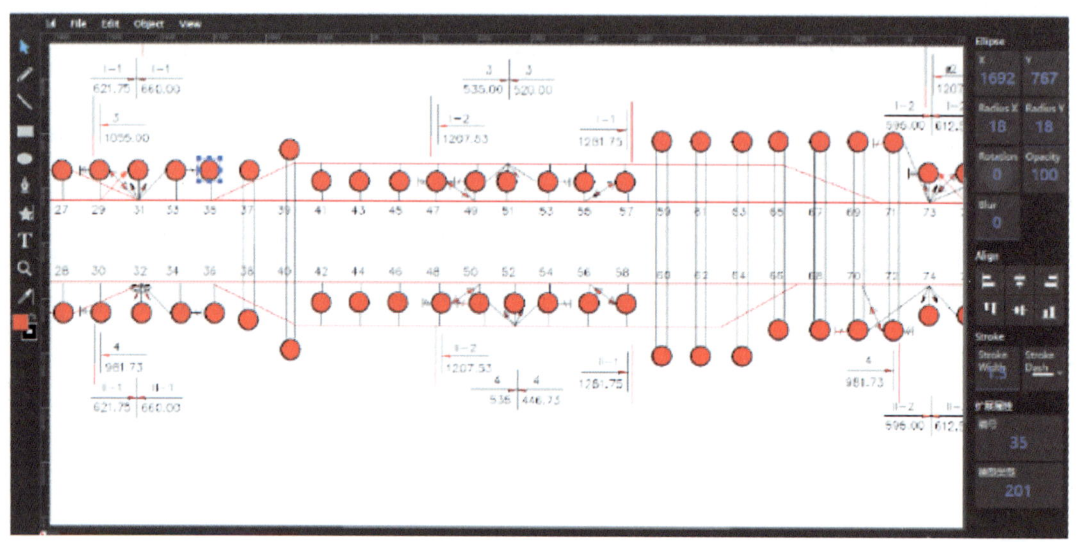

图 3-4　接触网形象进度图

(5)项目进度预警

进度预警设定可细化到单位工程、工序,当超出阈值时自动发送消息至设定人员,从而有利于项目过程控制,防范工期延误或产值滞后的风险。同时具备依据实物工作量月度计划,比较剩余工期与剩余工作量的匹配程度,当时间过半工作量还剩 70%时(触发规则),自动向工程部、作业队发出预警。

2. 成本管理信息化

工程项目按照扩大分部分项、收入成本、施工分包进行经济成本管理,其中收入成本管理根据各分支机构的合同管理(包括业主合同和内部承包合同)、成本计划(月度、季度)及开累经济状况、各时间节点经济状况等多方面进行收入成本管理;在成本管理信息化技术应用中,包括将工经、财务数据进行联控分析、合同项目信息的统计(包括数量和金额)、工程经济多维度统计分析等用不同的板块进行数据展示。

工经财务联控分析通过项目工程经济及财务收入进行数据联动分析控制。并且展示各层级财务收入和工经收入的排名及数据情况。通过工经和财务数据的联动分析能更精准、直观的掌控项目的成本、收入情况，财务系统界面如图 3-5 所示。

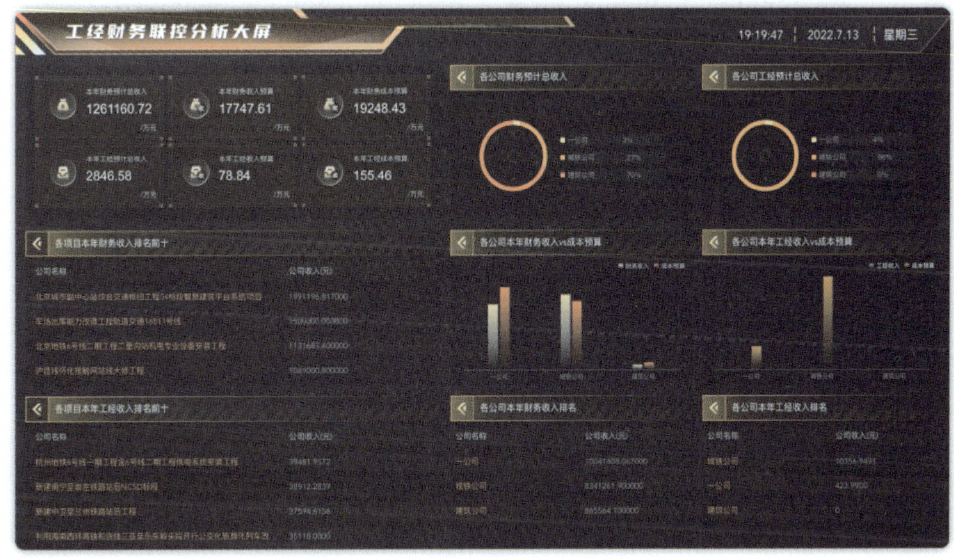

图 3-5　工经财务联控分析界面

合同项目信息统计展示项目合同签约及金额数据概况。并采用热力图直观的分析各项目数据的分布情况。

工程经济统计分析平台从工程经济全维度进行数据分析和展示。包括工程经济收入、完工、成本、合同额等多纬度数据。并支持重点关注数据指标的查询和搜索。改原来的单一表格查询为数据分析及表格查询为一体的模式。

3. 安全管理信息化

在施工生产隐患排查过程中利用隐患排查系统从任务进度细化到问题进度在可视化大屏上进行闭环管理展示；其中任务进度通过对检查项目、检查人、检查情况、整改情况等方面进行跟踪管理实施掌握进度的整改情况；对隐患任务实行闭环管理，保证施工质量。

针对员工安全培训，提高员工安全施工认识，运用 VR 智能安全体验设备，该体验设备综合应用计算机软硬件技术、传感技术、机器人技术、人工智能及行为心理学等技术，模拟多个人体伤害事故的典型案例，通过虚拟体验，达到安全培训的目的。结合项目需求，重点体验关键工序作业场景，如高处坠落、触电伤害、基坑坍塌、机械伤害、火灾伤害等，四电铁路站后工程平台如图 3-6 所示。

4. 物料管理信息化

使用物资管理系统的目的在于快捷、高效地完成对合格物资供应商的管理、物资计划的提报、招标、采购及物料的管理。物料数据贯通从需用计划编制、采购订单下达、生产运输、

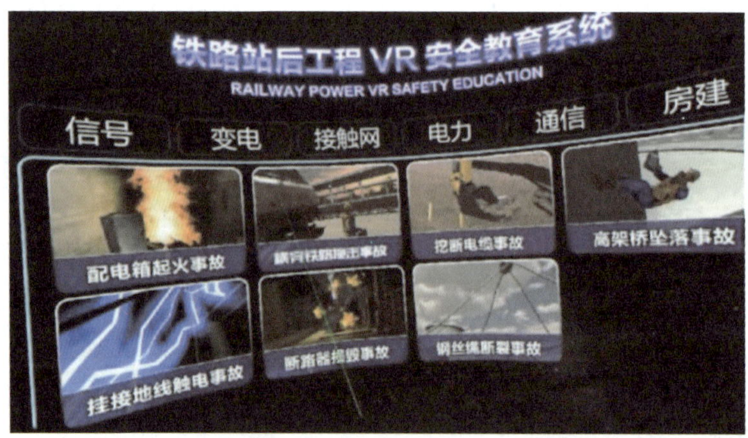

图 3-6　铁路站后工程 VR 安全教育系统平台界面图

验收入库、物料申请、物料出库、现场安装实现基于物料二维码的全流程物料可追溯。

通过对物料总责任成本、合同金额、订单金额、到场金额的统计对比分析，可整体把握物资在金额上分析预警；通过需用计划、采购计划统计分析，可对比分析各专业物料需用计划与设计图纸量的匹配情况；通过对各供应商的统计分析，可分析出各供应商的供料种类和物料金额；通过对比库存情况可分析出物料储备和现场作业收发料数量；通过物料到场状态，从物料维度可具体对比分析物料需用计划、合同签订、到场、安装数量的实时状态，从单位工程维度可实时查看各专业对应单位工程的物料到场及安装状态，物料二维码全流程物料可追溯系统流程如图 3-7 所示。

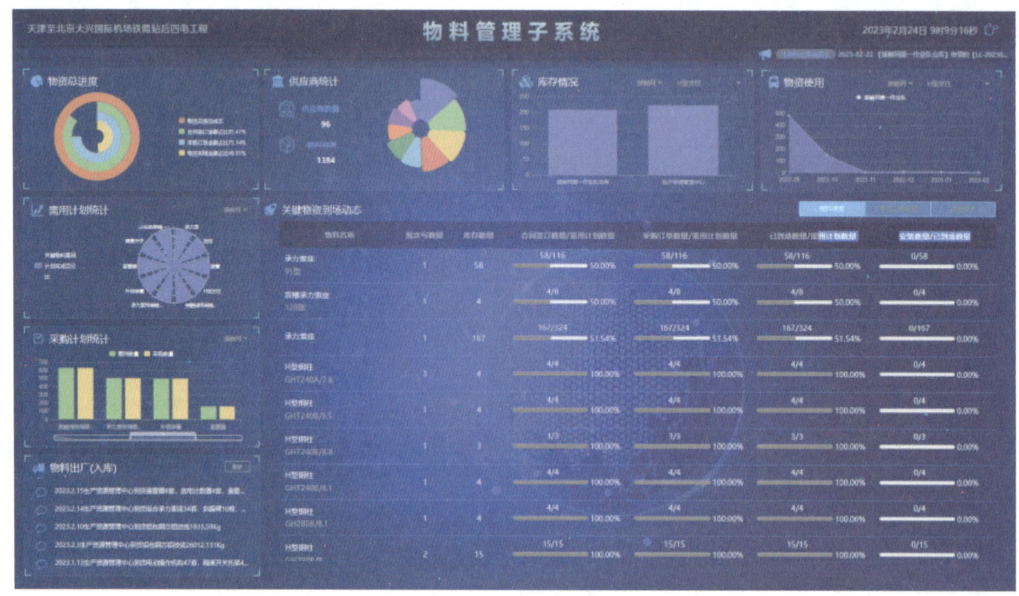

图　3-7

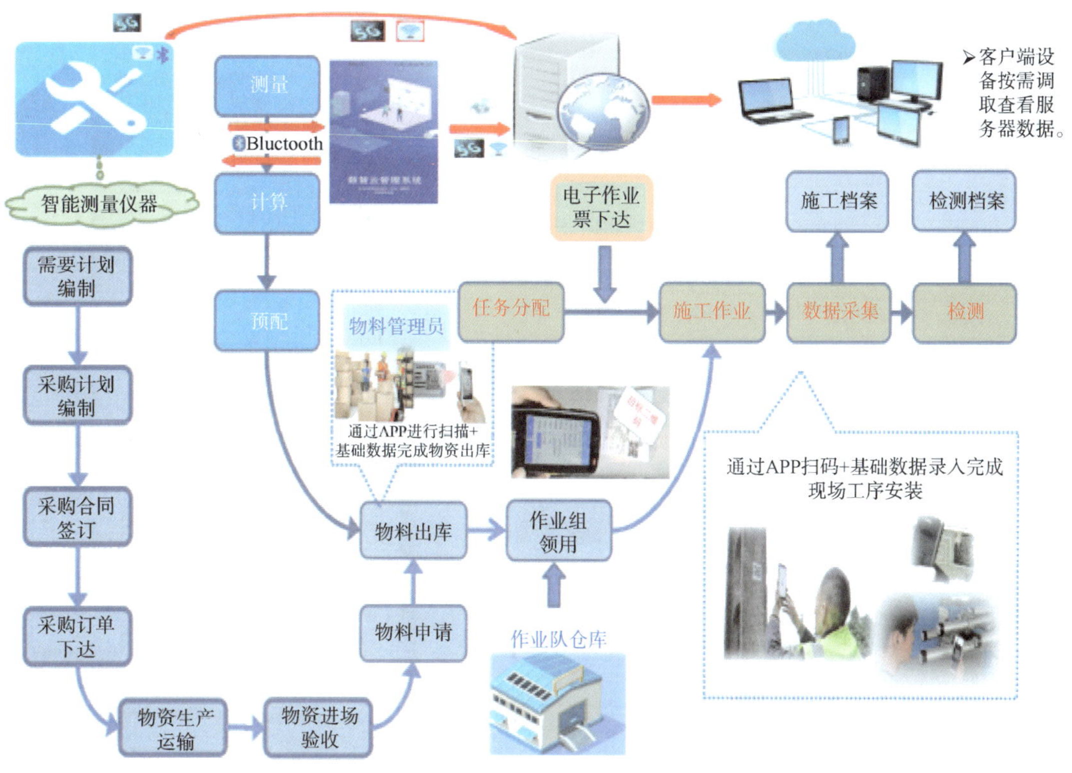

图 3-7　物料二维码全流程物料可追溯系统流程

5. 施工作业信息化

在施工作业信息化技术应用中，从接口检查、施工测量、工程计算、智能预配、现场安装、施工检测及过程监测的数据贯通进行信息化技术应用。

高速铁路电力牵引供电接口检查包括：接触网槽道接口检查、接触网基础螺栓接口检查、电力路基、桥梁、隧道电缆槽道等接口。

以接触网接口检查为例，传统接触网槽道接口检查方式为人工利用脚手架登高测量；基础螺栓检查依赖人工使用金属卡孔板卡扣检查；目前接触网槽道检查采用基于信息化技术的槽道检查装置，该装置搭载专业算法，利用高清摄像机可以获得预埋槽道的二维图像，即可以实现实际空间坐标系与摄像机平面坐标系之间的透视变换。摄像机从不同角度拍摄二维图像即可综合测出物体的三维曲面轮廓或三维空间点位和尺寸，槽道检查装置操作界面如图 3-8 所示。

接触网基础检查装置则通过对采样图片进行处理，利用预先设定的畸变参数修正采样图片，以减少图像畸变带来的误差。通过对最小外接矩形的四个顶点进行坐标化处理，利用矩形长边坐标的两个值计算出螺栓长度的像素值，通过设定像素值与实际值的比例求出螺栓的外露长度，螺栓外漏长度操作界面如图 3-9 所示。

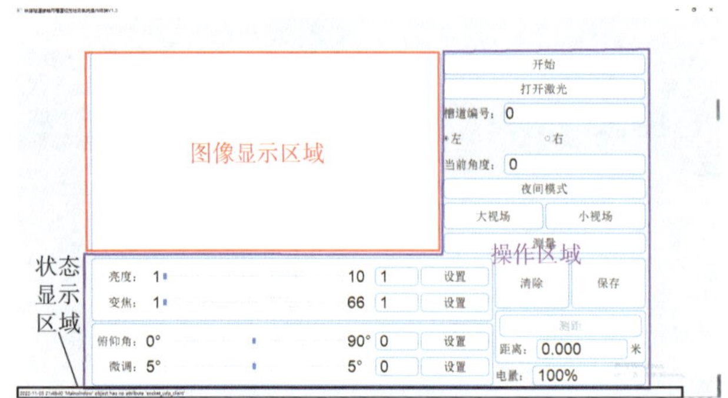

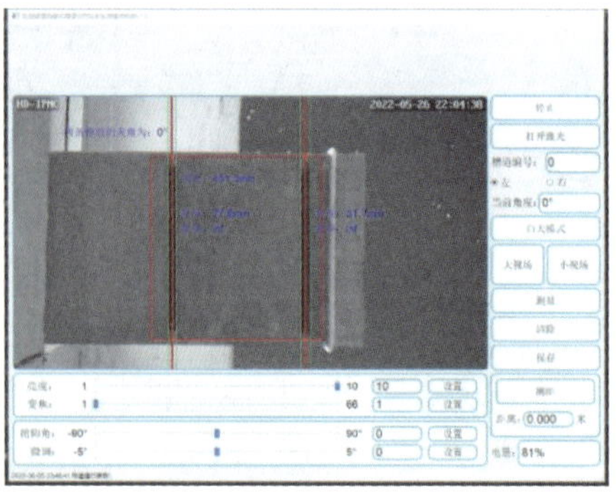

图 3-8　槽道检查装置操作界面

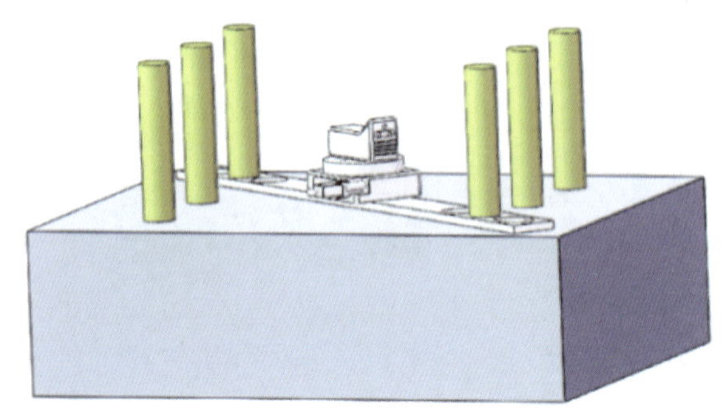

图 3-9　螺栓外露长度操作界面

在移动端 App 中，2 种示例接口检查装置可自动将测量数据与标准值进行比对，获知该接口预留参数是否符合验收标准，测量数据及比对结果将自动归档生成数据文件，可供进一步数据处理和分析使用。

在施工测量中包括接触网支柱装配参数、接触网下锚拉线装配参数等测量，传统接触网支柱装配参数测量方法有两种：一是轨道在现场调整到设计最终位置后，根据现场轨道位置测量支柱侧面限界及底座安装高度；二是根据轨道设计数据及现场交桩资料，利用经纬仪测出轨道中心线后，测量支柱侧面限界，利用水准仪测量轨面标高。目前应用基于 CPⅢ数据的接触网测量系统，利用 CPⅢ精控网作为轨道的测量基准，蓝牙传输方式将移动终端与全站仪进行连接，利用全站仪后方交会及 CPⅢ测量基准点位进行建站，自动计算出每个测量点位的坐标，同时处理成接触网需要的侧面限界、底座高度等计算参数，CPⅢ数据的接触网测量系统界面如图 3-10 所示。

传统供电线路定位采用水准仪、经纬仪进行杆位确定；目前基于北斗测量系统，利用标准的 RTK(基于载波相位观测值的实时动态定位技术)组网；利用放样点算法和点校正算法提取图纸放样点信息，快速指引放样人员完成放样工作并同步后台管理放样任务，北斗准确定位线路测量系统如图 3-11 所示。

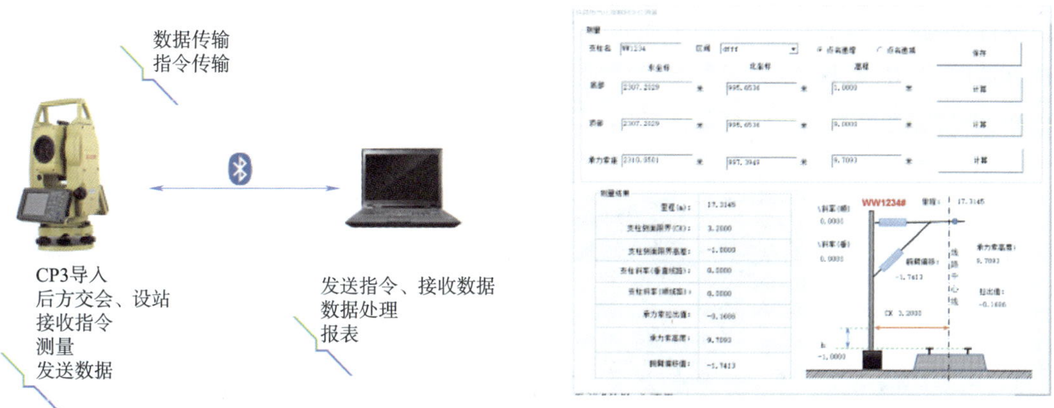

图 3-10　CPⅢ数据的接触网测量系统

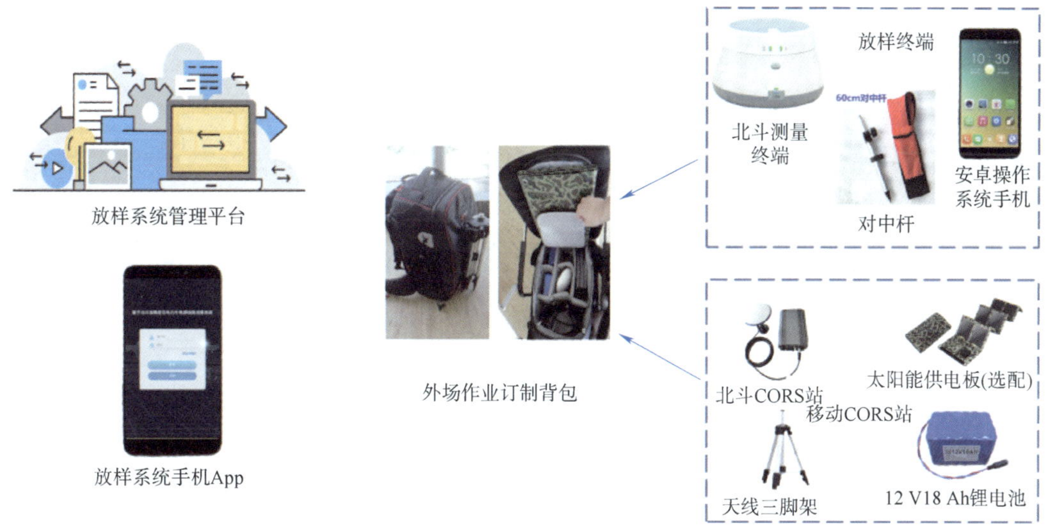

图 3-11　北斗准确定位线路测量系统

接触网下锚拉线传统测量方式采用卷尺、竹竿等工具测量出拉线至支柱的距离和拉线安装高度，通过勾股定理计算出拉线长度；目前基于坐标法空间测距系统，采用数学几何分析方法，建立三维坐标，根据电磁波测距原理测量出两点之间的距离，并得出所测点之间的坐标。

在工程计算中传统接触网腕臂、吊弦、拉线等计算，变电所软母线、硬母线等计算根据测量数据手工套用计算公式方式进行计算；目前，接触网腕臂、吊弦采用腕臂、吊弦计算软件进行计算；下锚拉线、软母线则采用由空间测距系统推送的测量数据自动套用计算模型计算，并将计算数据导入自动化预制设备。

在工厂预配中传统工厂化预配经历了人工预配、人工＋数控化平台预配 2 种方式；目前由腕臂自动生产线、软母线自动生产线、硬母线自动生产线、下锚拉线自动化生产线由云平台自动推送预配数据，具备远程下发数据一键启动功能，可远程启动自动化生产线进行排班生产，项目管理平台项目管理界面如图 3-12 所示。

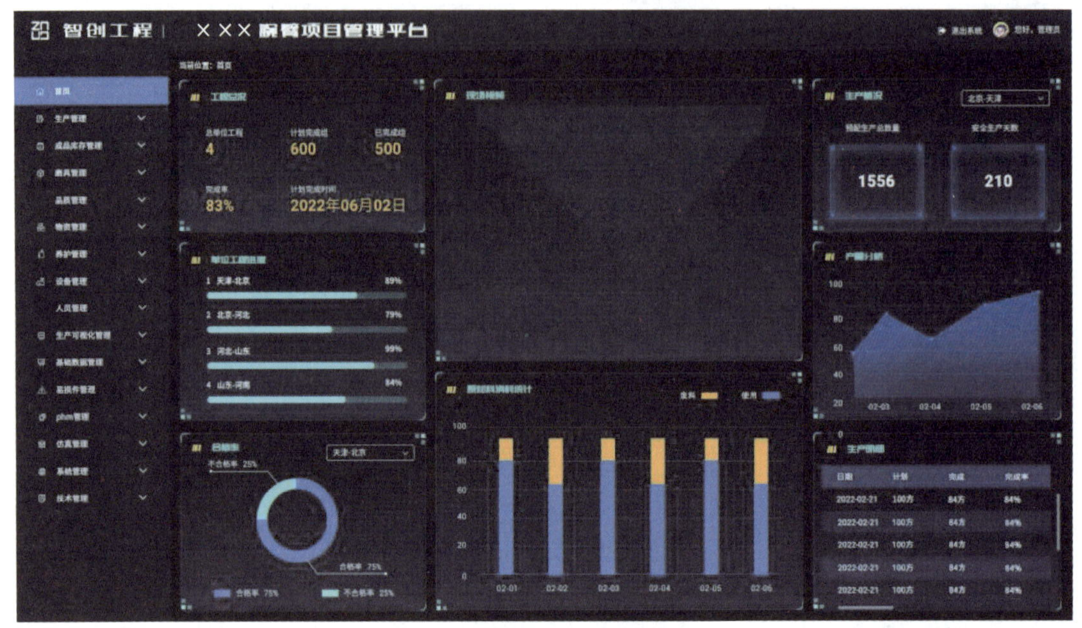

图 3-12　腕臂预配生产线界面

在高速铁路牵引供电现场安装中，采用电子作业票，基于安装及物料二维码全流程进行数据采集；通过作业管理子系统下发电子作业票，现场作业人员移动端根据作业要求实时采集现场作业数据；实现作业票电子化、作业结果档案化、进度上报及时化。

在高速铁路牵引供电施工检测中，采用 OTDR（光时域反射仪）光纤检测系统将光纤检测数据实时传输到云端存储。利用 5G 通信模块将光纤检测的距离、损耗、衰减率等数据进行统计分析形成仿真波形，并实时传输到后台进行数据存储、归档、筛查、查看及报告下载。可用于接触网网开关、电力变电 SCADA 系统、通信信号数据网等光纤相关参数检测，光纤检测仿真界面如图 3-13 所示。

在高速铁路牵引供电基础浇筑温湿度监测中，利用 5G 温湿度传输模块将现场基础的温湿度实时传输到后台，后台管理人员可通过扫码绑定设备、创建基础养护计划、设定温湿度阈值，并可远程监控养护状态，具备超标报警、养护到期提醒的功能。

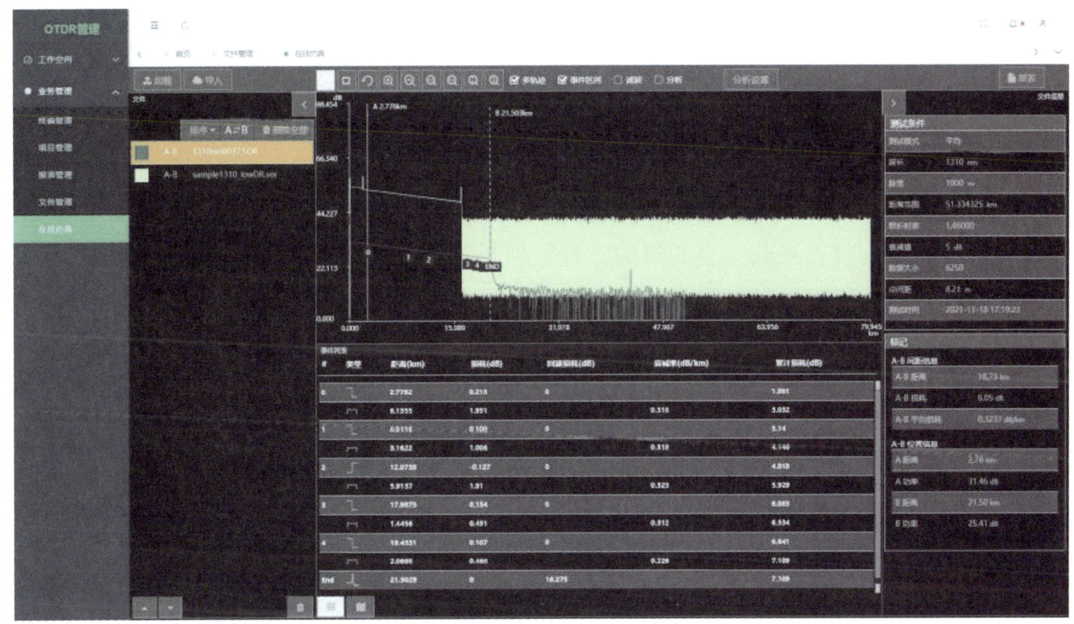

图 3-13　光纤检测仿真界面设计

3.1.4　关键技术

1. 数据标准化

数据标准化是指研究、制定和推广应用统一的数据分类分级、记录格式及转换、编码等技术标准的过程。项目管理平台通过数据标准化建设，实现对业务的统一理解，增强业务部门、技术部门对数据的定义与使用的一致性。平台数据基础是实现企业各项业务数据贯通的关键点，因为所有业务最终都要反映到数据基础上。

项目管理平台数据标准对互联互通和信息资源共享具有重要意义，增强业务部门和技术部门对数据定义和使用的一致性。减少数据转换，促进系统集成，促进信息资源共享。促进统一数据视图的形成，支撑管理信息能力的发展。建立统一的数据标准有助于对数据进行统一规范的管理，消除各部门间的数据壁垒，方便数据的共享，另外数据标准同样对业务流程的规范化有帮助作用。最终形成数据资产。

2. 数据接口标准

数据接口标准的制定，主要目的是为解决不同操作系统、数据库系统、程序设计语言、硬件平台和网络环境下运行的各类应用系统间互联互通的问题。这些应用系统在开发时并没有考虑到企业数据的集成，造成企业内部数据比较散乱，容易出现数据不一致的现象，可以说信息化平台的建设质量与数据接口的标准化密切相关，接口标准化已成为企业数据信息标准化的重要一环。

项目管理平台明确对信息系统内部和信息系统之间各种软件和硬件的接口与联系方式，以及信息系统输入和输出的格式制定规范和标准，包括网络的互联标准和通信协议、各种数据库的数据交换格式，不同信息系统之间数据的转换方式等。

3. 物联网

围绕工程项目中各专业情况，构建开放式架构、插件式物联网设备对接模块，达到各类物联网设备与平台数据互联共享的目的。智慧项目管理平台聚焦专业，在施工全生命周期过程中实现对各阶段设备的标准化管理。平台作为数据中枢，实现全生命周期中各阶段设备间、平台间的数据互联互通，形成统一的数据标准，智能建造模块如图 3-14 所示。

图 3-14 智能建造模块设计

通过物联网设备，对现场安装的基础螺栓进行检测，并将检测数据按照标准回传项目管理平台，基础螺栓检测界面如图 3-15 所示。

4. 卫星定位

为确保工程项目顺利的建设、交付，平台在“电子围栏”“车辆定位”等功能模块中充分利用卫星定位技术。通过施工人员携带具备定位功能工牌以及车辆安装定位模块，将相关人员和设备的定位数据实时的上传至云端，进行搜寻、计算、分析后，将数据统一展示在系统页面中。实现相关人员、车辆不在预定的范围内，可触发报警提示，保证管理人员实时了解当前施工现场中人员、车辆的具体位置。同时也对人员和机械使用情况进行印证，定位界面如图 3-16 所示。

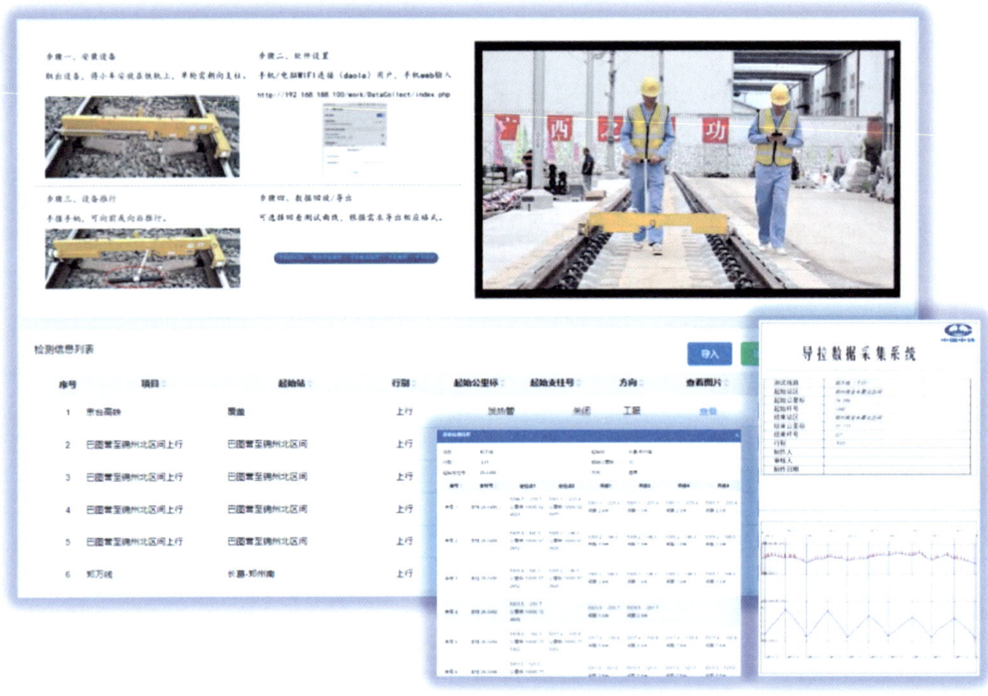

图 3-15　设备物联示意

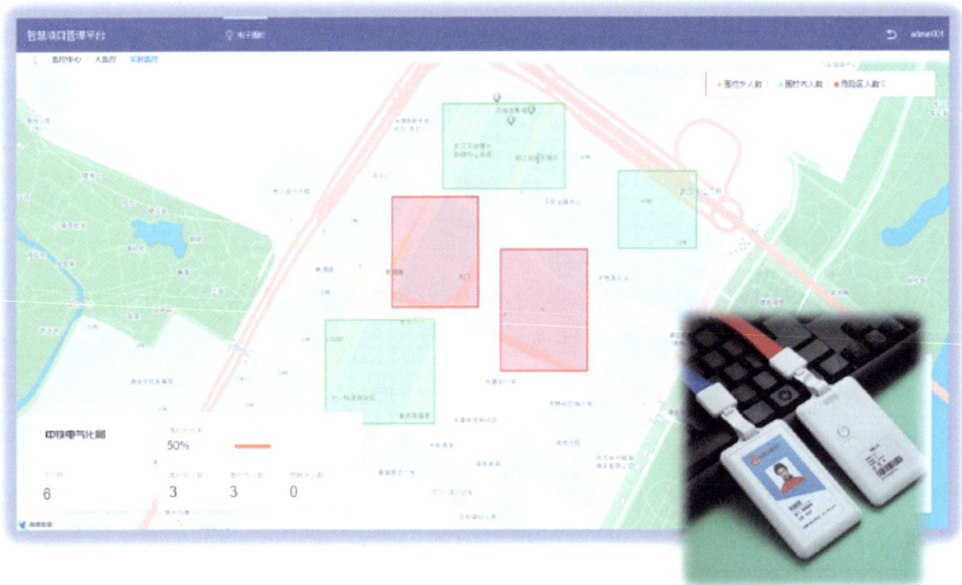

图 3-16　卫星定位图

5. 大数据

管理平台通过大数据、云计算技术，将系统生成的所有数据进行统一的、高密集的计算，绘制成不同层级，不同维度的统计分析报表；同时伴随着信息技术的飞速发展，通过合适的图形或者图表来进行展示表达，更直观地把数据信息传递给使用者、更容易获得其中的价值。

通过平台的信息化业务应用，不断积累汇总各类业务数据，通过大数据对复杂、抽象的数据进行统计分析，并以可视化的简单理解的方式展示出来，更加直观生动地表达其中的信息与规律。

6. 人工智能

平台具备智能化项目现场视频监控能力，实时观看现场监控画面的同时，通过语音通话对现场工作进行调度指挥。通过边缘计算实现 AI 智能化视频监控数据与业务互联互通，尤其针对施工完全，实现通过 AI 智能化监控完成相关安全生产监督检查等工作。

3.2 BIM 技术应用

BIM(building information modeing，BIM)是一种应用于工程设计、施工、运营的数字化工具，通过对工程实体进行数字化、信息化的模型整合，在项目实施过程中进行信息共享和传递。BIM 技术应用主要有八个特点：可出图性、可视化、模拟性、信息完备性、一体化性、协调性、参数化性和优化性。随着 BIM 技术在电力牵引供电工程的应用探索日益广泛，在细部设计、施工模拟、竣工验收与交付等方面应用，从而提高施工效率与质量，辅助施工管理，提升电力牵引供电工程智能建造水平。

3.2.1 BIM 技术主要应用点

BIM 技术在工程项目中应用优势强大，它作为建筑业产业化和信息化的重要抓手，优化了项目管理方式，提高了工程质量，降低建造成本和安全风险，实现了工程精益化管理和效益提升，BIM 在施工管理中主要应用点有以下几方面。

1. 虚拟施工

基于 BIM 的虚拟施工，其施工本身不消耗施工资源，却可以根据可视化效果看到并了解牵引供电工程施工的过程和结果，可以较大程度地降低返工成本和管理成本，降低风险，增强管理者对施工过程的控制能力，建模的过程就是虚拟施工的过程。

2. 建筑构件建模

首先根据建筑图纸，将整个建筑工程分解为各类构件，并通过组合构建模型形成完整建筑模型，可以计算施工所需尺寸、体积、质量，记录材料类型、型号，针对主要构件选择施工设备、机具，确定施工方法。通过建筑构件建模，可以帮助施工者研究如何在现场进行构件的施工和安装。

3. 施工现场建模

施工现场的建筑信息模型可以直观、便利的协助管理者分析现场的限制，找出潜在的问题，制定可行的施工方法。有利于提高效率、减少传统施工现场布置方法中存在漏洞的可能，及早发现施工图设计和施工方案的问题，提高施工现场的生产率和安全性。

4. 施工机械建模

通过施工机械建模，可提前预知实际施工过程中潜在的隐患，策划施工场地布局、空间布置、机械选型、安拆方式等，规划机械施工方案。

5. 临时设施建模

临时设施是为工程施工服务的，它的布置将影响到工程施工的安全、质量和生产效率，虚拟临时设施建模对施工单位很有用，可以事先进行临时设施的布置及运用，还可以帮助施工单位事先准确地估算所需要的资源，以及评估临时设施的安全性、必要性，并发现可能存在的设计错误。

6. 施工方法可视化

施工方法的可视化使所有项目参与者在施工前就能清楚地知道所有施工内容以及自己的工作职责，能促进施工过程中的有效交流，是目前评估施工方法、发现问题、评估施工风险简单、经济、安全的方法。

采用 BIM 进行虚拟施工，需事先确定以下信息：设计和现场施工环境的 BIM 模型；根据构件选择施工机械及机械的运行方式；确定施工的方式和顺序；确定所需临时设施及安装位置。

7. 施工方法验证过程

BIM 技术能模拟全真运行整个施工过程，项目管理人员、工程技术人员和施工人员可以了解每一步施工活动。如果发现问题，工程技术人员和施工人员可以提出新的方法，并对新的方法进行模拟来验证其是否可行，在工程施工前绝大多数的施工风险和问题都能被识别，并有效地解决。

8. 项目参与者之间有效的交流工具

施工过程的可视化，使 BIM 成为一个便于施工参与各方交流的沟通平台，加快项目信息传递速度。通过这种可视化的模拟缩短了现场工作人员熟悉项目施工内容、方法的时间，减少了现场人员在工程施工初期犯错误的时间和成本，还可加快工程参与人员培训的速度及加深对实体理解程度。

9. 工作空间可视化

BIM 的可视化是动态的,施工空间随着工程的进展会不断变化,它将影响到工人的工作效率和施工安全。通过可视化模拟工作人员的施工状况,可以形象地看到施工工作面、施工机械位置的情形,并评估施工进展中这些工作空间的可用性、安全性。

10. 材料费用控制

应用 BIM 模型导出的数据经过简单处理后可应用到算量中,为造价控制、施工决算提供了有利的依据。以往施工决算的时候都是拿着图纸在计算,有了模型以后,数据可以自动生成,提高决算、预算准确性。

11. 施工组织控制

借助 BIM 对施工组织的模拟,项目管理者能非常直观地理解间隔施工过程的时间节点和关键工序情况,并清晰地把握在施工过程中的难点和要点,也可以进一步对施工方案进行优化完善,以提高施工效率和施工方案的安全性。

12. 可视化图纸输出

可根据 BIM 模型生成项目全专业三维模拟图,分发给施工人员可作为可视化的工作操作说明或技术交底,用于指导现场的施工,方便现场的施工管理人员进行施工指导和现场管理。

13. 基于 BIM 施工管理目标

通过基于 BIM 技术的虚拟施工,施工单位可以达到以下目标:创建、分析和优化施工进度;针对具体项目分析将要使用的施工方法的可行性;通过模拟可视化的施工过程,提早发现施工问题,消除施工隐患;形象化的交流工具,使项目参与者能更好地理解项目范围,提供形象的工作操作说明或技术交底;可以更加有效地管理设计变更;全新的试错、纠错概念和方法。

14. 建设工程质量管理

由于采用 BIM 设计的图纸是数字化的,计算机可以在检索、判别、数据整理等方面发挥优势。无论监理工程师还是承包商的项目管理人员,都不必拿着厚厚的图纸反复核对,只需要通过一些简单的功能就可以快速地、准确地得到建筑物构件的特征信息,如钢筋的布置、设备预留孔洞的位置、构件尺寸等,在现场及时下达指令。

利用 BIM 模型和施工方案进行虚拟环境数据集成,对建设项目的可建设性进行仿真实验,可在事前发现质量问题。

BIM 可以按月、周、天直观地显示工程进度计划。一方面便于工程管理人员进行不同施工方案的比较,选择符合进度要求的施工方案;另一方面也便于工程管理人员发现工程计划进度和实际进度的偏差,及时进行调整。

15. 建设工程投资(成本)管理

通过模型模拟的工程进度对物料消耗进行统计与计算,参照对应定额信息可实现自动化价格计算，使投资(成本)控制更易于落实。

3.2.1.1 施工模拟

施工模拟以模型为载体，通过BIM应用软件的动态模拟功能按预计设计的方案工序工法，实现项目的“先试后建”。常用模拟方法是利用Navisworks、Revit、Bentley、Inventor、Fuzor等软件，其核心是模型与进度成本、人力资源和物资计划等匹配操作，相互关联，模拟整个施工过程。

施工项目最常用的施工模拟有场地布置模拟、施工进度模拟和施工工艺模拟。现场布置模拟基于BIM技术在施工现场，场地布置的模拟及方案设计，是为施工现场的平面布置工作提供最佳、最合理的解决方案，运用工程项目上的现场设备、设施及族资源库创建工程场地模型与建筑物模型后，依据工程进度计划、方案，模拟各个阶段的施工进场工序及工法，以直观、高效的调整和优化现场平面布置。

施工进度模拟针对工程施工整体进度进行模拟，校核施工方案的准确性，严格按照施工过程模拟，切实反映施工方案的内容，并将施工模拟过程中出现的问题进行汇总并优化，形成最终最优的施工方案，变电所施工进度模拟界面如图3-17所示。

图3-17 变电所施工进度模拟

施工工艺模拟基于BIM技术创建的施工工艺模拟模型，依据施工方案模型和施工图，将施工工艺信息与模型相关联，输出资源配置计划、施工进度计划等形成施工工艺模拟模型，指导施工工艺方案交底和施工。

3.2.1.2 细部设计应用

1. 接触网专业

(1)附加线门型架安装优化

对车站两端咽喉区和隧道进出口位置硬横梁上方附加线门型架安装位置采用BIM技

术模拟安装,优化附加线偏转角度,使附加线走向更趋合理,隧道进出口附加线及其门型架安装、BIM 模型、车站咽喉区附加线及其门型架实物安装如图 3-18 和图 3-19 所示。

图 3-18　隧道进出口附加线及其门型架安装 BIM 模型

图 3-19　车站咽喉区进出口附加线及其门型架安装

(2)供电电缆敷设优化供电线敷设

供电电缆敷设优化供电线敷设前期,采用 BIM 技术模拟电缆敷设路径,并模拟桥梁段电缆引上方式,不断优化电缆安装排布方案和支架安装方案。

供电电缆采用电缆沟敷设,采用非磁性铝合金电缆支架固定,层次分明、便于检修;并合理设置电缆预留井,便于应急抢修处理。

桥梁段电缆引上方式有两种方式,一种沿桥墩安装,在桥墩上安装电缆固定支架,采用电缆夹具固定电缆至支架上;一种是在桥梁旁边安装独立杆塔,电缆沿杆塔引上至桥面,接触网供电电缆敷设 BIM 图与实物图如图 3-20 所示。

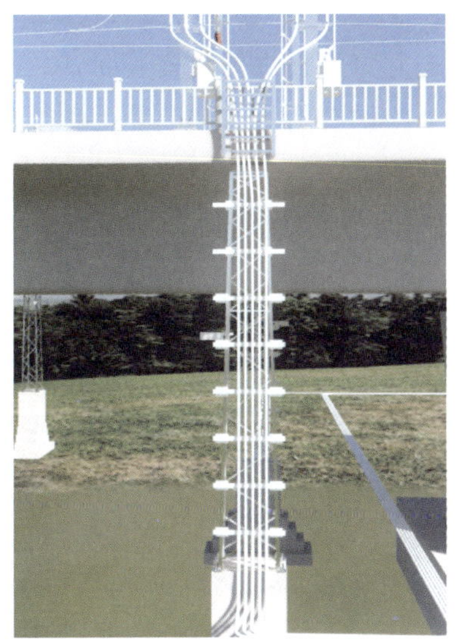

图 3-20　接触网供电电缆敷设示意

(3)钢构大桥接触网安装优化

××特大桥钢桁梁区段净空受限，采用 BIM 技术提前模拟设备、线索与钢桁梁的位置关系，重点对桁梁进出口腕臂及附加线吊柱位置进行优化，使附加线过渡更加顺畅，安装后各项绝缘距离全面达标，特大桥接触网安装模拟 BIM 优化如图 3-21 所示。

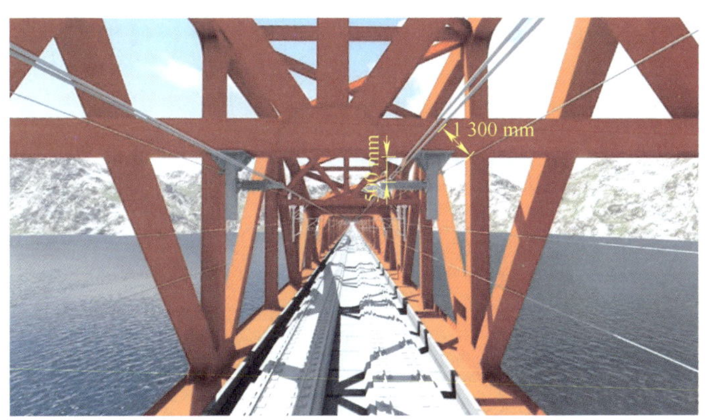

图 3-21　××特大桥接触网安装模拟优化

2. 变电专业

变电所整体布局优化采用 BIM 技术搭建变电所整所场地模型，对大门、道路、电缆沟走向、路灯位置和端子箱接地箱位置进行模拟，在满足设计功能前提下考虑全所场地布置美观。根据周边环境确定是否需要设置双向大门。检查所内巡视道路的合理性，重点模拟所内道路转弯弧度是否和电缆沟、设备基础冲突，对电缆沟过路位置进行优化。提前规划好电缆总体路径走向，确定电缆沟及沟内支架方案。根据全所室外灯光模拟效果和路灯位置的全所协调性调整并优化路灯安装角度；当摄像头与路灯灯杆一体式安装时，综合考虑所内路灯安装位置。依据节约电缆和电缆敷设路径安全性综合考虑，确定端子箱和接地箱位置。例如：将回流电缆沟上的集中接地箱改移到高压电缆沟末端，较原位置节约了回流电缆用量，并避免了高压电缆与回流缆交叉现象，变电所整体 BIM 布局及实际如图 3-22 所示。

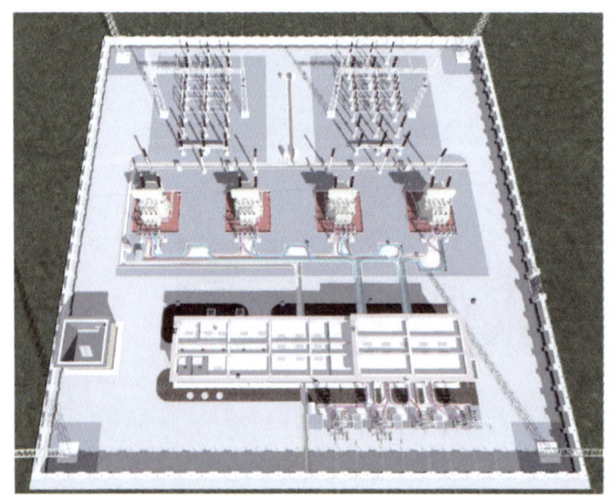

图 3-22　变电所整体布局

(1)基础

个别变电所基础创新采用倒角工艺，最大限度地缓解了外界磕碰对基础边缘的损坏，减缓了基础表面龟裂问题，更加美观耐用。基础地脚螺栓设置保护帽，减缓螺栓腐蚀、检修方便。

(2)设备接地优化

设备双接地引下线方向及位置统一，设备接地引下线采用工厂化集中预制，集中喷涂黄绿相间漆，控制喷涂质量，确保平视范围内颜色标高一致，接地引下线如图 3-23 和图 3-24 所示。

图 3-23　室外设备双接地引下线细部

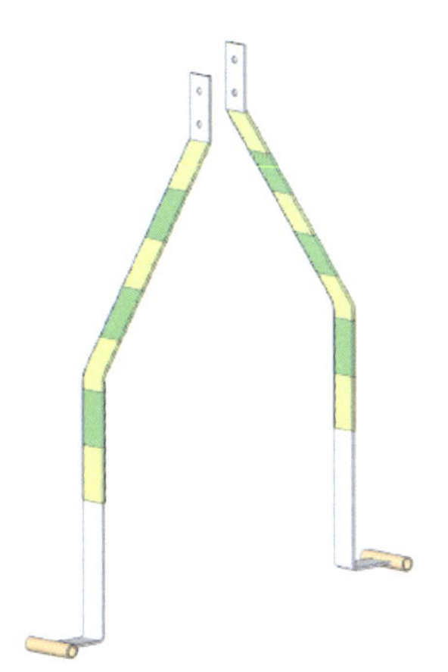

图 3-24　室外设备双接地引下线预制及安装细部

电动隔离开关地刀独立接地，采用 BIM 模拟确定尺寸预制加工，与钢柱绝缘安装，电动隔离开关地刀接地优化 BIM 及实物图如图 3-25 所示。

图 3-25　电动隔离开关地刀接地优化细部

铁芯和夹件接地分别采用铜母排单独接地，避免与变压器外壳接触，采用 BIM 模拟确定预制加工尺寸，现场安装连接可靠、美观，变压器铁芯和夹件细部 BIM 及实物图如图 3-26 和图 3-27 所示。

(3)室外设备安装高度调整

采用 BIM 技术模拟室外设备安装，在保证设计高度的情况下，调整支架高度，使设备接线端高度一致，便于软母线安装弧度的控制，提高全所设备及软母线安装的美观，变电所进线设备安装 BIM 图及实物图如图 3-28 所示。

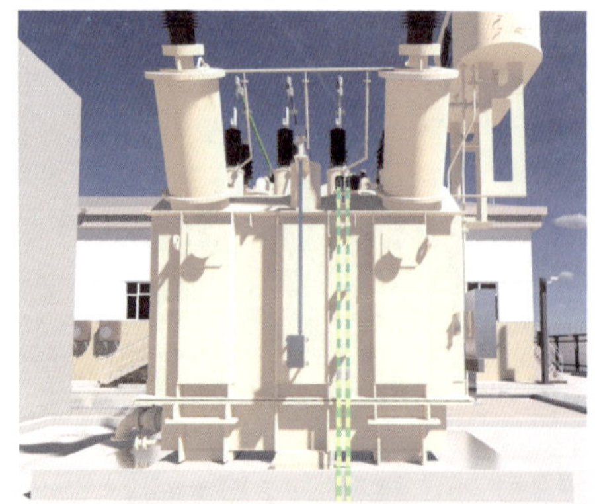

图 3-26　变压器铁芯和夹件细部

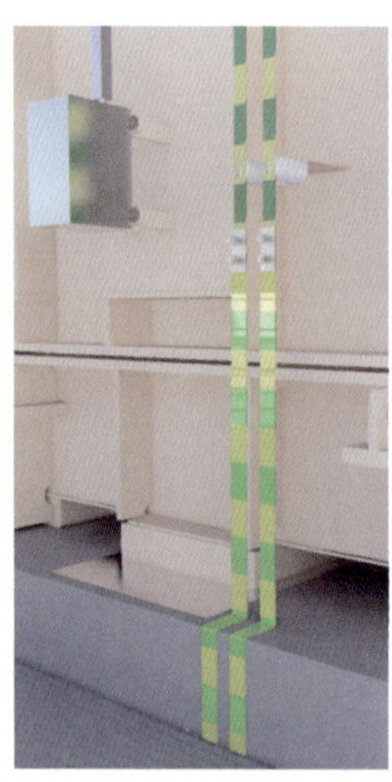

图 3-27　变压器接地细部

图 3-28　变电所进线设备安装高度

(4)变压器低压侧设备支架优化

变压器低压侧电缆支架采用单排三连杆形式,有效控制进出电缆沟的高压电缆弯曲半径符合最小弯曲半径需要,结构简洁,整齐美观,变压器低压侧设备支架细部 BIM 图及实物如图 3-29 所示。

图 3-29　变压器低压侧设备支架细部

(5)室内设备检修与运输通道模拟

根据施工调查报告,应用 BIM 技术模拟设备运输路径和检修通道并可动态演示,检查运输道路条件、房屋运输通道(门、走廊通道等)尺寸,优化运输路径方案,室内牵引变压器运输路径模拟如图 3-30 所示。

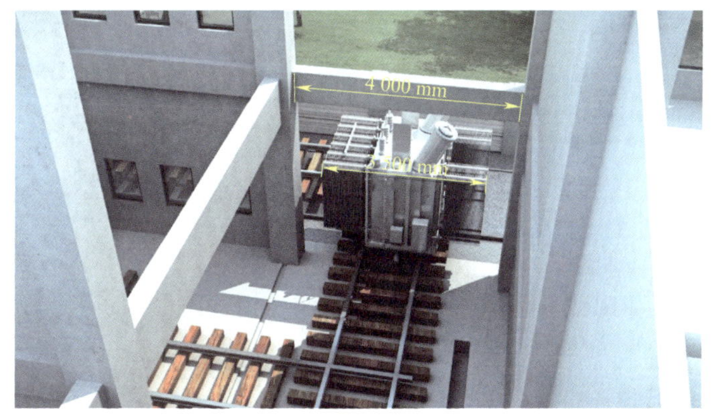

图 3-30　室内牵引变压器运输路径模拟

(6)高压电缆布设方案优化

采用 BIM 技术进行高压电缆的模拟敷设,优化支架上电缆排布方案,并根据模拟效果,适当对电缆沟转弯处半径,电缆支架安装高度、位置等进行调整优化。

室外电缆模拟优化调整电缆沟转弯处半径,使电缆转弯半径符合要求,根据电缆走向合理分配电缆排列,遵循不同等级电缆分开敷设、节约电缆等原则,室外高压电缆 BIM 排布及实物如图 3-31 所示。

夹层内电缆支架采用双侧布置,转弯处采用圆弧形路线,使得高压电缆在电缆夹层内的走向既满足 27.5 kV 电缆不小于 15D 弯曲半径的要求,有效防止高压电缆在原设计路径敷设时可能导致的过度折弯,保护电缆不在转角支架处长期受力,影响电缆质量,夹层高压电缆排布 BIM 图及实物如图 3-32 所示。

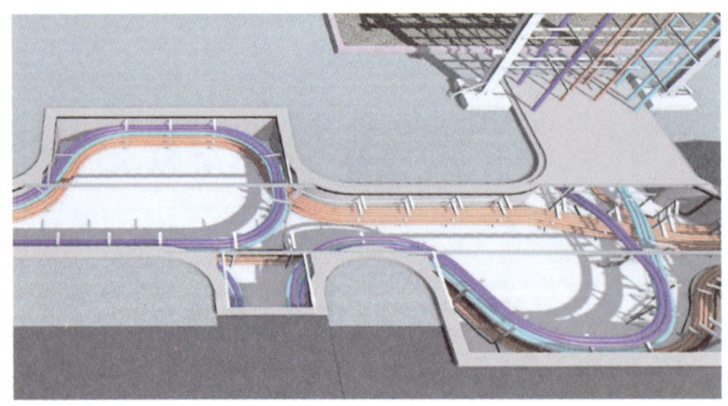
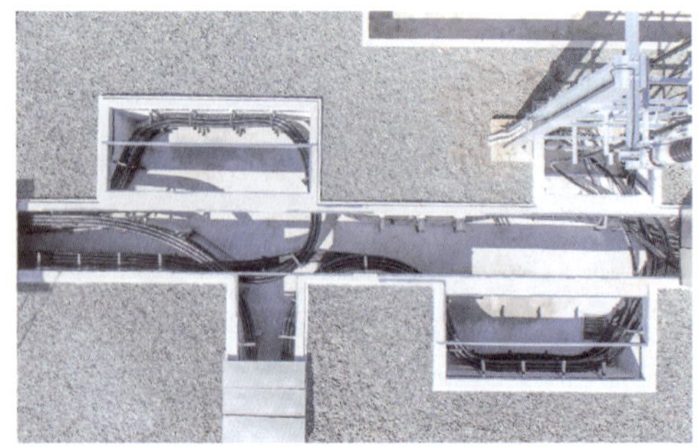

图 3-31　室外高压电缆 BIM 排布细部设计

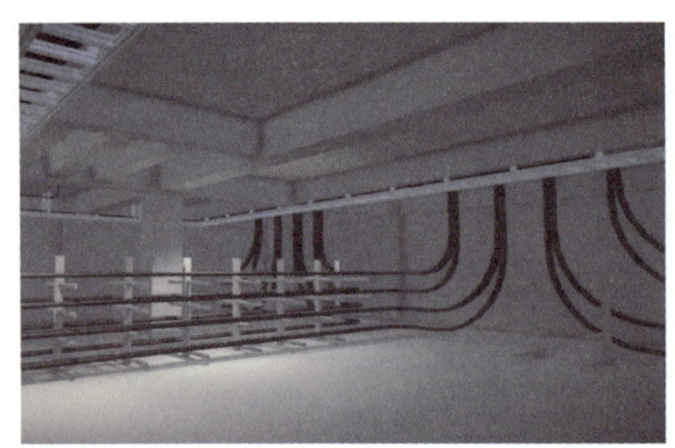

图 3-32　夹层高压电缆细部设计

(7)控制电缆排列优化

控制室电缆槽利用 BIM 技术进行模拟敷设,将原设计电缆槽更改为固定的电缆走线架结合分线器的形式,使二次电缆在敷设时整齐美观。电源与控制电缆分层敷设,有效隔离;电缆固定采用理线器,层次分明,便于检修维护。

控制室电缆桥架的优化使控制电缆进入控制柜更加顺畅,使控制电缆无交叉、美观、整齐。夹层控制电缆敷设 BIM 图如图 3-33 所示。

图 3-33　夹层控制电缆敷设细部设计

控制电缆排布采用智能化线缆敷设施工管理平台进行优化排布和电缆施工管理。根据工艺要求，利用数字化三维手段，模拟电缆敷设、优化施工方案、管控施工质量，实现了自动分析电缆排列顺序、自动规划最优敷设路径、精准统计电缆型号数量、可视化查看三维敷设效果、自动生成数字化竣工资料等功能，有效提高了电缆敷设质量及工艺标准，方便运营维护，电缆剖面图生成界面如图 3-34 所示。电缆信息标牌及二维码管理如图 3-35 所示，变电所电缆敷设细部如图 3-36 所示。

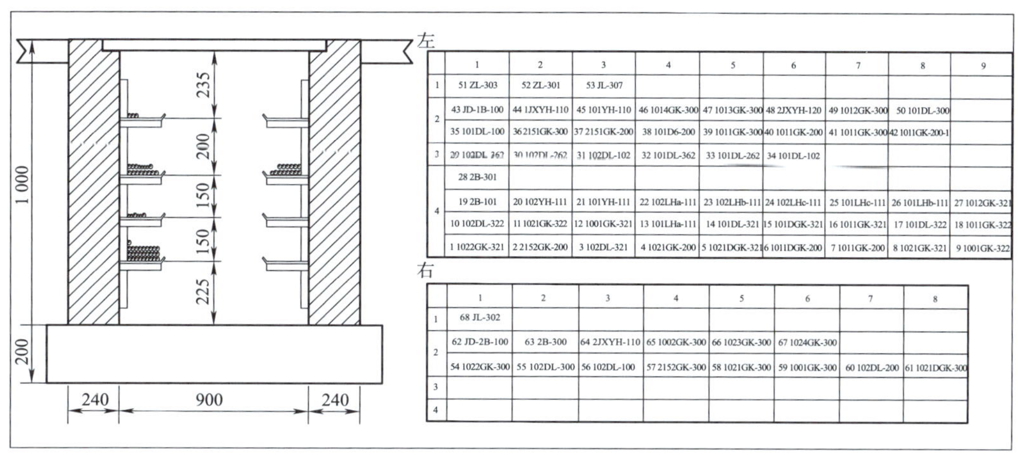

左

	1	2	3	4	5	6	7	8	9
1	51 ZL-303	52 ZL-301	53 JL-307						
2	43 JD-1B-100	44 1JXYH-110	45 101YH-110	46 1014GK-300	47 1013GK-300	48 2JXYH-120	49 1012GK-300	50 101DL-300	
	35 101DL-100	36 2151GK-300	37 2151GK-200	38 101D6-200	39 1011GK-300	40 1011GK-200	41 1011GK-300	42 1011GK-200-1	
3	29 102DL-362	30 102DL-262	31 102DL-102	32 101DL-362	33 101DL-262	34 101DL-102			
4	28 2B-301								
	19 2B-101	20 102YH-111	21 101YH-111	22 102LHa-111	23 102LHb-111	24 102LHc-111	25 101LHc-111	26 101LHb-111	27 1012GK-321
	10 102DL-322	11 1021GK-322	12 1001GK-321	13 101LHa-111	14 101DL-321	15 101DGK-321	16 1011GK-321	17 101DL-322	18 1011GK-322
	1 1022GK-321	2 2152GK-200	3 102DL-321	4 1021GK-200	5 1021DGK-321	6 1011DGK-200	7 1011GK-200	8 1021GK-321	9 1001GK-322

右

	1	2	3	4	5	6	7	8
1	68 JL-302							
2	62 JD-2B-100	63 2B-300	64 2JXYH-110	65 1002GK-300	66 1023GK-300	67 1024GK-300		
	54 1022GK-300	55 102DL-300	56 102DL-100	57 2152GK-300	58 1021GK-300	59 1001GK-300	60 102DL-200	61 1021DGK-300
3								
4								

图 3-34　电缆剖面图生成(单位:mm)

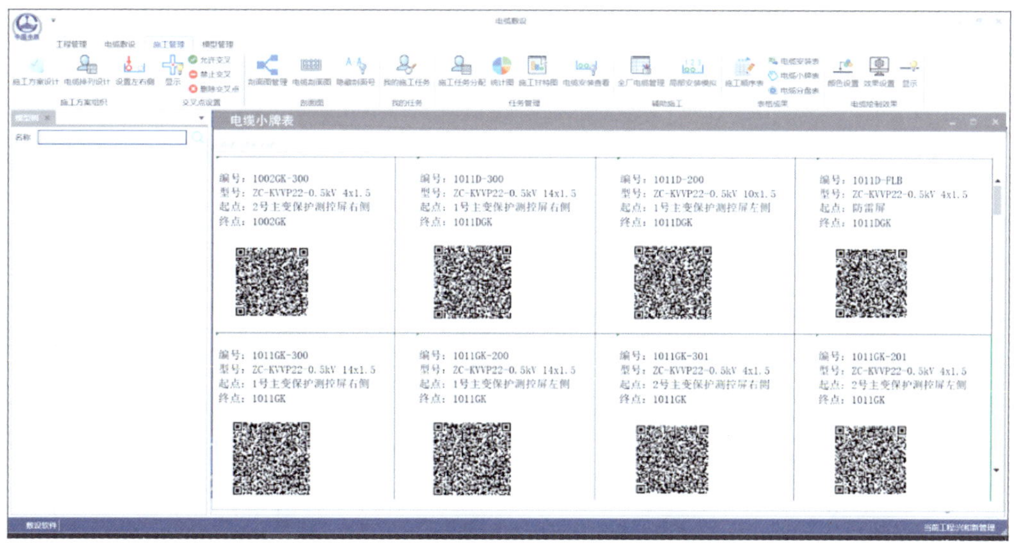

图 3-35　电缆信息小牌及二维码管理

3.2.1.3　可视化交底

电力牵引供电工程基于 BIM 的可视化交底方式主要有三种模式：三维节点模型交底、工序动画交底和整体模型交底。

图 3-36　变电所电缆敷设细部实物展示

三维节点模型交底建立在电力牵引供电工程的工艺工法动画库、各工序三维节点模型库的基础上，数据库存储在企业私有化服务器，保障数据安全。

基于轻量化平台加载三维节点模型进行交底，模型挂接视频、文档、图片、图纸等文件辅助交底应用，模型具备三维标注功能便于尺寸查看与文字标注。三维节点模型支持生成二维码功能，便于施工现场一线工人扫码浏览。

工序动画交底采用BIM软件绘制相应工序模型，再转换成施工动画软件所需格式，分构件对模型进行平移、缩放、显隐等操作，形成工序具体操作动画，导出成视频用于工序动画交底；工序动画也可与三维节点模型关联，便于快捷浏览。

按照施工流程划分施工工序，接触网专业工序主要有：施工测量、基坑开挖、基础浇筑、接口工程检查、支柱安装与整正、硬横梁及吊柱安装、软横跨安装、隧道吊柱安装、下锚装置安装、腕臂安装、承力索架设、接触线架设、接触悬挂调整、刚性悬挂安装与调整、设备安装、附加线架设、回流引线及接地安装、接触网检测、试验与精调、接触网送电开通；变电专业工序主要有：施工测量、基坑开挖与基础浇制、构支架组立、变压器安装、互感器安装、隔离开关安装、断路器安装、避雷器安装、高压GIS组合电器安装、27.5 kV高压开关柜安装、接地装置安装、母线及金具安装、电缆敷设、电缆终端制作、箱式所亭安装、交直流电源系统安装与调试、综合自动化系统及二次配线、安全监控视频系统安装与调试、状态监测系统安装与调试、远动系统安装与调试、变电所试验与送电开通。

整体模型交底将整个模型生成二维码张贴至施工现场，便于施工现场一线工人扫码浏览。同时通过挂接可根据节点跳转至三维节点模型。

3.2.1.4　竣工模型验收

信息整合及验收各专业承包商向模型整合单位提交本专业竣工验收模型，并办理相关模型移交手续，同时进行模型使用说明的书面交底。由模型整合单位向建设单位提交整合后的竣工验收任务信息模型，并办理相关模型移交手续，同时进行模型使用说明的书面交底；竣工验收模型提交单位或整合单位，随同竣工验收模型一并提交竣工验收模型管理目录等文件，并进行电子签章。

整合后的竣工验收模型，其数据的输出采用标准格式。对于模型文件，依照建模软件的不同，分别输出不同格式。同时，为保证各部分、各专业的相互传递，输出 IFC 模型格式；对于文档格式，输出 . docx、. pdf、. cad 格式；对于图片格式，输出 . jpg 格式。模型文件与文档文件通过模型软件建立外部链接，实现模型中各构件的实时资料调用和查看，竣工验收模型信息与传统纸质竣工图相吻合，设计变更、工程洽商信息在竣工验收模型中有差异化标记以区别基础设计模型。

信息的维护与调用模型及附属信息标注信息的输入者、输入时间、应用软件及版本、编辑权限，针对不同的信息接收方进行权限的分配，保证信息的安全性；相关任务方需设置专人对信息进行管理维护，保证信息的及时更新相关管理系统信息数据已采取数据库存储的方式与 BIM 信息模型关联，以便相关任务方直接调取。

3. 2. 1. 5　数字化交付

基于 BIM 的竣工验收与传统的竣工验收不同。基于 BIM 的竣工验收，需项目的各参与方根据施工现场的实际情况将工程信息实时输入到 BIM 模型中，并且信息输入人员须对输入的数据进行检查并负责。在施工过程中，分部、分项工程的质量验收资料、设计变更单、工程洽商等都要以数据的形式存储并关联到 BIM 模型中，需根据交付规定对工程信息进行过滤筛选，不包含冗余的信息。

工程竣工 BIM 模型在分部工程 BIM 模型基础上，对其进行整合及文件链接，最终形成工程竣工验收 BIM 模型；建设单位组织设计、监理、施工、模型汇总等相关单位对工程竣工验收 BIM 模型进行验收。

3. 2. 2　BIM 关键技术

1. BIM 构件库管理平台应用

三维模型搭建是基于各类构件的组合，类似于搭积木的过程。无论建筑设计，结构设计，还是系统设备，都只不过是将各类构件载入到三维绘图平台环境中进行布局、放置、修改属性后而得到的设计效果。构件不仅是一个模型，还包含参数集和相关的图形表示的图元组合。对某专业或某领域所需构件图元进行分类管理与数据存储就形成构件库。

接触网设计、建模需针对不同线路状况进行大量参数修正，参数化建模是电力牵引供电工程 BIM 技术发展的核心，参数驱动型构件库是参数化建模的基础。因而，建立完备的电力牵引供电工程构件库也是行业 BIM 发展的必由之路。

从行业 BIM 发展角度出发，由于构件库分类冗杂和数量庞大等难点，且 BIM 模型搭建过程具有资源共享和大数据管理的实际需求，有必要构建企业级 BIM 构件库管理平台。该构件库管理平台具备常规上传、下载、分类、数据统计与检索、调用功能，还结合应用场景，具备用户权限管理、构件模型的图文详情浏览与审核、构件模型加密、云端存储与本地备份功能，加强了构件模型的标准化管理、资源保护与规范使用，助力企业 BIM 技术发展。

(1)构件库管理架构设计

该构件库包含基础构架层、系统管理层、功能应用层和外部融合层四个层级，如图 3-37 所示。

①基础数据层，搭建在企业私有云服务器上，为其他层级和用户数据提供资源存储，有效提高资源分配和快速部署；

②系统管理层，在基础数据层的基础上为用户提供基础服务，包括用户管理、权限管理和接口管理等功能，实现与现有软件的正常对接；

③功能应用层，包括族资源数据库管理和过程应用管理；

④外部融合层，该系统与 Revit 或其他三维绘图软件相融合，为 BIM 技术人员提供资源传递通道。

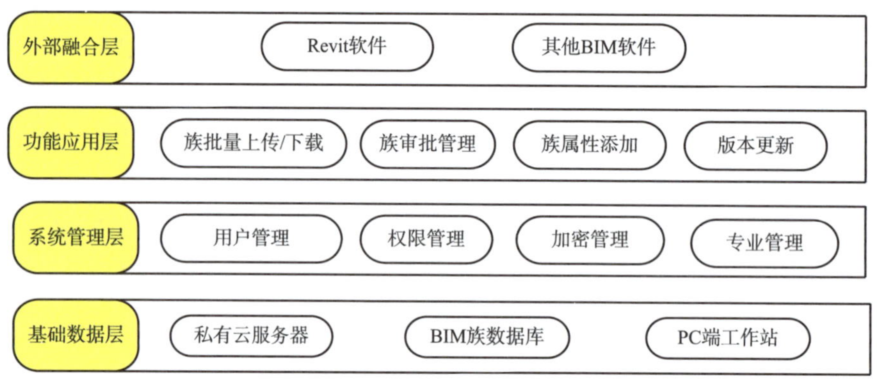

图 3-37 BIM 构件库管理平台架构设计

BIM 构件库管理平台设置 PC 客户端和 WEB 端两种形式。PC 客户端与 Revit 或其他三维绘图平台集成，提供构件模型批量上传\下载、快速调用与布置、文件加密、文件快速检索、模型属性添加等功能，便于 BIM 技术人员对构件库的高效管理和应用；WEB 端与数据库相关联，设有角色权限管理、构件分类管理与审核、数据统计等功能；构件模型文件存储在私有云服务器，并进行容灾备份，实现云端存储。

(2)BIM 构件库管理平台主要功能

平台设置层级管理，不同角色设置相应权限，制定 BIM 构件库管理手册，规范平台的操作使用。层级设置有 BIM 中心、BIM 分中心、项目 BIM 工作室三个层级。

BIM 中心是最高权限单位，对 BIM 构件库进行统一管理，并负责管理平台的日常维护和更新；BIM 分中心作为 BIM 工作室的管理单位，具有分类管理和其他操作权限；BIM 工作室作为现场 BIM 工程师的管理单位，具有构件模型上传/下载、审核、检索、调用与布置、加密等功能。

平台设置 1 名超级管理员，具备最高管理权限，负责信息管理和用户维护。具备调整类型角色名称与操作权限功能。设置若干管理员，根据用户的职务和需要分配其相应的角色权限，如图 3-38 所示。

图 3-38　用户权限管理

平台主界面以卡片形式展示电力牵引供电 BIM 构件库，构件库划分接触网、变电、强电房屋、土建四大专业。每个专业根据分部、分项工程进行分解，设置分类，实现数据统计功能。管理员在分类管理界面具备分类的添加、删除和重命名操作。

每个构件模型具备预览功能，便于用户查看构件模型属性和三维模型预览。相应功能如图 3-39 所示。

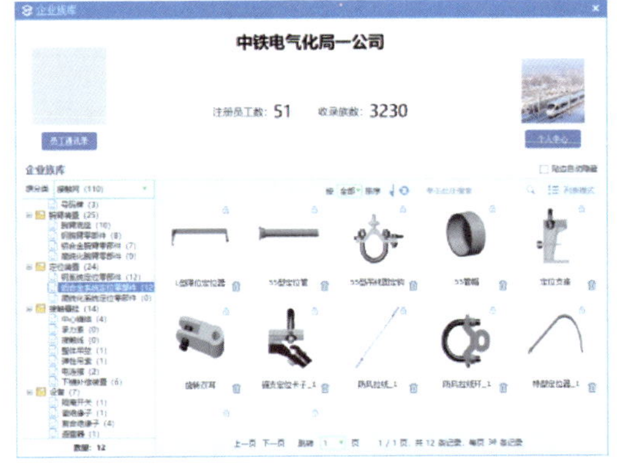

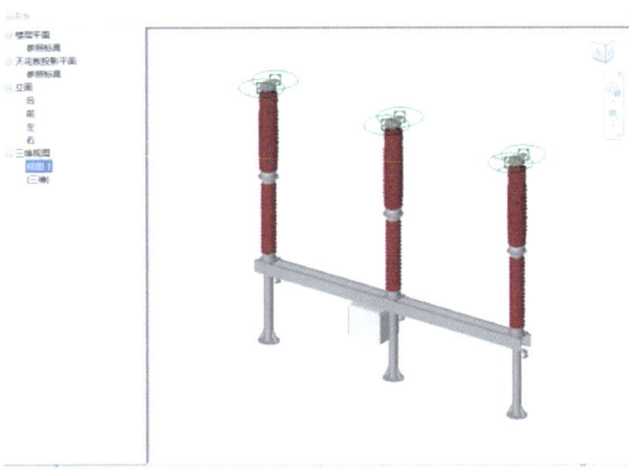

图　3-39

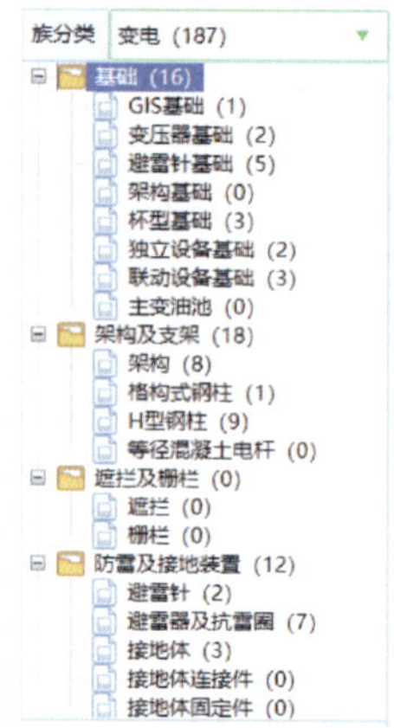

图 3-39　构件模型浏览与分类

平台 PC 端和 WEB 端均可进行构件模型的批量上传/下载，BIM 工作室对已上传的文件根据构件模型标准进行审核。同时，根据使用需求将构件模型下载到本地存储。

BIM 人员可对构件模型的属性进行增加或更改，对专有构件模型进行加密管理，相关操作在平台上进行实时更新。属性修改与批量上传如图 3-40 所示。

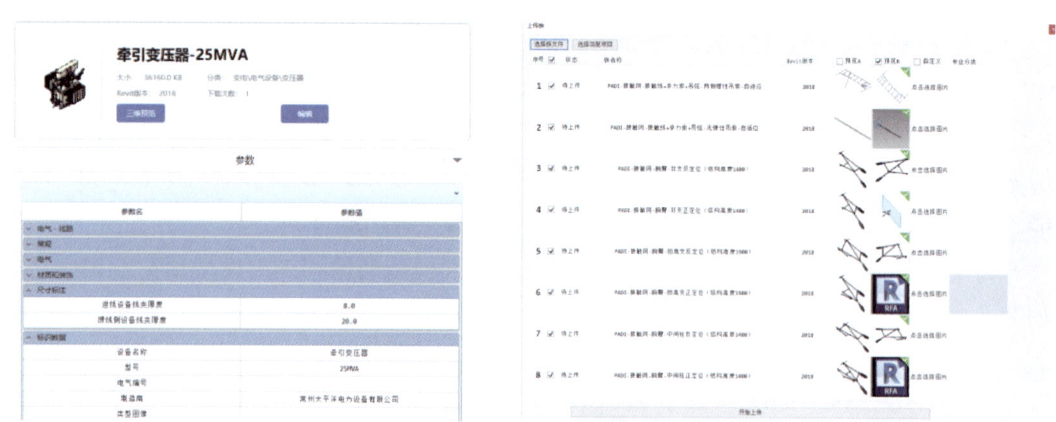

图 3-40　属性修改与批量上传

平台设有模糊搜索和精准搜索两种模式，可根据关键词快速检索所需构件，实现构件模型的调用与布置，如图 3-41 所示。

2. 参数化建模

不同于传统 CAD 设计中通过前后断面、示例图等方式示意、离散的表达设计意图，BIM 模型能够完整、连续的表达设计细节。采用 BIM 参数化建模技术将族库中相同的 BIM 构件，按照可以量化描述的路径或位置参数摆放，一次性、批量、快速的生成大量 BIM 模型，可以解决铁路电力牵引供电工程中 BIM 建模难度高、速度慢、难以在项目上落地应用的问题。

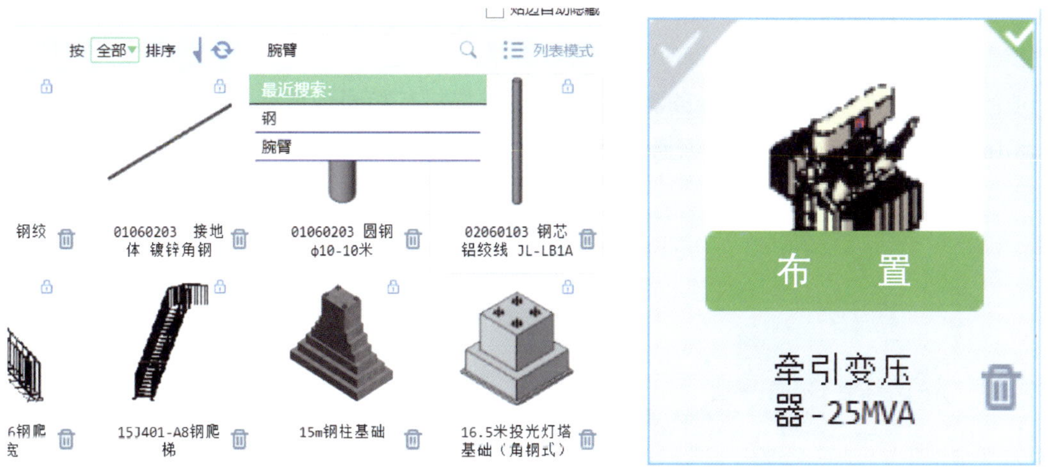

图 3-41　构件模型的检索与调用布置

（1）总体思路

该系统分为两大部分，需要采用不同的技术来实现，一部分为 BIM 建模工具软件，另一部分为参数源数据库，两个软件之间通过接口来相互打通。参数源数据库用于录入的设备的位置、规格型号等参数信息，并对参数信息进行统一管理，方便 BIM 建模工具软件调用；BIM 建模工具软件包含铁路四电族库，根据参数数据创建 BIM 模型，同时实现统计工程量等功能，满足项目使用需求。

（2）系统架构

系统按照应用功能划分，采用两层架构，铁路四电 BIM 族库和参数源数据库属于底层，提供基础数据支持，通过接口让参数化建模软件能实时访问基础数据，从而快速建立各专业 BIM 模型，参数化建模架构如图 3-42 所示。

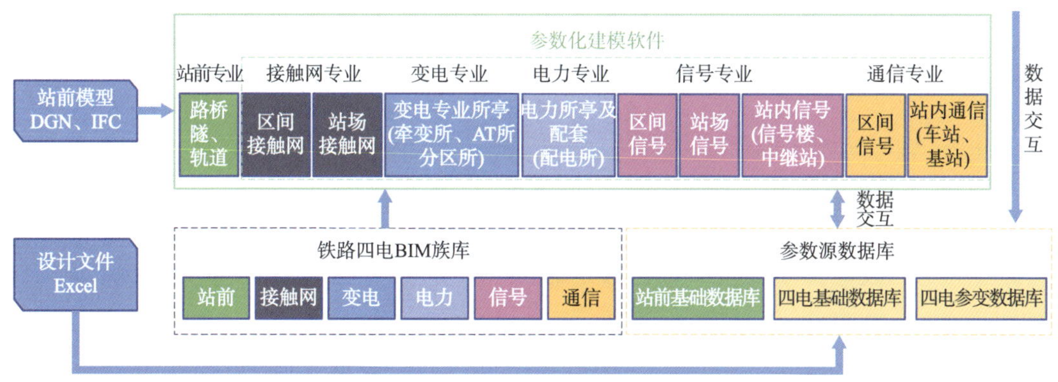

图 3-42　参数化建模系统架构图

（3）系统部署

铁路四电 BIM 族库和参数源数据库部署在同一个服务器上，保证高性能增删改查操作;BIM 建模软件部署在独立的高性能软件服务器上,保证各项目多方参与人员可登录参数化建模及应用软件,通过导入或填写项目参数信息,快速完成三维建模工作,减轻项目人员对个人 PC 性能要求。两台服务器上的应用通过接口互相同步数据,通过防火墙隔离后,连通 Internet 网络,项目人员可以通过 PC 端或者移动端访问各种服务,系统布置如图 3-43 所示。

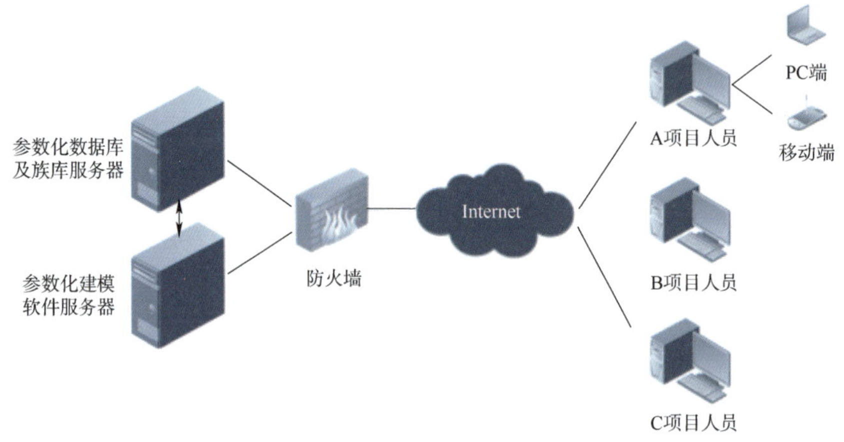

图 3-43 系统部署

(4)建模流程及内容

以接触网专业建模流程为例,如图 3-44 所示。

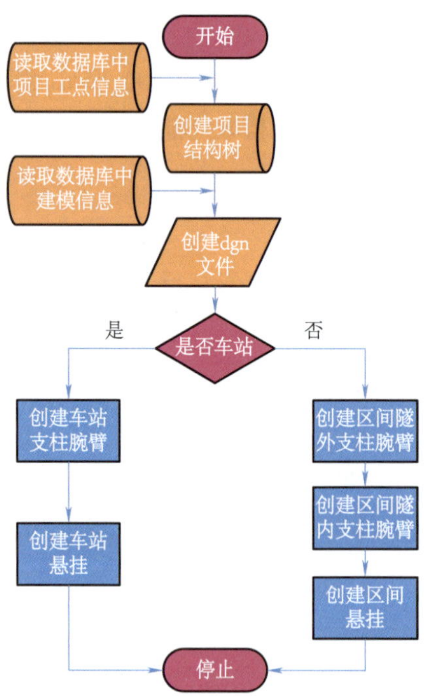

图 3-44 接触网专业建模流程

(5)建模参数

BIM 建模工具软件根据建模参数自动创建 BIM 模型,才能达到快速、批量建模的目的,因此设置全面且直观的建模参数是参数化建模技术的核心,接触网和牵引变电专业的建模参数可以包含但不限于以下参数,接触网专业参数表见表 3-1。

表 3-1　接触网建模参数

序号	参数名称
1	区间/车站名称
2	对应线路/股道名称
3	支柱定位里程
4	基础中心与线路中心距离/侧面限界
5	基础类型
6	支柱类型
7	腕臂形式
8	附加线肩架形式
9	下锚形式
10	设备(如隔离开关)位置
11	设备型号
12	附加导线锚段号
13	附加导线类型
14	隧道吊柱位置
15	隧道吊柱类型
16	硬横梁支柱位置
17	硬横梁类型
18	硬横梁吊柱位置
19	悬挂锚段号
20	悬挂类型,如简单或弹性悬挂
21	中心锚结位置
22	吊弦数量
23	接触线类型
24	承力索类型

(6)应用成果

通过参数化建模软件,将收集的数据表上传到平台上,快速生成 BIM 轻量化模型,接触网参数化建模效果如图 3-45 所示,牵引变电所参数化建模效果如图 3-46 所示。

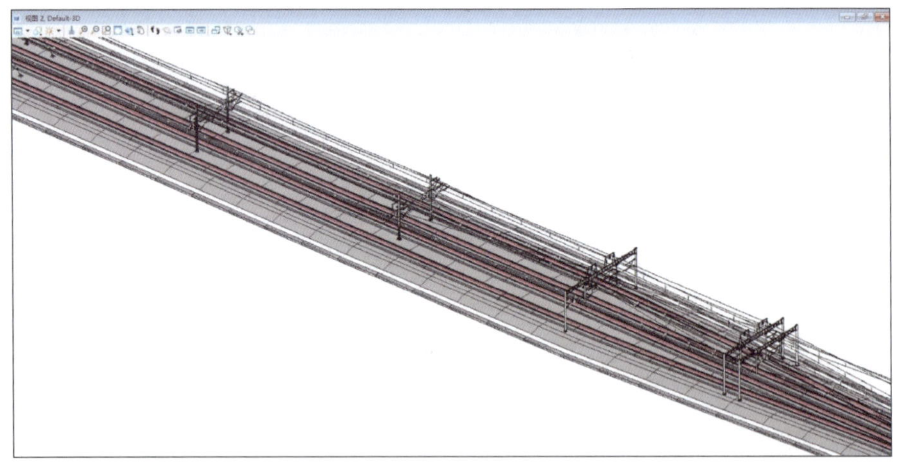

图 3-45 接触网参数化建模效果图

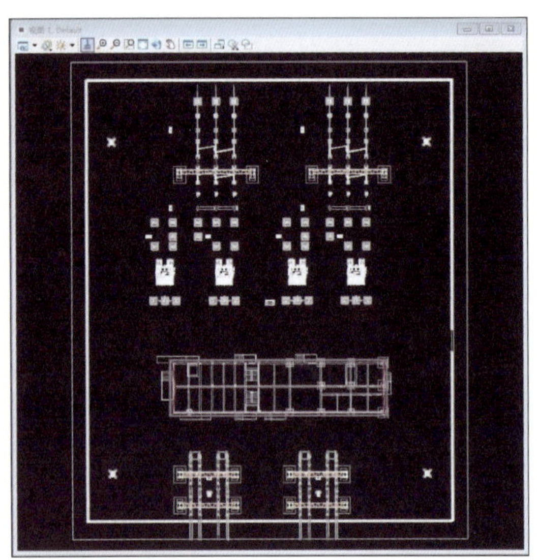

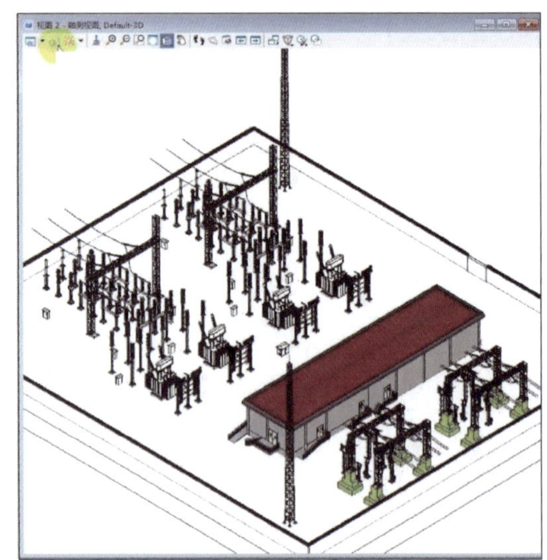

图 3-46 牵引变电所参数化建模效果图

(7)接触网腕臂装配三维验证

运用参数化建模技术,将接触网腕臂计算结果作为建模参数,建立腕臂 BIM 模型,通过检查三维模型是否正确,达到验证腕臂计算结果是否正确的目的,建模参数见表 3-2。

表 3-2 接触网腕臂参数

序号	参数名称
1	腕臂编号
2	装配类型
3	平腕臂管长度

续上表

序号	参数名称
4	承力索座位置
5	平腕臂连接套筒位置
6	斜腕臂管长度
7	斜腕臂连接套筒位置
8	平腕臂套管单耳位置
9	定位管支撑/拉线环位置
10	定位环位置
11	腕臂支撑套管单耳在斜腕臂位置
12	腕臂支撑管长度
13	定位管支撑形式
14	定位形式
15	上下底座间距
16	拉出值
17	是否装配管帽

注:以上参数为腕臂计算结果数据,要生成BIM模型,建模参数还需包含腕臂各零部件尺寸,在此不详细罗列。

腕臂导入软件后,自动生成腕臂模型,如图3-47所示。

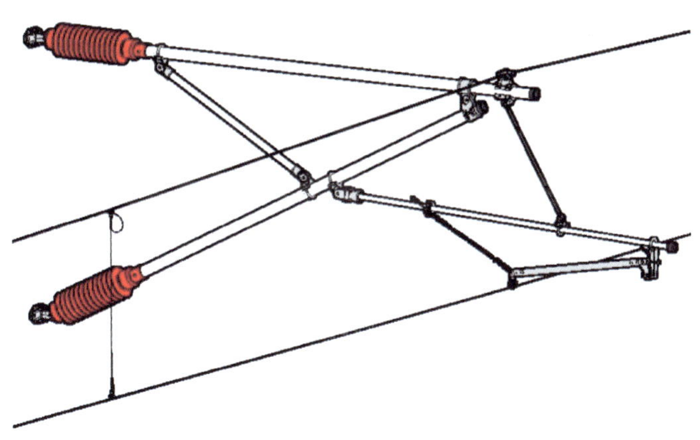

图3-47　接触网腕臂装配BIM模型

腕臂模型可自动生成腕臂加工数据,输送给腕臂预配平台进行腕臂加工,腕臂数据生成界面如图3-48所示。

3. BIM轻量化技术

BIM是模型与信息的集合体,随着BIM技术的发展,逐渐表现出以下问题:

(1)模型体量大,种类多,同时数据信息量庞大复杂;

(2)缺乏满足项目需求的精准数据终端,难以体现BIM技术的优势;

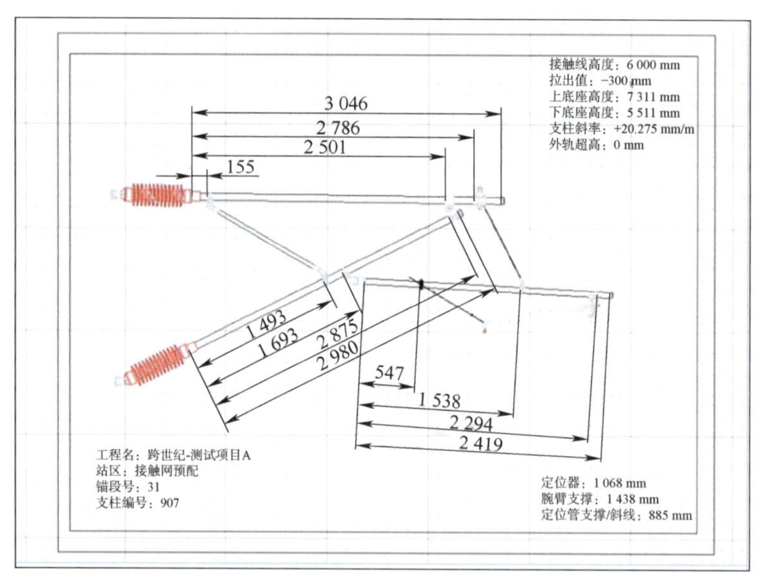

图 3-48　BIM 模型导出的接触网腕臂装配图

(3)软硬件及人员要求提高，增加项目成本。

BIM 轻量化技术的本质是：在不改变模型和数据文件结构属性的基础上，通过先进的算法将模型数据重构，缩小 BIM 模型体量、精简数据，使模型显示快，数据便于提取使用。

轻量化技术让 BIM 模型不仅停留在设计阶段，还可应用于施工阶段、运维阶段，覆盖工程建设的整个生命周期，使 BIM 模型可以脱离专业 BIM 建模软件，应用于各种信息系统、软件平台，大大拓展 BIM 技术应用场景。同时，轻量化技术还实现了各种不同的格式 BIM 模型的集成应用，实现了统一的数据格式和统一的数据应用，实现了多专业合作，大大降低了 BIM 应用的复杂性。

4. BIM+GIS 数智化技术

基于大体量 BIM 模型轻量化引擎、海量数据分析处理、参数化驱动的全线路牵引供电生成三维系统与接触网 4C 检测数据联动以及多源异构数据融合等关键技术，建设基于 BIM+GIS 的高铁电力牵引供电工程管理“一张图”，高度集成接口管理、技术交底、预配安装、进度、质量与安全、接触网检测、数字化交付等管理功能。实现 BIM、GIS、倾斜摄影模型、视频源和工程建设等海量多源、多主题、异构时空数据融合在一张图上的集成展示，又能满足不同管理部门、不同层级用户的三维可视化、数字化、全要素信息建设管理精益化需求，为铁路工程建设项目资源管理集成化、协同管理高效化、过程管理信息化提供平台支撑。

基于 GIS 基础数据库、BIM 模型库与业务数据库，通过统一的数据访问接口，实现工程建设多源时空数据的多层次可视化综合展示和统计分析；深度集成施工级 BIM 应用系统，从宏观尺度展现全线电力牵引供电工程建设概貌、铁路沿线周边地形地貌、风险动态监测区域；从微观尺度展现电力牵引供电工程构件级三维形象进度、质量安全红线及问题部位处理进程，满足铁路全线三维数字化项目管理需求。

BIM+GIS 参数化生成接触网模型技术根据 KML 地理信息数据和站前单位路基、桥梁、隧道的里程坐标进行路桥隧的快速生成，快速搭建铁路线路模型；设计阶段，系统根据设计安装图快速识别腕臂和吊弦零部件类型型号，结合接触网线路图纸相对坐标信息、腕臂安装图号，调用 BIM 构件图元库图元，依据参数化生成算法快速生成设计阶段接触网模型；施工阶段，根据现场实际导高、拉出值、限界、支柱斜率等参数，导入平台计算出腕臂吊弦计算加工数据，并快速生成参数一致的施工阶段接触网模型，生成的 BIM 模型如图 3-49 所示。

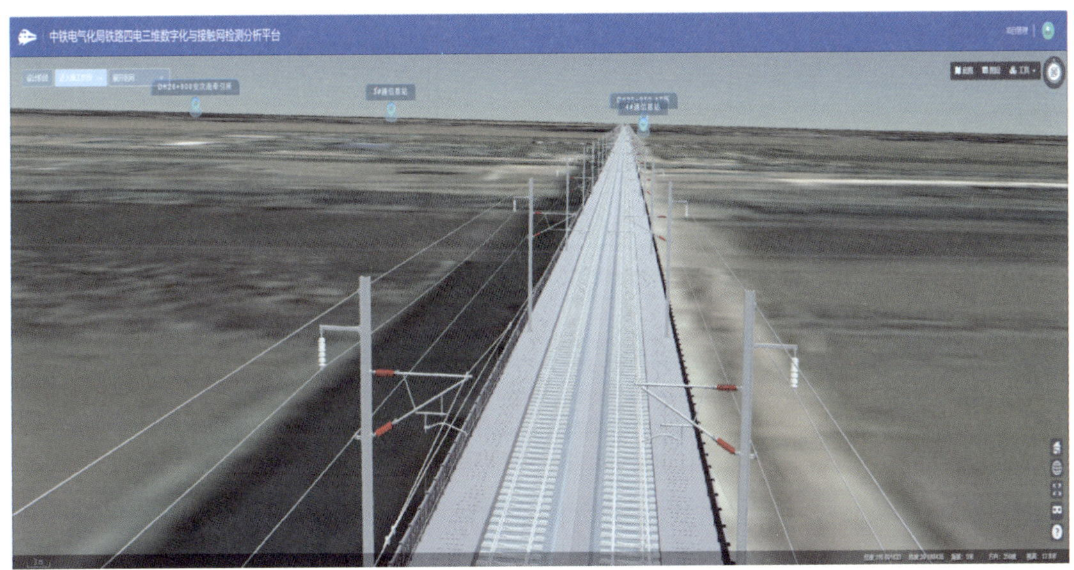

图 3-49　依照设计图生成设计阶段 BIM 模型

BIM+GIS 接口管理技术通过信息化管理手段，规范各参建单位职责，使接口管理标准化、接口检查流程化、检查记录电子化。基于 BIM 模型提前对各专业与土建单位的接口进行碰撞检查，规避设计、施工失误造成的误差；该模块实现接口可视化管理、快速定位、缺陷整改管理和数据综合集成展示。

BIM+GIS 的接触网虚拟装配技术，包含各类型腕臂拼装、单个锚段内整体虚拟安装、二、三维出图和精细化算量，接触网腕臂虚拟装配安装模块架构如图 3-50 所示，基于 BIM+GIS 平台的接触网预配安装技术路线如图 3-51 所示。

通过二、三维坐标转换算法，精确计算出腕臂结构各零部件的三维插入点坐标，并调用族库中相对应的零部件族模型，将其加载至正确的位置，从而完成腕臂预配成果的三维自动化装配。接触网腕臂 BIM 模型如图 3-52 所示。

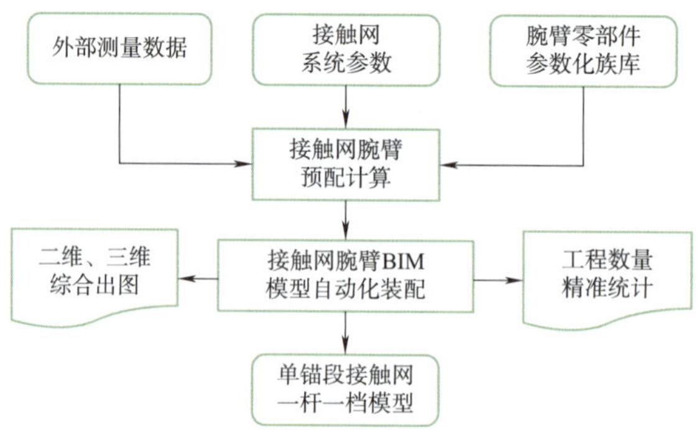

图 3-50 接触网腕臂虚拟装配安装模块架构设计

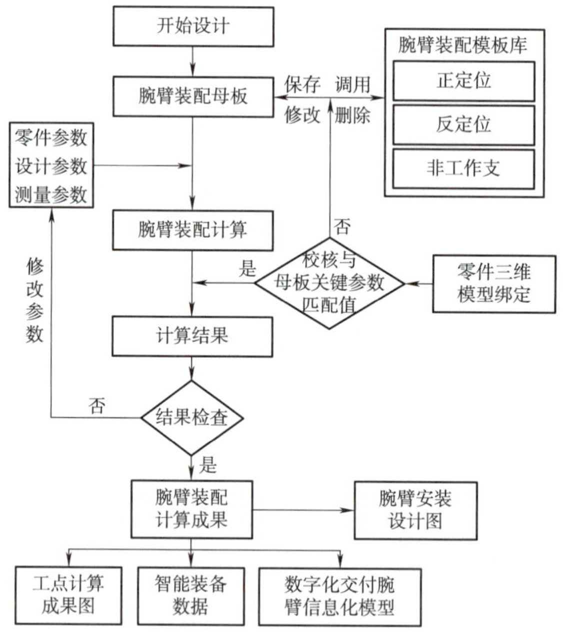

图 3-51 基于 BIM+GIS 平台的接触网预配安装技术路线

图 3-52 接触网腕臂 BIM 模型

该模块能够按照接触网锚段或自定义范围的方式，通过加载所对应的输入数据及所需族库模型，实现接触网腕臂 BIM 模型的批量装配，并自动保存。

单个腕臂装配模型搭建完成后，该模块将单个锚段全部腕臂装配模型载入到 BIM+GIS 平台。通过导高和拉出值等参数建立相匹配的单个锚段接触网预配安装 BIM 模型，并参数化创建土建、轨道等模型，进行单个锚段内腕臂的整体虚拟安装。通过实时漫游、施工模拟、碰撞检查等功能，校核预配数据的准确性，有效提高计算成果质量。

BIM+GIS 进度管理技术 BIM+GIS 平台进度模块与生产管理平台作业模块进行数据贯通；关联完工数据进行实际进度与计划进度的对比分析；通过着色管理，对进度滞后/超期作业预警；通过建立时间轴，实现接触网施工模型的进度模拟，定向追溯接触网工程安装过程。

3.2.3 BIM 技术应用案例

1. 工程概况

津兴铁路即天津至北京大兴国际机场铁路，是中国河北省廊坊市境内一条连接胜芳站与固安东站的城际铁路，与津保铁路天津西至胜芳段、北京城际铁路联络线固安东至大兴机场段共同构成天津西至大兴机场的通道。其中胜芳站至固安东站为新建线路，长度 47.17 km，设安次站、永清南站，改建胜芳站，同步建设永清西线路所，新线设计时速 250 km。

2. 技术标准和实施情况说明

(1)BIM+GIS 协同施工管理平台搭建

针对铁路行业多专业、多系统集成的特点，搭建基于同一数据库的多专业协同的 BIM+GIS 协同施工管理平台，实现接触网专业、变电专业内部及与其他专业间的施工作业的协同管理。

为充分发挥软硬件资源的应用效率，提高平台使用体验，保障系统平台的运行性能和稳定性，以物理服务器+网页端的方式搭建该平台。

(2)工程项目全生命周期管理

工程项目通常指建设工程项目，是以构筑物或建筑物为标的，有起止时间，且相互关联的一系列活动。围绕这些活动所开展的全过程或阶段管理工作就是工程项目管理，工程项目全生命周期管理阶段如图 3-53 所示。工程项目全生命周期管理通常分为六大环节、四个阶段。

通过设计深化阶段、设备采购阶段和工程施工阶段全过程运用 BIM 技术，实现设计图纸的方案验证、施工工艺方案的提前确认、设备安装的提前预演、模型的可视化施工指导，采取虚拟“首件定标”模式打破以首件定标的束缚，实现多个工点的同步施工，同标准施工。

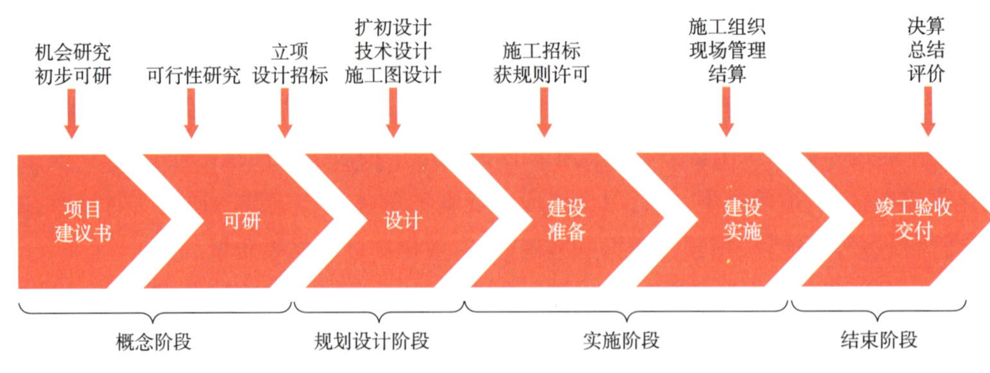

图 3-53　工程项目全生命周期管理阶段

(3)建设与运维一体化

在设备运营单位介入前期，通过 BIM 模型协助业主、设计、施工、监理、设备运营等单位进行方案决策；工期管理上，通过基于 BIM 的进度管理合理安排施工节点和资源配置，做到项目参与各方信息共享；竣工验收阶段，模型挂接设计、设备和施工等数据、文档、影像资料信息，实现运维模型的移交工作。

(4)族库与模型的标准化创建

参照《铁路工程信息模型交付精度标准》开展变电专业和接触网 BIM 模型结构分解工作。将变电专业 BIM 模型划分为牵引变电所、AT 所、分区所三个大类，将接触网专业 BIM 模型划分为区间接触网、隧道接触网和站场三个大类，在各大类别中根据设计工点的先后顺序做工点级结构分解。工点内部根据工序流程的空间层级继续分解，例如将区间接触网按照施工流程先后顺序分解为基础及拉线、支柱、支持定位装置、接触悬挂、附加悬挂、接地及回流、设备等。

参照《铁路工程信息模型分类和编码标准》建立项目应用方案，建立设备、零部件及标准件的 1∶1 高精度族库，为 BIM 模型搭建提供可靠的基础图元。为每一个设备/零部件匹配 IFD 编码，IFD 编码顺序参照列表的先后顺序排列，同一表格中多个编码的先后顺序自上而下排列；分类编码按照项目级和构件级进行划分。

(5)BIM+GIS 平台数字化交付

通过 BIM+GIS 平台集成基于 GIS 的“一张图”界面，对项目建设过程中产生的各类图纸、文档、模型以及生产业务数据进行有效的内容管理。通过项目全过程数字化交付数据成果，结合自主可控的 BIM 引擎平台融合多源模型，形成一套完整的工程数字底盘，让数据在竣工档案和运维阶段的兼容复用无缝衔接。

3. 应用内容

(1)BIM 模型碰撞检查

通过 BIM 软件模型检测工具进行模型中图元构件之间的冲突关系查找并且记录输出

报告。基于 BIM 模型对施工阶段的各专业模型碰撞检查，变电专业进行建筑模型与结构模型、结构模型与设备模型、建筑物模型与施工机械模型等进行碰撞检查。对各专业之间图纸问题提前查找与解决，对施工中机械位置、物料摆放进行合理规划，提供施工效率和质量，避免返工，缩短工期。

利用 BIM 软件建立 BIM 模型，通过碰撞检查软件运行操作并自动查找出模型中的碰撞点，可获得需要的碰撞检查的报告。主要工作分为以下 5 个阶段：

①各个专业模型提交；

②模型审核并修改；

③系统后台自动碰撞检查并输出结果；

④BIM 工程师复查并查找相关图纸；

⑤撰写并提供碰撞检查报告。

碰撞检查分为硬碰撞和软碰撞，硬碰撞指存在直接物理碰撞，寻找设计纰漏，相邻馈线独立单杆基础存在物理碰撞如图 3-54 所示，变压器低压侧基础与电缆沟存在物理碰撞如图 3-55 所示；软碰撞指一定距离内存在异物或空间距离不符合要求，可进行净空分析、电气安全距离校核和设备通道验证。

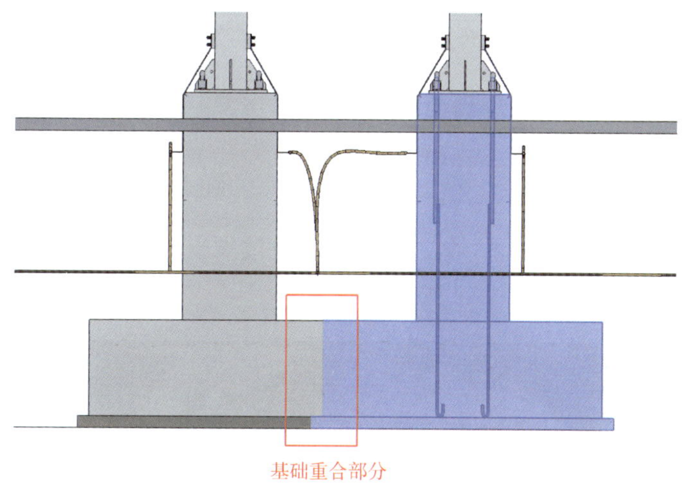

图 3-54　相邻馈线独立单杆基础存在物理碰撞

BIM 应用发现的碰撞问题通过 BIM 协同管理平台实行流程化管理，并通过视点功能三维查看，快速定位，进行碰撞问题的闭环管理，减少因设计问题造成的工期延误及返工问题。

在交叉施工中，通过工程模拟提前预知碰撞点和设计纰漏，为房屋与设备安装一体化施工做好铺垫。

(2)性能分析

利用 BIM 技术创建虚拟模型，模型包含几何信息、材料性能、构件属性等；将模型导入相关的性能化分析软件，就可以得到相应的分析结果。

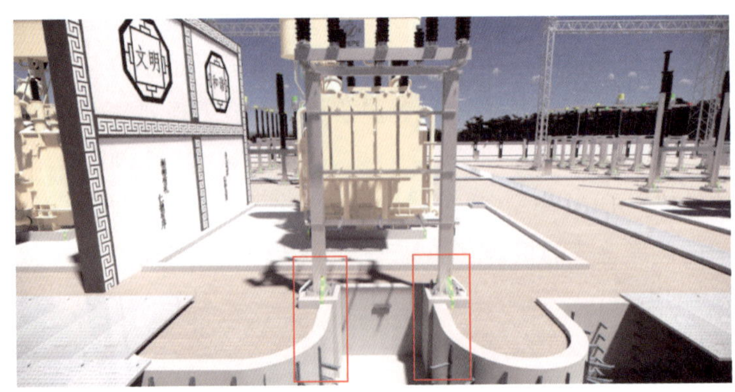

图 3-55　变压器低压侧基础与电缆沟存在物理碰撞

避雷针保护范围校核。防雷与接地是牵引供电系统安全的基本保障。在施工前期，采用 Dynamo 参数化建模软件建立避雷针安全保护范围模型，查看所内设备及建筑物处于该范围内，验证避雷针布置合理性，变电所避雷针保护范围 BIM 模拟如图 3-56 所示。

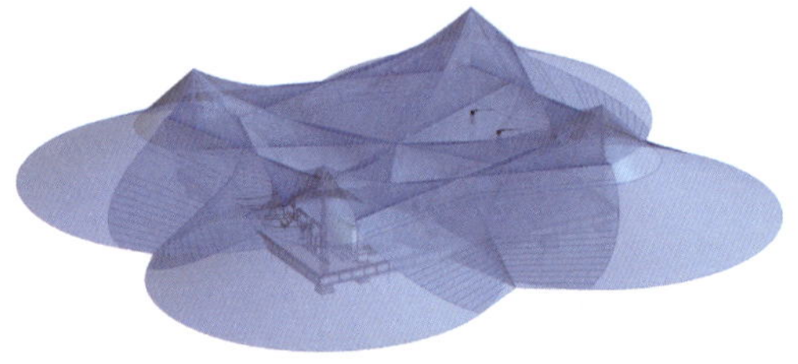

图 3-56　变电所避雷针保护范围 BIM 模拟

工程前期，提前院内路灯布置，通过 Escape 软件渲染查看夜晚灯光效果，优化路灯布置位置，变电所室外灯光模拟如图 3-57 所示。

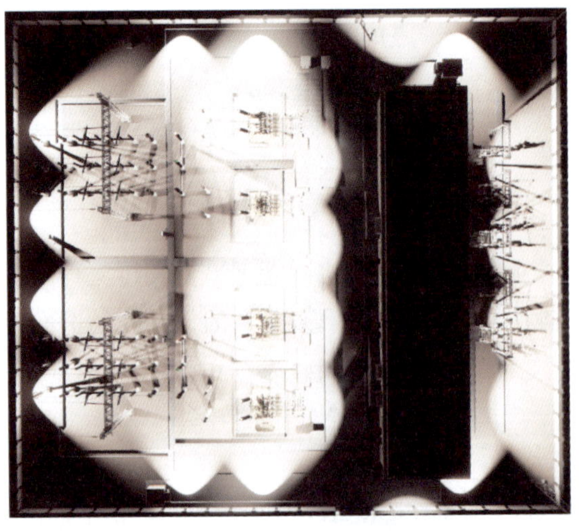

图 3-57　变电所室外灯光模拟

(3)施工图深化

主要设备局部安装三维如图3-58所示。

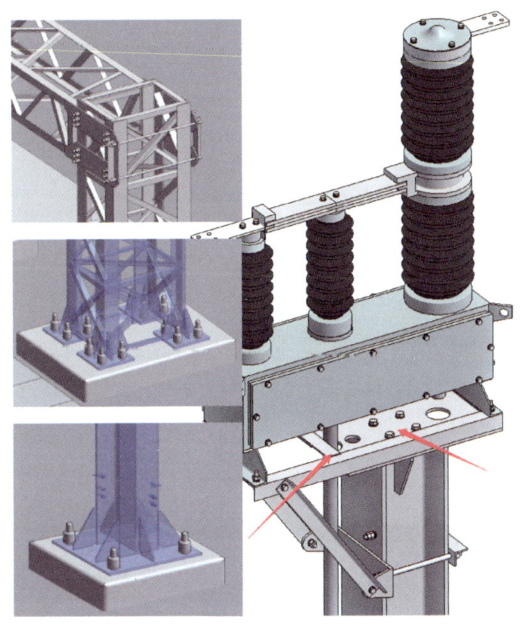

图3-58　变电所室外设备、架构模拟

重要部位细部设计三维详图。隔离开关上网引线安装BIM优化如图3-59所示。声屏障、CPⅢ与下锚坠砣位置优化如图3-60所示。夹层电缆支架布置及接地安装如图3-61所示。

图3-59　隔离开关上网引线安装

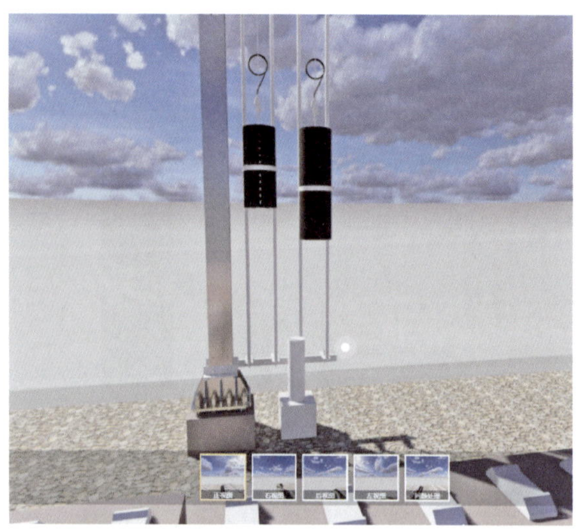

图 3-60　声屏障、CPⅢ与下锚坠砣位置

图 3-61　夹层电缆支架布置及接地安装优化

接地母排型式优化和加工出图。对接地母排、硬母排进行模拟安装，然后将模型分解成加工零件，导出为零件二维加工图纸，形成三视图的加工尺寸详图。提取预配零件的加工参数，如长度、折弯数据和材料尺寸信息，以表格形式输出，对接流水线加工平台。

(4)可视化交底

①孔洞预留/预埋件布置。

根据设备安装位置及安装尺寸，重新生成孔洞预留及预埋件布置图，并对室外管线预埋进行优化布置并交底，结合三维模型进行交底，变电所预留预埋 BIM 交底如图 3-62 所示。

②工艺模拟交底。

通过模拟安装验证钢材加工尺寸及孔洞是否有误，验证各类配件是否匹配，减少返工。

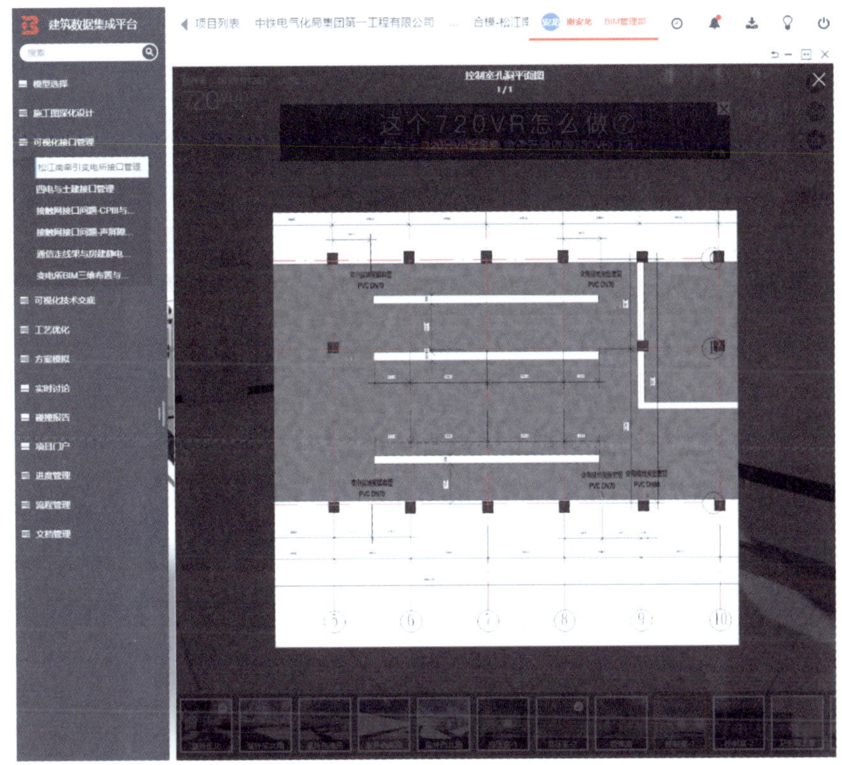

图 3-62　变电所预留预埋 BIM 交底

回流缆进所路径模拟如图 3-63 所示。

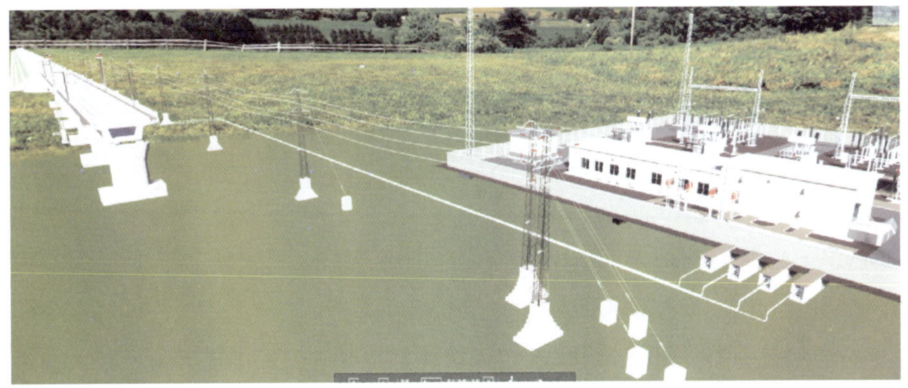

图 3-63　回流缆进所路径模拟交底

牵引变电所三维施工场地布置如图 3-64 所示。

(5)电缆敷设施工指导

采用特定软件，在虚拟三维环境中实现电缆的敷设模拟，其优势在于能够快速、多次地进行敷设方案的调整与改进，用计算机运算代替大量的人工工作，有效避免在实际工程中出

图 3-64 牵引变电所三维施工场地布置

现电缆路由不合理、电缆交叉等问题。

三维化的电缆敷设成果还能够实现精确的电缆长度计算、电缆敷设图制作，并在模型的每一根电缆中存储电缆敷设的信息，对于现场电缆实际敷设、联合调试、故障排查等工作起到指导作用，线缆敷设 BIM 模型如图 3-65 所示，线缆敷设实物如图 3-66 所示。

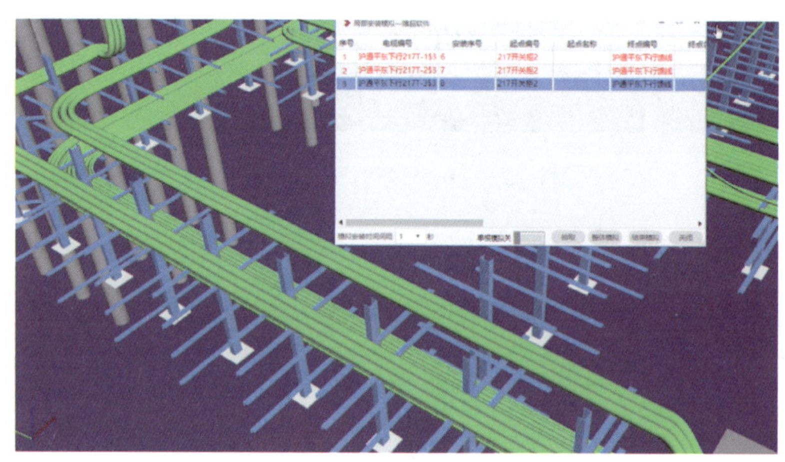

图 3-65 电缆自动敷设优化

(6)BIM+GIS 项目管理平台应用

①接触网参数化快速生成模型。

津兴铁路项目中运用 BIM+GIS 参数化快速建模技术，生成全线线路和接触网三维模型 1 套，包含固安东至永清南、永清南至安次南、安次南至胜芳 3 个区间，参数化快速生成的接触网模型如图 3-67 所示。

②接触网工程三维形象进度管理。

按照实施性施工组织设计编制津兴铁路接触网实施性工期节点计划，按照接触网支柱组立、腕臂安装、承力索安装、接触线安装、吊弦及弹吊安装和附加线安装等关键工序进行三维形象进度管理。现场安装进度数据同步更新到平台 BIM 模型，实现实际进度与计划进度

图 3-66　电缆敷设成果

图 3-67　参数化快速生成的接触网模型

的分析，对完成工序进行着色管理，对进度滞后/超期作业预警。

③根据津兴铁路实际施工进展，深入应用及优化接触网检测分析平台。

采用设计数据与施工数据进行比较验证，为项目后续运维做好铺垫。

第 4 章　高速铁路电力牵引供电工程试验检测及综合联调技术

电力牵引供电工程试验检测是电气化铁路工程智能建造的重要环节，试验检测对一次、二次系统的全面检验，也是验证设备质量和设计功能的关键环节。在设备交接试验合格的基础上，通过系统调试对电力牵引供电工程进行全面的检验和考核，验证设备相关参数与设计值是否满足技术规范的要求，是否具备送电开通的条件。

本章主要论述高速铁路电力牵引供电工程试验检测组织管理、关键设备的检测试验技术、关键系统调试技术三个方面内容。电缆特殊性试验、牵引变电所负荷试验等内容具有很好的实用性和推广价值。

4.1　高速铁路电力牵引供电工程试验检测组织与管理

为确保工程设备试验和调试工作顺利进行，在工程项目部统一部署下，明确责任划清范围，考虑牵引供电系统的特殊性，需要组织试验人员提前与施工单位、监理单位、设计单位开展技术交底，了解设备参数及安装情况，通报试验内容，明确需要协调配合的事宜。

4.1.1　试验资质要求

1. 试验单位资质要求

调试试验单位必须是第三方检验检测机构，应取得国家/省级市场监管总局颁发的检测机构资质认定证书，检验检测能力应符合所承接试验项目的要求。

2. 试验人员资格要求

(1)试验负责人应具有丰富的专业知识、技能和经验，能够胜任所承担的调试试验任务，并具有一定的专业技术水平和严肃认真的工作作风。

(2)试验员应具备所承担调试试验项目的类型、范围和工作量等相应的能力要求，同时具备专业判断能力，熟悉高速铁路电力牵引供电设备试验的内容和依据的标准、方法。

(3)所有试验人员应熟悉各类试验仪器、仪表的原理、结构、用途和使用方法，并能排除一般故障,使仪器设备经常处于完好状态。

(4)所有试验人员必须持证上岗。

(5)安全员(可设置专职安全员,也可由试验负责人兼任)应具备相应的资格条件,应全面熟悉工作内容及安全注意事项和安全防范措施。

3. 试验用仪器仪表要求

(1)试验仪器仪表应由专人负责管理,注意维护,使仪器仪表处于完好状态。

(2)所有用于检验检测的仪器设备在投入使用前,必须采用检查、检定或校准等方式,并确认能够满足调试试验要求;设备需有唯一性的合格标识且检定/校准状态应在有效期内。

(3)仪器仪表的存放,应符合干燥、防震、防尘的要求,要远离磁场、电场和腐蚀性气体。

(4)仪器在搬运和运输时,应轻拿轻放、严防强烈震动和撞击,对于长途运输的仪器设备,应做好完善的包装措施。

(5)试验前,应根据试验内容和准确度要求,合理选择仪器仪表,试验时,严格按照操作规程进行操作。

4.1.2 组织措施

4.1.2.1 检测过程组织

一个完整的检测试验活动由三个部分组成:检测准备、检测实施、检测结束。从准备过程的开始到现场检测实施再到检测活动结束,均应遵守国家、行业的相关标准和试验室体系管理的规定和要求,使每一项检测活动均应达到预定的质量目标。

1. 检测准备

(1)工程项目部根据项目自身情况,填报《电气试验委托书》,试验负责人就《电气试验委托书》的内容进行审核,了解工程概况、试验主体工作内容、工期安排、施工安装进度等,根据试验室检测能力,确定现场检测项目。

(2)《电气试验委托书》经批准后,下达《检测任务书》,确定人员安排、检测资源配置等内容。人员安排包括确定试验负责人、试验员、安全员、监督员等人员,资源配置根据所开展的检测内容和项目工期进度安排确定。

(3)试验负责人根据工程项目部提供的图纸、设备说明书、设备出厂报告、设计整定书等技术资料编写《调试大纲》和《安全规程》等文件,并编写《电气试验进度计划表》。

(4)试验组和工程项目部在试验工作开始前应严格执行技术交底和安全交底工作,就本次试验的整个过程提出配合要求、试验注意事项、试验和施工的衔接、试验发现问题的处理和整改等。试验负责人根据交底情况,组织全体成员学习《调试大纲》和《安全规程》,使试验成员明确本次试验的目的、方法、职责和注意事项。

(5)检测前工程项目部的各项准备工作应就绪,如现场试验用的稳定电源、试验场地通风照明情况应良好、电气设备的接地应符合要求、交直流屏电源情况、现场配合的技术人员等。

2. 检测实施

(1)参加试验的人员必须严格遵守安全规程,试验时需由两个或两个以上的技术熟练的人员共同进行,一人操作一人监护。

(2)电气设备绝缘测试和耐压试验,应在干燥晴朗的天气情况下开展,不得在低温、高湿和阴雨等恶劣天气下进行。

(3)试验负责人应认真组织好车辆的运输以及试验设备转场和搬运工作,要求车辆平稳驾驶,仪器设备不受损害,使用过程中损坏的仪器应尽快采取隔离措施并粘贴相应标识,报设备管理员,及时安排送修。

(4)试验过程中的原始记录应按照试验室管理体系中要求的格式进行填写,字迹清晰,不允许补记、追记、重抄,如有错误应采用杠改方式,将改正后的数据填写在杠改处,实施记录改动的人员应在更改处签名或等效标识。

(5)检测人员采集到的原始数据应按照数据修约规则进行修约。

(6)试验过程中发现的问题,无法立即解决的或有共性现场的问题应及时汇总并向工程项目部发送《试验问题通知单》,通知单应明确整改单位和整改时限,并双方签字确认,对整改后的情况试验组及工程项目部应设专人进行跟踪验证。

(7)检验报告的出具流程是试验负责人先组织审核员对原始记录和检验报告进行审核,审核员对报告中采用的格式、内容、专业术语、设备信息、测试项目、试验数据的判定、依据的标准等方面进行审核,将审核签字后的报告交授权签字人批准,经批准后的报告由资料管理员负责发送,发送时应对报告进行登记并填写《检验报告发送登记表》。

(8)试验全部结束后应对电气设备和系统进行一次全面的检查工作。检查完成后的电气设备若具备送电条件,由工程项目部或施工方采取一定的保护措施,防止再有施工人员或其他人员触碰设备、改动接线、改动软件程序等现象发生,如果施工方或设备厂家需要改动设备、二次接线或处理设备问题,务必在改动前后经试验组人员的检查确认。

(9)审核工程项目部或施工方的送电及开通方案,参与送电过程,及时配合分析、处理送电过程中出现的问题,采集送电过程中及设备试运行过程中的各项数据及参数,验证电气设备以及子系统的运行状态,积累送电运行的经验和数据。

3. 检测结束

检测项目整体结束后,试验负责人应组织小组成员认真总结本项目试验过程中的方法、经验和不足,对新技术、新方法的应用予以归纳整理,对发现的问题予以研讨分析,同时编制项目技术总结,报技术负责人和部门负责人审核,使试验检测技术更趋完善。

清查在项目检测过程中使用的仪器设备,同设备管理员做好仪器入库或转场工作,做好相关技术资料的移交工作,将原始记录、检验报告、技术总结等资料一并移交资料员入档保存。

4.1.2.2 检测相关表格

工程项目部提供技术资料见表4-1。

表 4-1 工程项目部提供技术资料汇总

序号	相关资料	序号	相关资料
1	电气试验委托书	8	二次回路展开接线示意图
2	投标技术文件	9	电缆敷设、编号图
3	设计技术交底	10	施工安装进度计划表
4	现场技术交底书/安全交底书	11	设备出厂说明书
5	全线供电示意图	12	设备出厂检验报告
6	各所亭一、二次图	13	继电保护整定定值通知单
7	二次回路安装接线示意图	14	综合自动化系统信息点表

检测实施相关资料见表4-2。

表 4-2 检测实施过程中技术资料汇总

序号	相关资料	序号	相关资料
1	检测机构资质认定证书及附表(复印件)	8	工作日志(含安全交底书)
2	试验人员名单及资格证书	9	试验问题通知单
3	使用仪器设备台账及检定/校准证书	10	设备出/入库单
4	检测标准和安全规程	11	原始记录
5	作业指导书	12	检验报告
6	调试大纲	13	报告发送登记表
7	电气试验进度计划表	14	工程试验技术总结

4.1.2.3 安全措施

安全基本要求见表4-3。

表 4-3 电气试验人员应执行的安全基本要求

序号	标准号	标准名称
1	DL 408	电业安全工作规范(发电厂和变电所电气部分)
2	DL/T 1082	高压试验室技术部分
3	DL/T 560	电业安全工作规程　高压试验室部分

(1)电气试验人员应严格按照表4-3中规程规范要求进行电气试验工作。

(2)试验负责人负责现场与检测安全活动相关的监督管理工作。

(3)凡电气试验工作,均应有两名或两名以上试验人员进行,并分工明确,试验负责人应在现场试验工作开始前进行安全技术交底。

(4)高压试验必须引起试验人员的高度重视,并按以下程序进行:

①高压试验开始前,应合理布置试验场地,准备好接地线、放电棒、绝缘工具等,在试验现场周围设置围栏并安装标识牌。

②电气设备必须可靠接地,高压引线应尽量缩短并用绝缘物支撑牢固,试验区域内禁止与试验无关人员入内。

③接通电源前,试验设备的电源开关应断开,并将调压器置于零位。

④试验操作人员应按规定穿高压绝缘靴和戴绝缘手套。

⑤试验开始应自零电位开始升压,升压速度要均匀;禁止高电位合闸,以防止被试设备因受冲击电压而损坏。

⑥升压过程中应有专人监护并与操作人相互复述数据和确认。

⑦在对距离较长的电力电缆进行耐压试验时,电缆两端均应有人看守监护,并要有可靠的联络措施。

⑧试验结束时,试验人员应先对被试设备放电后再拆除接线,并检查和清理现场。

危险点分析及主要安全防范措施见表 4-4。

表 4-4 试验管理危险点分析及主要安全防范措施

序号	危险点分析	主要安全防范措施
1	试验人员资格未确认	确认试验人员资格符合要求; 试验人员不应少于 2 人,并明确安全监护人和试验负责人
2	试验人员(辅助配合人员)未经安全培训、安全交底	对所有试验人员(辅助配合人员)入场前应进行安全教育培训并严格执行现场安全交底并加强对外协辅助人员的监护
3	试验人员(辅助配合人员)身体状况不能满足工作要求	试验负责人在试验工作开始前观察、询问试验人员(辅助配合人员)是否有妨碍工作的疾病,应保持身体健康、精神状态良好; 合理安排工作任务,严禁超负荷工作; 严禁酒后或带酒意参加试验工作
4	未严格执行作业指导书	试验人员应严格按照作业指导书进行试验,保证关键流程和危险点控制措施的落实
5	现场监护不到位	试验负责人、安全员应严格执行安全监护制度,履行试验全过程监护义务; 试验负责人、安全员不得擅自离开试验场所,若临时离开,必须暂停试验工作或人员撤离试验现场; 发现危及人身、设备安全的情况,应责令停止试验工作
6	未对测试设备状态及溯源进行确认	测试设备应在检定/校准有效期内且状态良好
7	未对环境条件进行确认	被试物与环境温度不应低于 5 ℃,空气相对湿度不应大于 80%,遇有雷雨、大雾或 6 级以上大风时应停止高压试验; 高温天气(38 ℃以上)应停止试验,应配备防暑药品; 光线不足、夜间、照明不足的试验环境下应配备足够的现场照明设备,保证现场试验照度要求

续上表

序号	危险点分析	主要安全防范措施
8	未正确佩戴安全防护用品	试验负责人及安全员应对全员落实监督安全防护用品佩戴； 对现场使用的安全防护用品及安全工器具应检查确认，符合现场试验要求
9	高处坠落	高处作业必须系好安全带，安全带的长度及系的位置应符合要求； 严禁上下抛掷物品，防止失手坠落； 按规程要求正确使用梯子； 高处作业时应做好安全防护措施
10	人身触电	作业人员必须明确当天的工作任务，现场安全措施和停电范围； 现场搬运工具、长大物件必须保持与带电设备安全距离并设置专人防护； 高压试验时操作人员应站在绝缘垫上，要征得试验负责人许可后方可加压，加压过程中应有监护人并准确发令； 现场要使用专用的试验电源，使用合格的电线开关，熔丝的规格应符合规定； 大容量设备及直流项目试验后要充分放电，非工作成员不得进入工作围栏内； 电气设备停电后，应做好接地措施并确认后方可接触； 试验设备和被试设备应可靠接地，接地线应符合规范
11	误入高压试验区域	未经许可，与试验操作和监护无关人员禁止进入高压设备区； 高压试验不得少于两人，试验负责人应对全体试验人员详细布置试验中的安全注意事项
12	应急救援	作业场所应配备充足且合格的急救药品和救生器具，作业人员应能正确使用； 作业现场应有应急救援方案，作业人员应了解应急救援流程

4.2 高速铁路电力牵引供电工程关键设备检测试验技术

4.2.1 牵引变压器特殊性试验

牵引变压器的特殊试验项目主要包括绕组连同套管的长时感应耐压带局部放电测量、变压器绕组变形试验。

4.2.1.1 绕组连同套管的长时感应耐压带局部放电测量

《电气装置安装工程电气设备交接试验标准》GB 50150 规定中，电压等级为 110(66)kV 及以上的变压器新安装时，应进行现场局部放电试验，三相变压器宜采用单相连接的方式逐相地将电压加在线路端子上进行试验。

1. 局部放电测量方法

变压器局部放电测量试验是检测其内部存在的放电影响绝缘老化或劣化情况的重要手段，是保证变压器长期安全运行的重要措施。根据局部放电过程中产生的各种物理现象，出现了两大类测量方法：

(1)电量检测法：在工程上采用的电量检测方法有三种：

①无线电干扰电压法(RIV)；

②脉冲电流法(ERA);

③特高频电磁波法。

(2)非电量检测法:非电量检测法也有三种:

①测声法:测量声波或超声波;

②测光法:测量红外线、紫外线或可见光;

③测气法:分析油中乙炔和氢气含量。

脉冲电流法是通过检测阻抗、检测变压器套管接地线、外壳接地线、铁芯接地线以及绕组中由于局部放电引起的脉冲电流来获得视在放电量。此方法发展较早、应用较为广泛。射频检测法从变压器的中性点处测取信号,不改变电力系统的运行方式,但和脉冲电流法一样信号易受外界干扰。光测法是用局部放电产生的光辐射进行的,过检测光电流特性,可以实现局部放电的识别,但光测法设备复杂昂贵,灵敏度低。化学检测法通过检测生成物的组成和浓度,可以判断局部放电的状态。对发现早期潜伏性故障较灵敏,但不能反映突发性故障。超声波检测法用固定在变压器油枕壁上的超声传感器可以接受变压器内部局部放电产生的超声波,由此来检测局部放电的大小及位置。近年来,由于声电换能元件效率的提高和电子放大技术的发展,超声检测的灵敏度有了较大的提高。不同的局部放电检测方法其采用的传感器以及传感器的放置位置也不同,如图 4-1 所示。

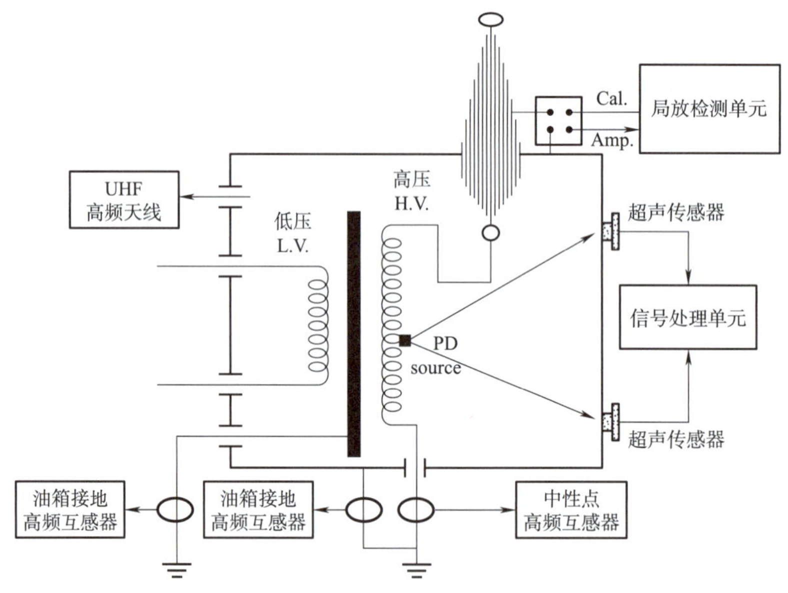

图 4-1　超声波局部放电检测传感器布置

牵引变压器局放试验方法仅介绍超声波检测法举例说明。

2. 局部放电试验

(1)按照图 4-2 进行试验接线。

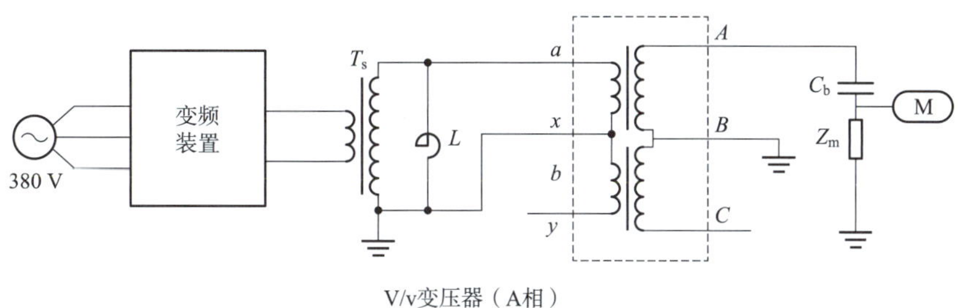

图 4-2 V/v 变压器局放试验接线原理图(A 相)

虚线框内为被试变压器；$A/B/C$、$a/x/b/y$ 分别为被试变压器高、低压侧绕组引出端子；T_s 为中间变压器；L 为补偿电抗器；C_b 为耦合电容器；Z_m 为测量阻抗；M 为局放测试仪。

(2)试验接线检查及局放回路校正

①检查试验装置接线，包括各套管末端接地情况、套管 CT 短路接地情况，清除变压器上的杂物，检查中性点接地、套管端部的屏蔽情况，变压器本体接地状况、变压器周围空间无悬浮物体。

②在加压前对测试回路中的仪器进行例行校正，以确定接入试品时测试回路的刻度系数，该系数受回路特性及试品电容量的影响。

③用视在放电量校准器(校正脉冲发生器)的输出接于试品两端，调节其输出放电量，例如 50 pC，调节放大器增益粗调及增益细调旋钮，使放电量表指示满度。此时放电量表指示满度即 100%表示 50 pC 的放电量，注意此时增益细调旋钮位置不可再动。

测量盒应尽量靠近试品高压端。

④校准完毕后，校正脉冲发生器一定要从高压端脱离，拆除视在放电量校准器的连线，防止高压损坏校准器，并关断其电源。

⑤测定局放背景噪声

接通局放测试仪电源，检查测试回路本身的局放水平。先不接试品，仅在试验回路施加电压，如果在略高于试品试验电压下仍未出现局放，则测试回路合格；如果其局放干扰水平超过或接近试品放电量最大允许值的 50%，则必须找出干扰源并采取措施以降低干扰水平。

⑥测定局放起始电压和熄灭电压

将被试品接入试验回路，接通高压试验回路的电源，在试验电压波形符合要求的情况下，电压从远低于预期的局放起始电压加起，按规定速度升压直至放电量达到某一规定值时，此时的电压即为局放起始电压。其后电压再增加 10%，然后降压直到放电量等于上述规定值，对应的电压即为局放熄灭电压。

(3)局放加压

按照图 4-3 进行试验加压。

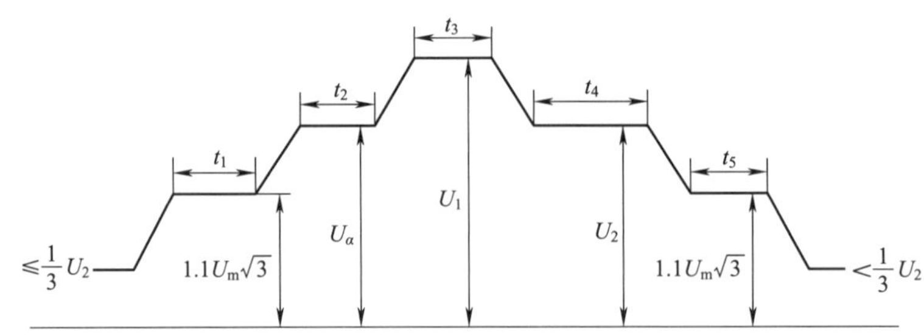

图 4-3 变压器长时感应电压及局部放电测量试验的加压程序

$t_1=5$ min；$t_2=5$ min；$t_3=$试验时间；

$t_4\geqslant 60$ min(对于 $U_m\geqslant 300$ kV)或 30 min(对于 $U_m<300$ kV)；$t_5=5$ min

试验时试品上的电压从较低值起逐渐增加到规定值，保持一定时间再测量局放量，然后降低电压，切断电源。有时在电压升高、降低过程中或在规定电压下的整个试验期间测量局放量。

试验时电压从较低值逐渐升高，超过规定的局放试验电压后升到预加电压，维持一定的时间，再降到试验电压值，再维持规定时间，然后按给定的时间间隔测量局放量。在施加电压的整个期间内，应注意局放量的变化。

①在施加试验电压的整个期间，应监测局部放电量；

②在施加试验电压的前后，应测量所有测量通道上的背景噪声水平；

③在电压上升到 U_2 及由 U_2 下降的过程中，记录可能出现的局部放电起始电压和熄灭电压，应在 t_1 阶段测量局部放电视在电荷量。在电压 U_2 的第一阶段中应读取并记录一个读数。

④在施加 U_1 期间内可不给出视在电荷量值；

⑤在电压 U_2 第二个阶段的整个期间，应连续地观察局部放电水平，并应每隔 5 min 记录一次。

以 220 kV 等级的单相变压器试验为例，$U_m=252$ kV(110 kV 等级的 $U_m=126$ kV，计算方法类似)，进行长时感应耐压试验带局部放电测试。

$U_1=1.7U_m=1.7\times 252$ kV$=395$ kV

$U_2=1.5U_m=1.5\times 252$ kV$=378$ kV

$U_3=1.1U_m=1.1\times 252$ kV$=277$ kV

施加试验电压时，在不大于 126 kV 的电压下接通电源并增加至 277 kV，持续 5 min，读取放电量；无异常则将试验电压升至 378 kV 保持 5 min，无异常则增加电压至 395 kV，持续 40 s，然后立即将电压降低至 378 kV，保持 30 min，进行局部放电量观测，在此过程中值，每 5 min 记录一次放电量值；30 min 满则降电压至 277 kV；持续 5 min，记录放电量值；降电压当电压降低至 126 kV 以下时切断电源，加压完毕。

(4)局放结果判断

只要不产生击穿并且不出现长时间的特别高的局部放电，则试验是非破坏性的。当局部放电不能满足验收判断标准时应尽量查明原因。

长时感应电压及局部放电测量试验合格，应符合下列规定：

①试验电压不应产生忽然下降。

②在 $U_2=1.5\times U_m/\sqrt{3}$ 下的长时试验期间，局部放电量的连续水平不应大于 500 pC 或在 $U_2=1.3\times U_m/\sqrt{3}$ 下的长时试验期间，局部放电量的连续水平不应大于 300 pC。

③在 U_2 下，局部放电不应呈现持续增加的趋势，偶然出现的较高幅值的脉冲可不计入；在 $1.1\times Um/\sqrt{3}$ 下，视在电荷量的连续水平不应大于 100 pC。

(5)试验结束

①试验结束后，试验人员首先对被试品进行充分放电。

②撤除被试品连接线，拆除试验临时接地线，对被试设备恢复接线。

③对接线进行检查并清理现场。

4.2.1.2　变压器绕组变形试验

变压器在运行中遭受出口或近区短路的冲击时，绕组的几何形状会发生不可逆转的变化，包括变压器发生铁芯的位移或绕组发生扭曲、鼓包、匝间短路等绕组轴向或径向尺寸的变化现象，从而引起特征参数发生改变，检测变压器绕组变形的基本方法就是通过对其特征参数的测量和比较，判断变压器绕组是否存在损伤。

1. 试验原理

绕组变形测试一般有频响分析法、短路阻抗法、低压脉冲法、电容量变化法、超声波检测法、振动法。短路阻抗法通过测量变压器短路阻抗并与出厂值相比较，根据短路阻抗的变化量来判断绕组是否变形。频响法由变压器绕组一端对地注入扫描信号源，测量绕组两端口特性参数的频域函数。通过分析端口参数的频域图谱特性，判断绕组的结构特征，从而实现诊断绕组变形情况的目的。频响法用于测试 6 kV 及以上电压等级中电力变压器及特殊变压器绕组的变形测试。低压阻抗法主要用于大中型变压器的绕组变形测试，电力安装试验规程中规定，110 kV 及以上电压等级的变压器在出厂和投产前应做低电短路阻抗法或频响法测试绕组变形。

频率响应法和短路阻抗法在高铁牵引变压器绕组变形试验中较为常用，下面只以频响法介绍牵引变压器绕组变形试验。

2. 牵引变压器绕组变形试验

对变压器进行绕组变形测试之前，应该解开变压器所有引线，包括架空线、封闭母线和电缆。频响法测试时，将被试变压器的分接开关放置在 1 挡，无载调压变压器，应在同一分接位置测量，低压阻抗法测试时，将分接开关放置在额定分接位或分别对最大分接、额定分接和最小分接位分别进行测试。测试时，确保接线钳与套管线夹紧密接触，用砂布或干燥的棉布擦拭导电膏或锈迹。

(1)试验接线及步骤

绕组变形频率响应测试的接线方法如图所示。扫频信号从绕组的末端输入,首端输出,非被试绕组悬空,根据变压器的不同接线组别,绕组变形测试的接线方式也不同。

对于 V/v 接线的变压器,其高压侧试验接线如图 4-4 所示。

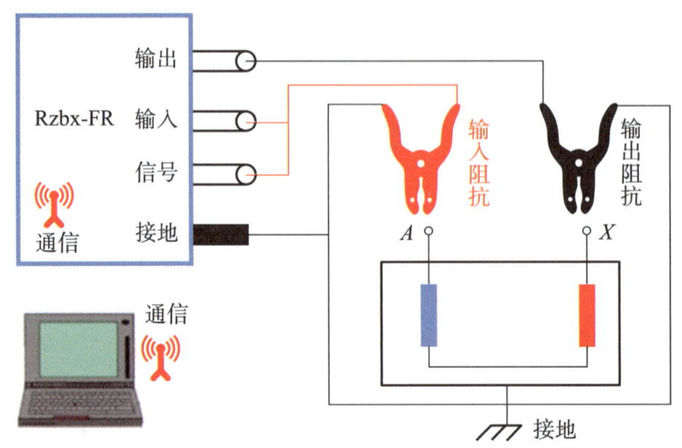

图 4-4　V/v 变压器绕组变形试验接线(高压侧)

接好测试线之后开始测试,绕组变形测试仪开始从起始频率开始扫描一直到终止频率停止,测量过程中实时显示测量曲线。全部测试完成,显示频率响应曲线图,从曲线图和对应的数据分析绕组是否存在变形情况。

低压侧试验接线及试验方法类似,不再赘述。

(2)波形分析及判定

以横向比较为主,纵向比较为辅。优先考虑进行相与相之间的横向比较,再进行与原始数据或上次数据的纵向比较。在没有原始数据的情况下,横向比较时有时需要考虑特殊结构对频响特性曲线影响。

以低压绕组为主,高压绕组为辅。在分析高绕组的频谱时,应仔细判断频峰的特征。各绕组之间的变形会相互影响,这是因为线圈的压缩或膨胀会明显的改变另一侧线圈的电气分布参数,甚至连带变形,需综合各侧线圈的频谱变化,作出全面的分析和判断。

以低频段为主,中、高频段为辅。幅频响应特性曲线低频段(1～100 kHz)的波峰或波谷位臵发生明显变化,通常预示着绕组的电感改变,可能存在匝间或饼间短路的情况。幅频响应特性曲线中频段(100～600 kHz)的波峰或波谷位臵发生明显变化,通常预示着绕组发生扭曲和鼓包等局部变形现象。幅频响应特性曲线高频段(>600 kHz)的波峰或波谷位臵发生明显变化,通常预示着绕组的对地电容改变,可能存在线圈整体移位或引线位移等情况。

4.2.2　SF_6 封闭式组合电器试验

SF_6 封闭式组合电器(以下简称 GIS)交接试验内容应包括以下内容:

(1)测量主回路的导电电阻。

(2)封闭式组合电器内各元件的试验。

(3)密封性试验。

(4)测量六氟化硫气体含水量。

(5)主回路的交流耐压试验。

(6)操动试验。

(7)气体密度继电器、压力表和压力动作阀的检查。

4.2.2.1　测量主回路电阻

测量 GIS 主回路电阻是检查电气设备安装质量与回路的完整性，以发现因制造不良或运输中因振动而产生的机械松动等原因造成的接触不良等缺陷，从而避免因接触不良导致的事故的发生，保证设备安全稳定运行的重要试验手段。

1. 试验方法

宜采用电流不小于 100 A 的直流压降法。

2. 试验要求

(1)应在 GIS 安装完毕且充入额定压力 SF_6 气体后进行。

(2)应按制造厂提供的每个元件或每个单元主回路电阻的技术条件规定值 R_n 和出厂实测值及测试区间的测试点示意图，与现场主回路电阻测量值进行核对。

(3)现场测试结果不应超过产品技术条件规定值的 1.2 倍，还应注意三相测试值的均衡，间隔之间回路电阻无出厂实测值时，制造厂应提供规定值及其理论计算过程。

4.2.2.2　封闭式组合电器内各元件的试验

装在封闭式组合电器内的断路器、隔离开关、负荷开关、接地开关、避雷器、互感器、套管、母线等元件的试验，应按各元件有关交接试验规定进行。

4.2.2.3　密封性试验

检查 GIS 本体 SF_6 气体漏气情况，尽早发现漏气并处理，避免因漏气造成设备不能正常运行或事故。

1. 试验方法

(1)定性检漏

定性检漏仅可作为检测 GIS 漏气与否的一种手段，是定量检漏前的预检。定性检漏主要采用检漏仪检漏。

(2)定量检漏

必要时可采用局部包扎法进行气体泄漏定量检漏，检测时应在每个隔室进行，应对每个包扎腔内易聚集气体的位置进行检测，取最大值作为检测值。

2. 试验要求

(1)检漏仪检漏

可采用灵敏度不低于 1×10^{-6}(体积比)的检漏仪沿着外壳焊缝、接头接合面、法兰密封、转动密封、滑动密封面、表计接口等部位,用不大于 25 m/s 的速度在上述部位缓慢移动,检漏仪应无反应,则认为气室的密封性能良好。对于转动和滑动密封部位,检漏应在开关设备的合闸、分闸的位置上分别检测。

(2)定量检漏

应在充气到额定气压 6 h 后,对被检设备的密封面进行包扎,按 DL/T 603—2017 的要求,塑料薄膜与被试品之间的空隙应不大于 5~10 mm;包扎完毕至少 24 h 后,测定包扎腔内 SF_6 气体的浓度并通过计算确定年漏气率。每一个气室年漏气率不应大于 1%。

4.2.2.4 SF_6 气体含水量

SF_6 气体中含水超过一定限度时的危害为:气体的稳定性会受到破坏,气体中绝缘材料表面的耐压下降,绝缘受到破坏;气体含水使某些电弧分解气发生反应,会产生腐蚀性极强的 HF 和 SO_2 等酸性气体,加速设备腐蚀;水解反应会阻碍开断后 SF_6 分解物的复原,从而增加了气体中有害杂质的组成和含量。因此要严格控制 SF_6 气体含水量,以确保设备的安全运行和工作人员的身心健康。

1. 试验方法

(1)电解法

用涂敷了磷酸的两电极形成一个电解池,在两电极间施加一直流电压,气体中的水分被池内作为吸湿剂的五氧化二磷膜层连续吸收,生成磷酸,并被电解为氢和氧,同时五氧化二磷得以再生。当吸收和电解达到平衡后,进入电解池的水分全部被五氧化二磷膜层吸收,并全部被电解。若已知环境温度、环境压力和氧气流量,根据法拉第电解定律和气体定律可推导出水的电解电流与氧气含水量之间成正比关系。因此,可通过测量电解电流来测量氧气的含水量。

(2)露点法

将一置于恒定压力气体氛围中的光洁金属镜面逐步冷却降温时,气体和气体中水分的分压保持不变,直至气体中的水分达到饱和而在镜面形成露(霜)。测定形成露(霜)的瞬间温度,即露点温度。在露点温度下,水的饱和蒸汽压与测定池内气体压力之比。即为以体积分数表示的水分含量。不同的露点温度对应不同的水分含量。气体中水分的含量直接以水分的露点温度表示。

2. 试验要求

(1)气体含水量的测量应在封闭式组合电器充气 24 h 后进行。

(2)测量六氟化硫气体含水量(20 ℃的体积分数),应按现行国家标准《额定电压 72.5 kV

及以上气体绝缘金属封闭开关设备》GB/T 7674和《六氟化硫电气设备中气体管理和检测导则》GB/T 8905的有关规定执行。

4.2.2.5　主回路的交流耐压试验

GIS安装后现场耐压试验的目的是检查总体装配后是否存在各种导致内部故障的隐患(包括安装错误、包装运输、贮存和安装调试中的损坏,存在异物等),验证其绝缘性能是否良好,是否满足有关标准的要求。

1. 试验电压波形

电压波形应接近正弦,两个半波应完全一样,且峰值和有效值之比等于$\sqrt{2}\pm0.07$。试验电压的频率一般应在10～300 Hz的范围内。

2. 试验电压值

现场交流耐压试验应为出厂试验时施加电压的80%。如果用户有特殊要求时,可与制造厂协商后确定。

3. 试验程序

按上述试验电压波形和试验电压值,在规定的电压值下耐压1 min。

4. 试验电压的施加

(1)相对地及相间的耐压试验

规定的试验电压应施加到每相主回路和外壳之间,每次一相,其他相的主回路应和接地外壳相连,试验电源可接到被试相导体任一方便的部位。应使每个部件都至少施加一次试验电压。

(2)高压开关端口间的耐压试验

如怀疑断路器和隔离开关的端口在运输、安装过程中受到损坏,或经解体,应做该断口间耐压试验。试验电压应加到断路器和隔离开关端口间。端口的一侧与试验电源相连,另一侧与其他相导体和接地的外壳相连。

4.2.2.6　操动试验

GIS进行操动试验可有效保证开关装置满足规定的操动条件且联锁与闭锁工作正常。

1. 试验方法

(1)GIS不同元件之间的联锁与闭锁装置均应进行不少于3次的操作试验。

(2)断路器、隔离开关和接地开关安装完毕后,应按DL/T 402和DL/T 486的出厂试验规定进行机械操作试验。

2. 试验要求

(1)联锁与闭锁应可靠准确,相关信号应正确无误;

(2)断路器、隔离开关和接地开关的机械操作性能应符合产品技术条件。

4.2.2.7 气体密度继电器、压力表和压力动作阀的检查

1. 试验方法

在充气过程中检查气体密度继电器及压力动作阀的动作值。

2. 试验要求

其动作值应符合产品技术条件的规定。

4.2.3 高压电缆试验

随着高速铁路的快速发展,高压电缆在铁路建设中的使用量也迅速增长。传统变电所架空线逐步被地下电力电缆及 GIS 开关柜所取代,一方面 GIS 开关柜需要采用电缆,另一方面使用电缆更能节省占地,布置美观方面比架空线路更有优势,电缆的基本结构主要包括电缆导体、绝缘层和保护层三个部分。高速铁路电缆的具体结构如图 4-5 所示。

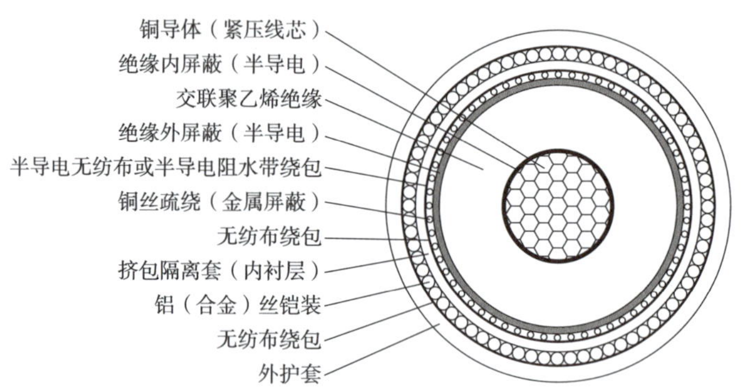

图 4-5 高速铁路高压电缆结构示意

高压电缆试验是判断电缆现场敷设完工后绝缘状况是否良好的重要手段,包括主绝缘及外护套绝缘电阻、主绝缘直流耐压及泄漏电流测量、主绝缘交流耐压试验、外护套直流耐压试验、局放试验等。

1. 高压电缆交流耐压试验

电缆采用变频谐振耐压已经在国内外有 20 年的成功经验,业内已公认橡塑电缆采用 20～300 Hz 的谐振耐压试验比其他耐压方法更有效和便携。《电气装置安装工程电气设备交接试验标准》(GB 50150—2016)明确推荐新竣工的橡塑电缆采用 20～300 Hz 交流耐压试验。

(1)试验原理

谐振耐压试验是通过 LC 谐振的原理,使用小容量的电源对大容量设备做交流高压试验,属于一种交流耐压试验。在利用串联谐振装置对电缆进行交流耐压试验时,电缆作为容

性负载，通过变频电源调节励磁变频率，使所选电抗器与电缆负载发生谐振，使用频率通常选定在 20～300 Hz。谐振耐压的优点在于电源的激励功率仅为电缆上电功率容量的 $1/Q$，在被试电缆上可以获得 Q 倍于励磁电压的试验电压，其中品质因数 Q 值在 30～50 之间，从而实现小容量电源对大容量试品的交流耐压试验，接线如图 4-6 所示。

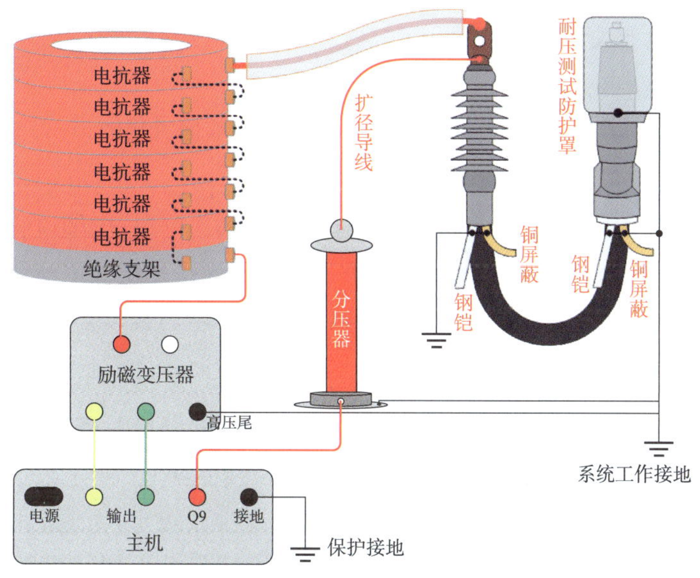

图 4-6　电缆的交流耐压接线图

(2)谐振电抗器选择

根据被试电缆的规格和长度计算出它的电容量，交联聚乙烯电力电缆单位长的电容量见表 4-5。

表 4-5　交联聚乙烯电力电缆单位长度的电容量　μF/km

电缆导体截面积/mm²	YJV、YJLV 6/10 kV	YJV、YJLV 8.7/10 kV	YJV、YJLV 21/35 kV	YJV、YJLV 26/35 kV
1(3)×35	0.212	0.173		
1(3)×50	0.237	0.192	0.118	0.114
1(3)×70	0.270	0.217	0.131	0.125
1(3)×95	0.301	0.240	0.143	0.135
1(3)×120	0.327	0.261	0.153	0.143
1(3)×150	0.358	0.284	0.164	0.153
1(3)×185	0.388	0.307	0.180	0.163
1(3)×240	0.430	0.339	0.194	0.176
1(3)×300	0.472	0.370	0.211	0.190
1(3)×400	0.531	0.418	0.231	0.209

根据计算出的电容量应用公式在 20～300 Hz 的谐振频率间选配电抗器组合，计算公式为

$$f=\frac{1}{2\pi\sqrt{LC}} \tag{4-1}$$

根据被试品电容量及谐振频率和所需耐压值，可计算出谐振电流 I_c：

$$I_c=2\pi fCU_c$$

验证装置额定容量满足试验要求。

(3)试验标准及结果分析

在电缆两端的各种安全措施做好后接通试验装置的电源，设置装置参数，找到谐振点后升至电缆的试验电压 55 kV($2U_0$)，耐压时间 60 min。

电缆在串联谐振耐压状态下，当电缆的绝缘薄弱点被击穿时，电缆电容量发生变化，谐振条件不满足，随即高电压立刻消失，短路电流迅速下降为正常试验电流的数十分之一，电弧即可熄灭，此时判断电缆交流耐压试验不通过。

2. 高压电缆局部放电试验

近几年国内外的研究现状表明，局部放电量与电缆的绝缘状态紧密相关，当电缆存在缺陷时，局部放电量一定将改变；目前常用的电缆局放测试方法有脉冲电流法、超声波法、特高频法、振荡波法，国标中暂时不对具体测试方法做规定，考虑到电缆局放现场测试技术的快速发展，高速铁路高压电缆可以结合工程建设条件选择是否进行该项试验，其中振荡波法是目前国际上较为先进的一种离线电缆局放检测技术。下面介绍一下振荡波测试法。

(1)试验原理

电缆振荡波局放测试系统，又称 OWTS 系统，是在满足有效性和无损性的前提下，对电缆施加阻尼振荡 DAC 电压，通过电感与电缆的等值电容发生串联谐振激发缺陷位置产生局放脉冲信号并加以采集，并以脉冲反射技术为基础，定性、定位且定量的检测绝缘状态，因此这套先进测试系统俗称电缆的“体检仪”。振荡波局放试验系统具有试验持续时间短，设备轻便，易于携带和现场操作，对橡塑电缆中的各种缺陷非常灵敏，由于加压时间仅为几十毫秒，不会造成电缆绝缘损伤。基于以上众多优点，振荡波试验系统的局部放电测量系统逐渐成为当前电缆绝缘状况诊断的热门研究课题，试验接线如图 4-7 所示。

整个试验回路由两个部分组成：一是加压过程，即高压直流电源将被测试电缆在几秒钟内快速充电至试验电压；二是振荡过程，即电感装置与被测电缆充电和放电的过程，试验过程数据如图 4-8 所示。

通过快速半导体开关 S 实时闭合实现两个回路之间转换。电路一般具有相对低的介质损耗的特点，与具有低损耗的空心电感相配，可得到具有高品质因数的谐振回路。回路品质 Q 一般为 30～100，振荡波以谐振频率在 0.3～1 s 内衰减完毕，这一过程只有几十分之一周波，振荡波耐压所产生的局放脉冲符合 IEC 60270 推荐值。

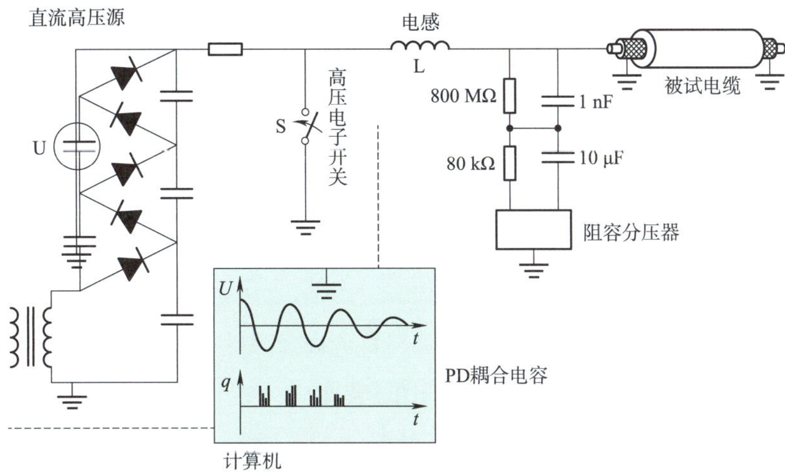

图 4-7 OWTS 系统接线电路图

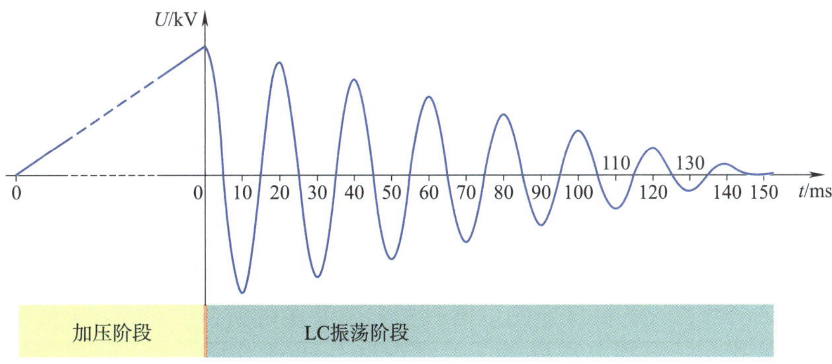

图 4-8 OWTS 系统试验过程

(2)试验标准及结果分析

根据电缆类型,相应的测试电压及次数见表 4-6。若测试过程中发现放电量急剧增加,应停止升压测试,尝试定位排查潜在缺陷。

表 4-6 振荡波局部放电试验中各测试电压次数

电缆类型	试验电压/U_0										
	0	0.5	1	1.1	1.3	1.5	1.7	1.8	2.0	1.0	0
新投运电缆	1	1	3	1	1	3	3	1	3	1	1
已投运电缆	1	1	3	1	1	3	3	—	—	1	1

注:新投运电缆为敷设时间小于 1 年且未经过大修的电缆;其他情形按已投运电缆考虑。

根据电力行业标准 DL/T 1576,对于存在局部放电的电缆线路,新投运及投运 1 年以内的交联聚乙烯电缆线路:最高试验电压 $2U_0$,接头局部放电超过 300 pC、本体超过 100 pC 应及时进行更换;终端超过 3 000 pC 时,应及时进行更换。

3. 高压电缆外护套试验

外护套破损将导致电缆金属屏蔽层出现多点接地，金属屏蔽层会产生环流造成损耗发热，导致绝缘局部过热并加速绝缘老化，严重影响主绝缘寿命。外护套绝缘损伤使金属护套失去保护，金属护套在长期的电化学作用下导致腐蚀穿孔，水分进入电缆绝缘层，造成主绝缘产生水树老化的概率增加，对电缆寿命产生严重影响。外护套受损后如不及时处理，将影响电缆的长期安全可靠运行。

(1)试验原理

电缆外护套的泄漏电流较大，一般不采用直流高压发生器，采用电缆外护套耐压测试仪，输出功率大、电压稳定性好，试验接线如图 4-9 所示。

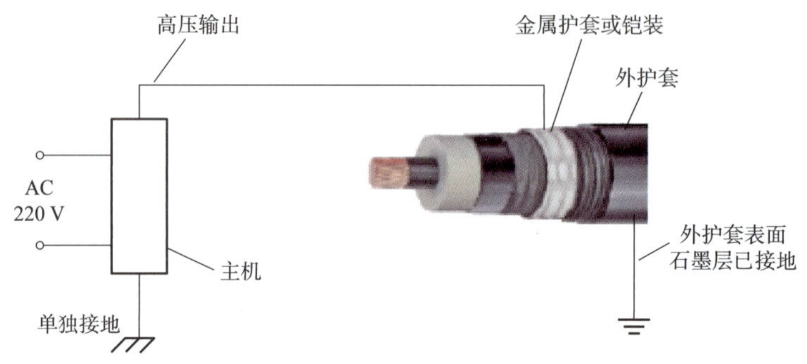

图 4-9　电缆外护套耐压测试接线图

(2)试验标准及结果分析

国标《电气装置安装工程电气设备交接试验标准》GB 50150—2016 要求对交流单芯电缆外护套进行直流耐压试验，试验电压为 10 kV，持续时间 1 min，不应击穿。

4.2.4　接地装置测试

牵引变电所接地装置的特殊试验项目包括场区地表电位梯度、接触电位差、跨步电压、和转移电位测量。对于大型接地装置宜测量场区地表电位梯度、接触电位差、跨步电压和转移电位，试验方法可按现行行业标准《接地装置特性参数测量导则》DL/T 475 的有关规定执行，试验时应排除与接地网连接的架空地线、电缆的影响。

1. 场区地表电位梯度分布测试

将被试场区合理划分，场区地表电位梯度分布用若干条测试线来表述，测试线根据设备数量、重要性等因素布置，线的间距通常在 30 m 左右。在测试线路径上中部选择一根与主网连接良好的设备接地引下线为参考点，从测试线的起点，等间距(间距 d 通常为 1 m 或 2 m)测试地表与参考点之间的电位 y，直至终点，如图 4-10 所示。

电位极 P 可采用铁钎，如果场区是水泥路面，可采用包裹湿抹布的直径 20 cm 的金属

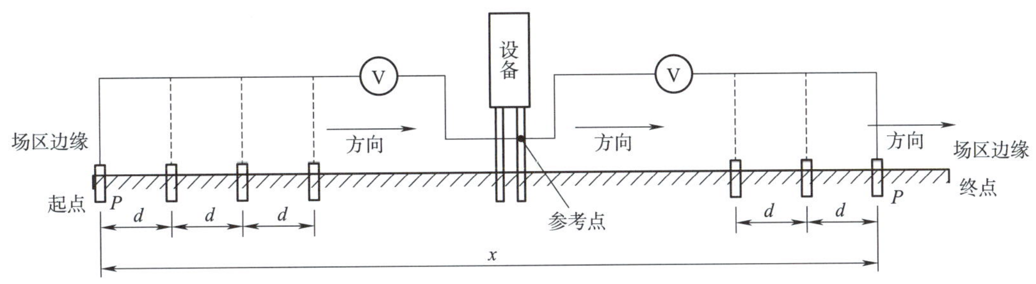

图 4-10　场区地表电位梯度测量示意

圆盘，并压上重物。测试线较长时，应注意电磁感应的干扰。绘制场区地表电位梯度分布曲线。

现场所能测得的场区地表电位梯度、跨步电位差、接触电位差一般都为毫伏(mV)级的弱电压，由于现场往往存在着较强的干扰，导致准确测试较为困难，因此可以采用选频电压表来解决这一问题。

某牵引变电所场区地表电位分布曲线如图 4-11 所示，试验时注入电流 10 A，频率 55 Hz。

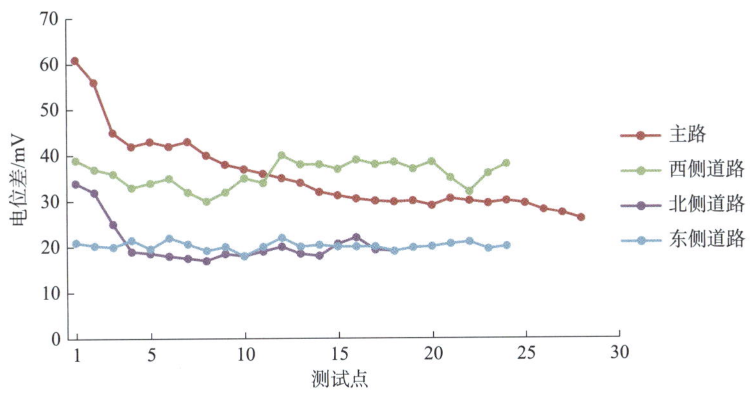

图 4-11　某变电所场区地表电位梯度测试结果(d=2 m)

通过图 4-11 可以看出，其电位梯度除主路的前 2 个点以外，其他点电位分布曲线较为均匀，地下接地装置状况较好。

2. 跨步电位差和接触电位差的测试

跨步电压和接触电压是反映变电站发生接地短路故障，接地网流过短路电流时，接地网场区电位升高对人员影响的特性参数指标。跨步电位差指接地短路故障电流流过接地网时，人体两脚接触地面且两脚水平距离为 1.0 m 处的两点间的电位差。接触电压(也称接触电位差)指接地短路故障电流流过接地网时，人体两脚站在地面离设备水平距离为 1.0 m 处与人手接触设备外壳、构架或墙壁离地面垂直距离 1.8～2.0 m 处的两点间的电位差。

变电站发生故障短路，实际短路电流经接地网散流时，接地网边缘和尖角部位将产生相对较高的跨步电压，靠近接地网边缘的也将产生相对较高的接触电压，可能对人员的安全造成潜在威胁。因此，需要参照相关的跨步电位差和接触电压安全限值，对接地网的跨步电位差和接触电压水平进行实测、换算和分析，评价接地网的安全性。

《交流电气装置的接地设计规范》GB/T 50065 规定，110 kV 及以上有效接地系统发生单相接地或者同点两相接地时，变电站接地网的接触电位差和跨步电位差不应超过由下列二式计算所得的数据。

$$U_s=\frac{174+0.7\rho_s}{\sqrt{t}}$$

$$U_t=\frac{174+0.17\rho_s}{\sqrt{t}}$$

式中　U_s——跨步电位差允许值，V；

U_t——接触电位差允许值，V；

ρ_s——土壤电阻率，Ω·m；

t——接地故障电流持续时间，s。

实际中跨步电位差和接触电位差的测量值要换算成最大入地电流下的实际值进行比较判断。

$$U_s=U'_s\frac{I_s}{I_m}$$

$$U_t=U'_t\frac{I_s}{I_m}$$

式中　I_m——注入地网的测试电流；

I_s——被测接地装置内系统单相接地故障电流，将 I_s/I_m 定义为换算系数 k。

跨步电位差和接触电位差测试如图 4-12～图 4-15 所示。

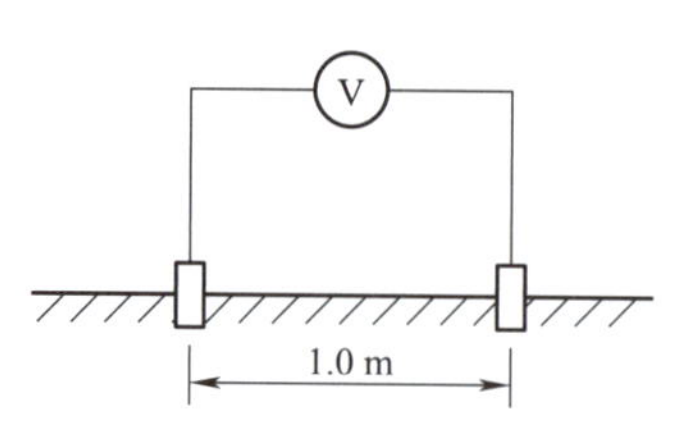

图 4-12　跨步电位差测试示意

图 4-13　跨步电位差测试示

跨步电压测量时，用金属板模拟人的两脚，为了使金属板与地面接触良好，把地面平整。

在水泥路面上测试时，可采用电极包裹湿抹布，并压上重物的办法，测量人员两脚直接跨踩在两块金属板上也可。

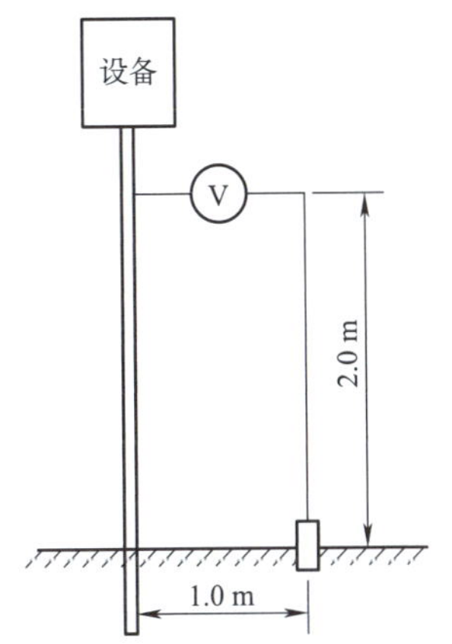

图 4-14　接触电位差测试示意

图 4-15　接触电位差测试

4.3　高速铁路电力牵引供电关键系统调试技术

4.3.1　远动系统综合调试技术

远动技术是为铁路电力系统调度服务的远距离监测、控制技术。它将各个所、站的运行工况转换为信号的形式，加上保护措施，经过调制后，由专门的信息通道传送到调度中心。在调度中心显示对应于所、站工况的一些信号，供给调度人员监控之用。调度人员的一些控制命令也可以通过类似过程传送到远方所、站，驱动被控对象。这一过程涉及通信、遥测、遥信、遥调、遥控，所以，远动系统综合调试技术包含这五个方面调试技术及系统调试技术。

4.3.1.1　远动系统技术性能指标

远动系统应具备较低的信息传输差错率、较稳定的硬件设备工作状态容量、保证信息传输实时性、较强的抗干扰能力、较强的兼容性且维护使用方便。

1. 通信通道指标

数据传输通道相关指标应满足以下要求。

(1)传输速率：64 kbit/s，2 Mbit/s，10 Mbit/s，100 Mbit/s 等；

(2)通道接口：以太网电或光接口；G. 703 E1 接口；

(3)工作方式：全双工，应有备用通道，可由主站控制通道的自动切换；

(4)比特差错率：应不大于 10^{-5}；

(5)通道传输时延：不大于 500 ms；

(6)通道传输时延抖动:不大于 500 ms。

2. 四遥及系统指标

(1)遥控选择、执行、撤销命令传输时间:不大于 3 s;

(2)遥调命令传输时间:不大于 3 s;

(3)状态量变位传输到调度主站时间:不大于 3 s;

(4)遥测量越阈值变位传输到调度主站时间:不大于 3 s;

(5)工作站画面调用响应时间:

85%的画面:不大于 1 s,

其余:不大于 5 s;

(6)主备用机自动切换时间:不大于 20 s;

(7)供电系统正常情况下主要节点 CPU 负载:不大于 30%(1 min 平均值);

(8)供电系统故障情况下主要节点 CPU 负载:不大于 60%(10 s 平均值);

(9)供电系统正常情况下局域网负载:不大于 20%;

(10)系统可用率:不小于 99.8%;

(11)MTBF:不小于 5 000 h。

4.3.1.2 遥控、遥调、遥信、遥测调试

1. 遥控

对被控站内的可控对象进行远方控制。遥控对象应包括以下主要内容。

(1)牵引变电所、开闭所、分区所、AT 所内 27.5 kV 及以上电压等级的断路器、负荷开关及电动隔离开关;

(2)铁路电力变配电所、车站开关站、重要低压供电回路的高低压断路器、负荷开关及电动隔离开关;

(3)接触网线路的负荷开关和电动隔离开关;

(4)必要的启动和复归开关(按钮);

(5)自动装置、成组控制装置的投切开关(按钮);

(6)交直流系统进线电源开关;

(7)需要的发电机组启、停控制。

遥控类型包括以下 3 种。

(1)单控:对被控站内的一个可控对象进行遥控,须采用“选择—返校—执行”二步操作,具备超时取消、遥控条件判断闭锁及提示功能;

(2)程控:对一个被控站内的多个可控对象(站内程控)、或多个被控站内的多个可控对象(站间程控)进行的成组遥控,具备超时取消、程控条件判断闭锁及提示功能;

(3)复归:对继电保护装置或自动装置等的动作信号进行远方复位,宜采用单步操作模式。

2. 遥调

(1)应具备对被控站内可调节元件(如有载调压变压器抽头位置)进行远方调节的功能。

(2)远方调节命令可基于设定值或升降命令。

3. 遥信

对供电系统及远动设备运行状态进行远程监视,应具备变化上送、定时自动召唤和手动召唤遥信信号的功能;应具备对遥信信号的实时显示和历史数据存储功能。遥信对象包括:

(1)遥控对象的位置信号;

(2)牵引变压器和动力变压器的各类故障信号;

(3)主要电力变压器的各类故障信号;

(4)自耦变压器的故障信号;

(5)调压器挡位信号;

(6)馈电线的各类故障信号;

(7)自动装置的运行位置和动作信号;

(8)无功补偿装置故障信号;

(9)开关操动机构的工作状态信号;

(10)控制回路和电压互感器二次回路断线信号;

(11)综合自动化设备故障信号;

(12)交、直流系统故障信号;

(13)牵引变电所进线电压有压(失压)信号;

(14)控制方式状态信号;

(15)需要的 GIS 开关柜(环网柜)压力信号;

(16)环境及安全监控信号(温度、湿度、烟感、门禁、入侵检测、水浸、玻璃破碎等)。

4. 遥测

实现对供电系统主要电气量的远程测量,遥测对象宜包括以下主要内容:

(1)电力变配电所进线电流、电压、有功电度、无功电度、牵引变电所进线电压;

(2)10 kV 及以上母线电压,自闭、贯通馈线电压;

(3)分区所接触网末端电压;

(4)牵引变压器的电流、有功功率、有功电度、无功电度、温度等,电力主变压器温度;

(5)电力变配电所馈线电流、有功电度,牵引变电所、分区所、开闭所、AT 所馈线电流;

(6)母联电流;

(7)馈线故障点参数;

(8)无功补偿装置电流;

(9)交、直流系统必须监测的电量;

(10)必要低压回路的电流和电压；

(11)电力开关站及箱式变电站的进线电流、母线电压。

4.3.1.3 系统功能性调试

铁路供电远动系统功能性调试是结合铁路行业使用需求，对主站系统进行功能及性能验证。

1. 试验项目及方法

试验操作人员根据供电运行工况，在被控站进行操作，监测调度主站响应。试验操作人员核对后台监测人员监测结果与试验内容是否一致。

(1)初次送电投运测试：不少于 3 次。

(2)操作试验开关：不少于 20 次。

(3)停送电测试(包括短时快速小于 150 ms 的停送电，模拟两路电源互投工况)：不少于 30 次。

(4)组合故障测试(包括短时多次)：不少于 3 次。

(5)相序、相位测试：不少于 2 次(相序、相位各 1 次)。当相序、相位发生变化时，监测调度主站报警是否正确。

(6)通道故障测试：不少于 3 次，通过拔插通道接头分别模拟双通道切换、短时中断(不大于 3 min)、长时中断(不小于 15 min)。

(7)时钟同步测试。

(8)历史数据查询。

①核对调度主站各种记录(历史曲线、报表等)是否与所做的试验一致。

②与参考系统的数据进行比对。

(9)画面显示功能测试。

①监控显示页面应具备(不限于)设备布局、供电臂、被控站点三级图形，并能够相互链接。

②三级图形可通过调度主站人机界面置入。

③二、三级图应具备带电推导功能。

④监控显示页面应具备实时显示和历史查询功能，数据查询应具备条件筛选功能。

⑤监控显示页面应具备(不限于)历史事件、报警记录、故障报文、开关动作记录、故障录波查询功能按钮。

⑥监控显示页面应具有实时报警框，报警级别不少于三级，并可以通过显示页面人机对话方式设定。故障报警应具备音响、推图、变颜色、光闪等方式，并可根据报警等级进行选择。报警条目应具备人工确认功能，未经人工确认的报警不能自动消失。

⑦监控显示页面应具备读取、调整、下发被控站设备参数的人机对话窗口。下发的越限

报警定值不少于两级，并能够对阈值参数、时间参数进行逻辑组合。

⑧监控显示页面应具备在供电臂、被控站点二、三级主接线图上直接进行遥控操作功能，并具有操控安全设置和数据返校功能。

⑨遥测数据应具备数值列表与曲线显示两种方式。

2. 评判

以下检测结果将判定为不满足铁路需求。

(1)具有下列情况之一者：

①缺少检验功能项目(不包括相序、相位检测功能)。

②调度主站导致的开关误动1次及以上。

③调度主站导致的遥控操作拒动2次及以上。

④一类故障报警错误1次及以上或二类报警错误率2%以上。

⑤开关动作历史记录错误1次及以上。

⑥调度主站导致的故障录波达不到精度要求或错误1次及以上。

⑦调度主站导致的有效值曲线达不到精度要求或错误2次及以上。

⑧故障报文错误2次及以上。

⑨不能通过调度主站下发、调整被控站的保护、越限报警的定值。

⑩遥测数据误差2%以上。

⑪双通道切换错误2次及以上。

(2)具有下列情况之二者：

①事件记录错误率5%以上。

②遥测数据误差1%以上2%以下。

③通道故障不报警。

(3)具有上述条款二中之一且下列条款之二者：

①报警设置不能分类。

②音响、推图、变颜色、光闪报警显示功能不全。

4.3.1.4 注意事项

(1)接触网隔离开关远动系统联调施工作业应比照《高速铁路接触网安全工作规则》中高速铁路接触网停电作业的要求采取电气安全防护措施和行车防护措施。

(2)在牵引供电所亭进行的电气间隔设备及其测控装置的远动系统联调施工作业应比照《高速铁路牵引变电所安全工作规则》中高压设备停电作业的要求采取电气安全防护措施。

(3)在牵引供电所亭进行的交直流自用电系统及其测控装置的远动系统联调施工作业应比照《高速铁路牵引变电所安全工作规则》中低压设备带电作业的要求采取电气安全防护措施。

(4)在高铁系统联调期间进行的需要接触网和贯通线停电的远动系统联调施工,还应按照铁路局管理规定,申请施工天窗,办理作业手续。

(5)被控站施工单位应制定每个所亭的调试步骤和流程,调试步骤应以电气间隔单元及其保护测控装置为基本单位组织调试试验。先进行停电电气间隔单元或将备用电气间隔单元退出备用,做好安全措施后,开展联调试验;运行中的电气间隔单元切换到退出备用状态,做好安全措施后,开展联调试验。已送电的电力箱变可通过切换变压器,分别进行联调试验。高铁系统联调期间进行的接触网远动隔离开关联调试验应在天窗点内进行。

(6)调度主站试验人员进行遥控和遥调操作,必须经被控站人员同意,并经呼唤应答确认后方可进行。单点遥控试验及遥调操作在电气间隔单元联调试验中进行,程控卡试验在全所停电条件下进行。

(7)由领导小组组织召开安全保证会议,根据项目实际情况,评估安全风险、建立安全保证体系、编制合理的安全技术措施。

(8)根据各工点或工序的具体情况,配置与之相适应的机械设备,杜绝因机械设备不符合工程特点而造成的安全事故。调试前,对所有使用的工机具、材料、设备进行全面的检查,不合格工机具、材料、设备严禁带入施工现场。

(9)调试过程中严禁出现违反安全规范的做法,及时更正或教育。

(10)具有 2 个通信管理单元的被控站,调试时,先只开 A 机进行调试,各项试验完成后,将 A 机配置数据同步到 B 机后,关闭 A 机,开 B 机进行,遥控对象全部试验,对主要遥信、遥测、定值、录波、故障报告进行抽查试验,正确无误后,方能结束改被控站调试。

(11)不定期召开安全会议,完善安全技术措施。

4.3.2　牵引变电所辅助监控系统调试

变电站辅助监控系统是指通过对变电站内电源、消防监控、安全警卫、运行环境、照明、视频等辅助运行信息的统一采集及处理,为变电站集中监控及运维提供辅助支撑的系统,简称辅助监控系统。变电站辅助监控系统是变电站监控系统的重要组成部分,负责变电站设备及运行环境的全面监控和管理,如图 4-16 所示。

4.3.2.1　辅助监控系统结构

变电所辅助监控系统包含视频监控子系统、环境监控子系统、安全防范子系统、动力照明子系统、火灾报警子系统、门禁子系统和在线监测子系统等七个子系统,经过对子系统的集中整合、统一管理,实现对变电站视频、环境量、安全报警信息、火灾报警信息、在线监测数据等辅助信息进行统一采集、编码、存储、上传,并由监控平台完成整个系统的全面监控、一体展示、统一管理和维护功能,具备与辅助设备、上级应用系统、变电站监控系统之间的信息交互功能,能通过系统预置的规则进行各个子系统间的自动化联动,如图 4-17 所示。

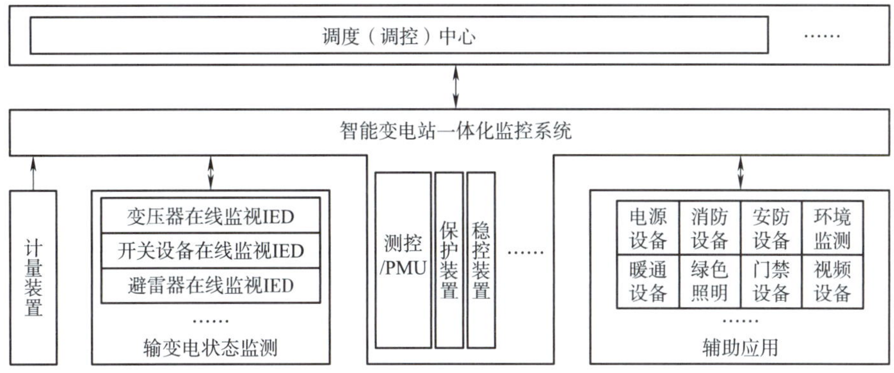

图 4-16　变电站辅助监控系统间的逻辑关系图

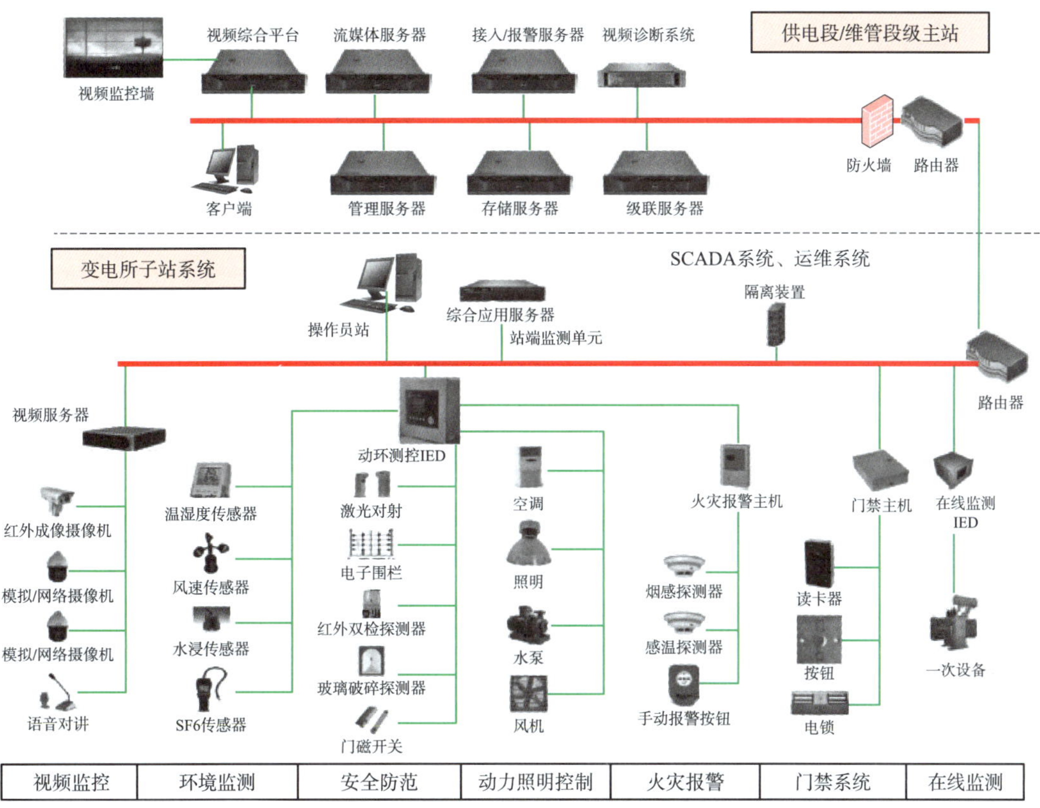

图 4-17　变电站辅助监控系统总体结构

4.3.2.2　牵引变电所辅助监控系统调试

1. 辅助监控系统单机调试

调试前，应成立一个专业的调试组，由相关专业工程师、设备厂家和施工人员组成，结合现场调试工作量及进展情况合理进行组员人数的确定。调试组应全面收集变电所设计图、设备图、设备的说明书等相关技术资料，依据技术资料核对各采集设备的安装位置是否符合设计及产品性能特点的要求。

(1)检查辅助监控系统屏柜内各种线缆标牌有无漏项，标记是否清晰正确。用万用表按原理图测量屏内主要装置及回路的接线点，确定有无短路、断路情况，检查无误后接通交直流屏柜电源使辅助监控系统屏受电。

(2)逐个打开辅助监控屏柜内每个空开给各装置供电，如果装置有独立电源开关，打开电源开关上电，通过运行灯和状态灯逐一检查装置运行是否正常。

(3)检查网络设备网线连接是否正确。

(4)完成网络配置、软件环境安装、系统基本台账录入及其他应用配置。

(5)完成点表审核及主站、被控站点表的录入。

(6)主站、被控站系统图纸已核对验收完成。

2. 辅助监控系统调试内容

(1)视频监控及巡检调试：摄像机网络连接及参数配置、摄像机预置位配置、硬盘录像机配置、巡检路线配置。

(2)红外双鉴调试：人员经过双鉴监测区域，触发监测报警，检查红外双鉴传感器报警灯是否亮起，检查动环测控装置信号接入点是否正确显示，检查辅助监控平台是否正常显示状态并视频弹窗联动报警。

(3)碎窗调试：通过工具触发玻璃破碎探测器报警，检查探测器报警灯是否亮起，检查动环测控装置信号接入点是否正确显示，检查辅助监控平台是否正常显示状态并视频弹窗联动报警。

(4)激光对射调试：遮挡激光对射装置的激光，检查探测器报警灯是否亮起，检查动环测控装置信号接入点是否正确显示，检查辅助监控平台是否正常显示状态并视频弹窗联动报警。

(5)普通门禁系统调试：检查锁具闭门是否到位，检查刷卡开门、指纹开门校验功能是否正常，检查按钮开门是否正常。

(6)可视门禁系统调试：检查锁具闭门是否到位，检查人脸识别机信息维护功能，检查刷卡、指纹、人脸开门校验功能，检查人脸识别机呼叫、户内管理机视频对讲和远程开门功能是否正常。

(7)温湿度传感器调试：检查动环测控装置信号接入点数据是否正确显示，检查辅助监控平台是否正常显示数据。

(8)水浸探测器调试：把水浸探测器探测点完全浸入水中，检查探测器报警灯是否亮起，检查环境监控装置信号接入点是否正确显示，检查辅助监控平台是否正常显示状态。

(9)SF_6 监测调试：检查监控主机人机界面是否正确显示监控点数据值，测试 SF_6 气体浓度报警时是否联动打开风机、报警灯是否亮起，检查人员进入主机红外探测区时主机是否能够声音提示，检查辅助监控系统平台是否正确显示 SF_6 监测数据信息。

(10)灯光控制调试:在辅助监控系统平台能够显示每一路灯光开关状态,能够定时开关灯光,能够手动开关灯光;如果有视频监控,能正确显示视频监控信息。

(11)空调控制调试:在辅助监控系统平台能够显示每台空调开关状态,能够手动开关空调;如果有视频监控,能正确显示视频监控信息。

(12)风机控制调试:在辅助监控系统平台能够显示每台风机开关状态,能够手动开关风机;如果有视频监控,能正确显示视频监控信息。

(13)水泵控制调试:在辅助监控系统平台能够显示水泵开关状态,能够手动开关水泵;如果有视频监控,能正确显示视频监控信息。

3. 在线监测调试内容

站端监测单元一般设置在综合应用服务器里,通过网络接口接入在线监测 IED,对在线监测设备进行统一管理。站端监测单元和各个在线监测主 IED 通信,可以采集牵引变压器、断路器、隔离开关、避雷器等主要牵引供电设备的在线监测信息,站端监测单元亦可将在线监测信息传送至上层运维系统或 PHM 系统,以提供基础数据并根据这些数据实现一次设备的故障预测与健康管理,给设备维管提供依据。

(1)牵引变压器在线监测调试步骤及内容:检查前后端标记是否清晰、测试光纤通道是否正常、辅助监控系统平台监测数据展示是否正确。

(2)断路器在线监测调试步骤及内容:检查前后端标记是否清晰、测试光纤通道是否正常、辅助监控系统平台监测数据展示是否正确。

(3)隔离开关在线监测调试步骤及内容:检查前后端标记是否清晰、测试光纤通道是否正常、辅助监控系统平台监测数据展示是否正确。

(4)避雷器在线监测调试步骤及内容:检查组件柜接线标记是否清晰、测试光纤通道是否正常、辅助监控系统平台监测数据展示是否正确。

(5)高压电缆温度监测调试步骤及内容:检查高压电缆温度监测点安装是否牢固、屏柜内接线标记是否清晰、监控主机显示软件数据显示是否正常、功能操作是否准确、辅助监控系统平台监测数据展示和监控主机数据展示是否一致。

(6)电能在线监测调试步骤及内容:检查电表和前端监测点接线是否正确、屏柜内接线标记是否清晰准确、电表是否正确显示数据、辅助监控系统平台显示数据是否和电表一致。

(7)密度微水在线监测调试步骤及内容:检查屏柜内接线标记是否清晰准确、监控主机是否正确显示数据、辅助监控系统平台显示数据是否正确。

(8)子站和主站数据远动调试。

(9)点表核对:再次核对主站点表及被控站点表。

(10)通道测试:测试数据通道和视频巡检通道连接是否正常。

(11)数据远动调试:按照点表,调试动环数据及在线监测数据。

(12)视频监控及巡检调试:在主站平台测试监控及巡检功能。

4.3.3 数字化牵引变电所关键设备试验

随着 IEC 61850 标准的应用，变电所自动化技术取得了长足的进步，迅速从综合自动化牵引变电所向智能牵引变电所发展，《智能变电站技术导则》GB/T 30155 定义智能变电站是采用可靠、经济、集成、节能、环保的设备与设计，以全站信息智能、通信平台网络化、信息共享标准化、系统功能集成化、结构设计紧凑化、高压设备智能化和运行状态可视化等为基本要求，能够支持电网实时在线分析和控制决策，进而提高整个电网运行可靠性及经济性的变电站。铁路供电的智能牵引变电所关键设备有合并单元、智能终端、一次设备状态监测单元、继电保护和安全自动装置、测控装置、报文记录及分析装置、交换机、一体化电源系统等，为了使智能牵引变电所达到符合设计要求的运行条件，以实现保证变电所投产后安全稳定运行，并为智能牵引变电所运行、维护、故障分析等技术支持奠定基础的目的，这些涉及的设备在智能牵引变电所正式受电运行前均需要通过出厂联调试验及现场交接试验，具体测试可依据《继电保护和电网安全自动装置检验规程》DL/T 995、《智能变电站继电保护检验测试规范》GB/T 34871 等相关标准进行，本章节主要讲述合并单元、智能终端、继电保护。

4.3.3.1 合并单元

合并单元主要用于采集电压和电流，采取就地安装原则，通过交流头采样，实现对电压电流等模拟量的智能功能(IEC 61850 协议发送)。

合并单元的测试包括：采样精度、绝缘检查、光纤链路检查、配置文件检查、SV 采样值特性及精确度测试、GOOSE 开入开出检查、采样延时测试、电压切换功能检查、电压并列功能检查、检修状态测试、异常告警功能检查等内容。

合并单元装置试验前应首先检查装置的型号、标志和各项参数配置功能与设计图纸相符；绝缘试验是破坏性试验，需要断开无关的电路，每进行一项绝缘试验后，须将试验回路对地放电。光纤链路的通断决定着通信的可靠性，光纤回路衰耗须符合设计要求；配置文件主要检查装置的一致性，应与设计图纸相符；对于模拟量输入的合并单元，用传统继电保护测试仪输出标准三相交流模拟信号源给被测合并单元加入电压、电流量，对于数字量输入的合并单元，用数字式继电保护测试仪输出标准三相交流数字信号源给被测合并单元加入电压、电流量，同时将被测间隔合并单元的输出接至数字式继电保护测试仪或合并单元测试仪，检查电压、电流间的相位差应满足合并单元基本误差等级指标的要求。合并单元电压、电流通道的采样转换时间，要求不超过 2 ms。将测量的实际延时，与 SV 帧携带的迟延时间常数进行比较，要求采样迟延偏差小于 5 μs。

4.3.3.2 智能终端

智能终端又称智能操作箱，主要用于就地采集开关量信号，就地实现高压开关设备的遥信、遥控、保护跳闸等功能，通过与保护和测控等装置相配合(GOOSE 的实时功能)实现对开关设备的远方操作，智能终端测试接线图如图 4-18 所示。

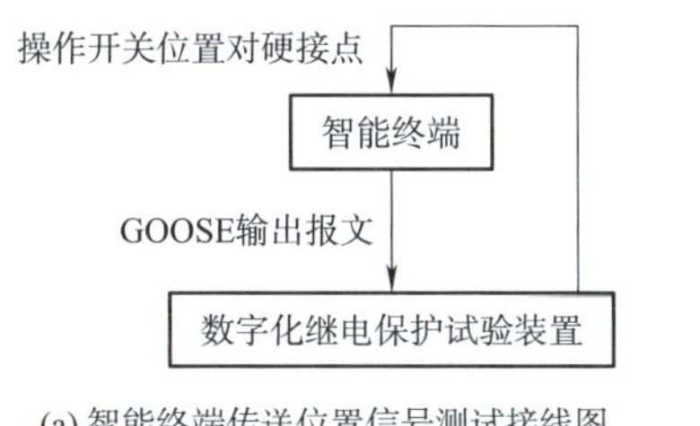

(a) 智能终端传送位置信号测试接线图

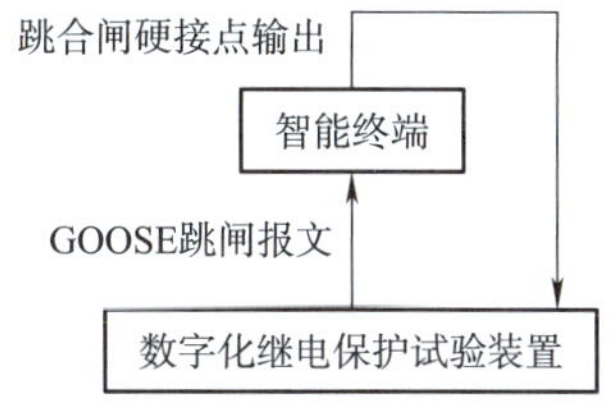

(b) 智能终端动作时间测试接线图

图 4-18　智能终端测试接线图

智能终端的测试包括：外观及上电检查、绝缘检查、光纤链路检查、配置文件检查、基本功能测试、GOOSE 开入开出检查、动作时间测试、检修状态测试、自检功能检查等内容。智能终端的基本功能测试中操作回路、信号回路、闭锁回路、监视告警回路、模拟量采集回路功能应正确，须校验跳闸时间及跳闸延时应和技术说明书一致；动作时间测试中，记录报文发送与硬接点信号的时间差应不小于 7 ms。

4.3.3.3　继电保护和安全自动装置

继电保护及安全自动装置调试应包括：整定值检验、保护逻辑检验、纵联保护通道检验和整组试验等，并应符合现行行业标准《继电保护和电网安全自动装置检验规程》(DL/T 995)的有关规定。这里讲述站域保护的供电臂保护、自愈重组和基于 GOOSE 的所间供电系统重组自愈的广域保护。

1. 供电臂保护

变电所、AT 所、分区所馈线保护以母线指向线路为正方向，投入供电臂保护元件时，当上行(下行)发生故障，上行(下行)供电臂所有断路器跳闸，下行(上行)断路器不动作，当 AT 所或分区所母线发生故障，跳本所上下行断路器。当下行故障时，1QF、3QF、5QF 跳闸，2QF、4QF、6QF 不动作，故障发送在上行时，2QF、4QF、6QF 跳闸，1QF、3QF、5QF，当故障发生在 AT 所(分区所)母线时，跳 3QF 及 4QF(5QF 及 6QF)，供电臂如图 4-19 所示。

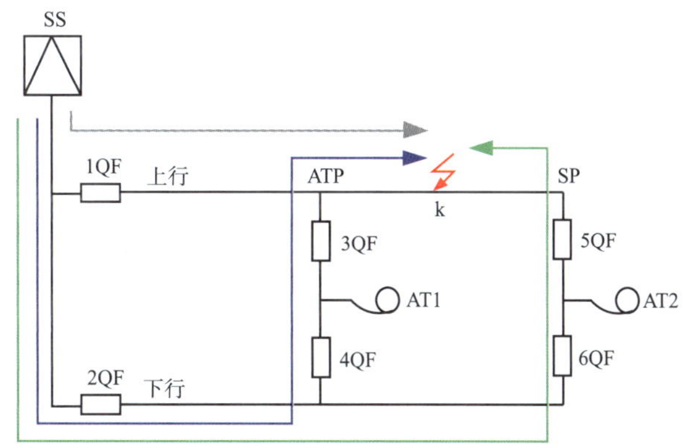

图 4-19　供电臂示意

变电所供电臂正向阻抗保护框图如图 4-20 所示，AT 所、分区所馈线保护装置的供电臂正向阻抗保护原理与之类似。

2. 自愈重组

根据参与自愈的开关所属范围分布，分为所内馈线自愈、供电臂自愈等。

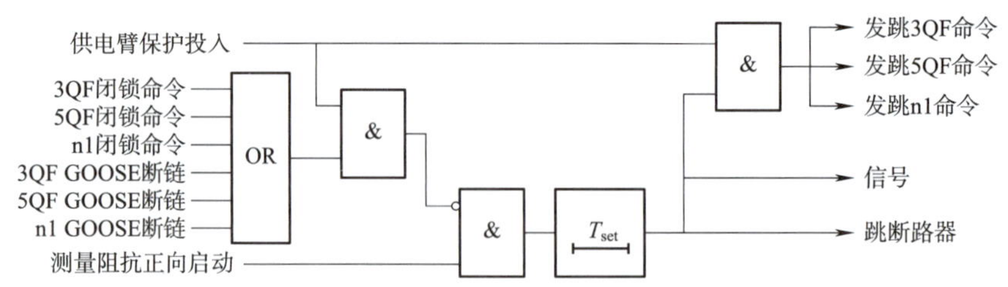

图 4-20 供电臂正向阻抗保护框图

(1)所内馈线自愈

当收到馈线断路器失灵信号时,启动对应的所内馈线自愈流程。

确认投运的主变低压侧对应断路器处于分位→隔离故障断路器→接触网开关倒闸→切换定值区→合投运的主变低压侧断路器→供电恢复。

(2)供电臂自愈

当收到故障测距装置的故障指示时,首先根据故障测距装置计算的故障位置和故障类型,从配置中寻找匹配的自愈流程。通常自愈流程如下:

接触网开关倒闸隔离故障点→接触网开关倒闸形成新的供电回路→切换定值区(可选)→合闸馈线断路器→恢复供电。如图 4-21 所示为供电自愈重组主要开关分布。

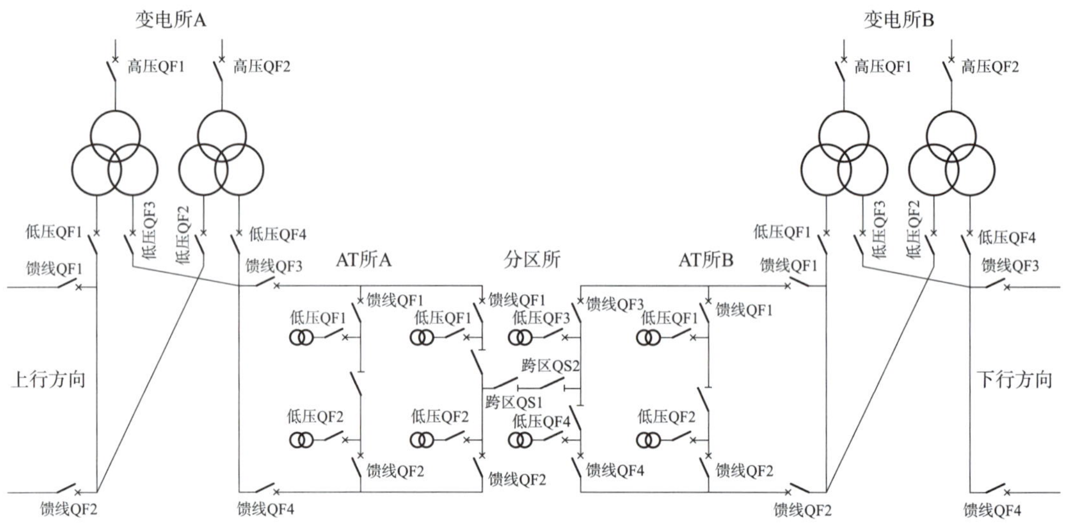

图 4-21 供电自愈重组主要开关分布

3. 广域保护

基于 GOOSE 的所间供电系统重组自愈的广域保护测控系统将保护控制功能分为就地层、站域层、广域层,是在智能变电站技术的基础上、利用数据共享实现,是变电所自动化技术和智能变电站技术的进一步提升。广域保护测控系统是新一代的综自系统构成如图 4-22 所示。

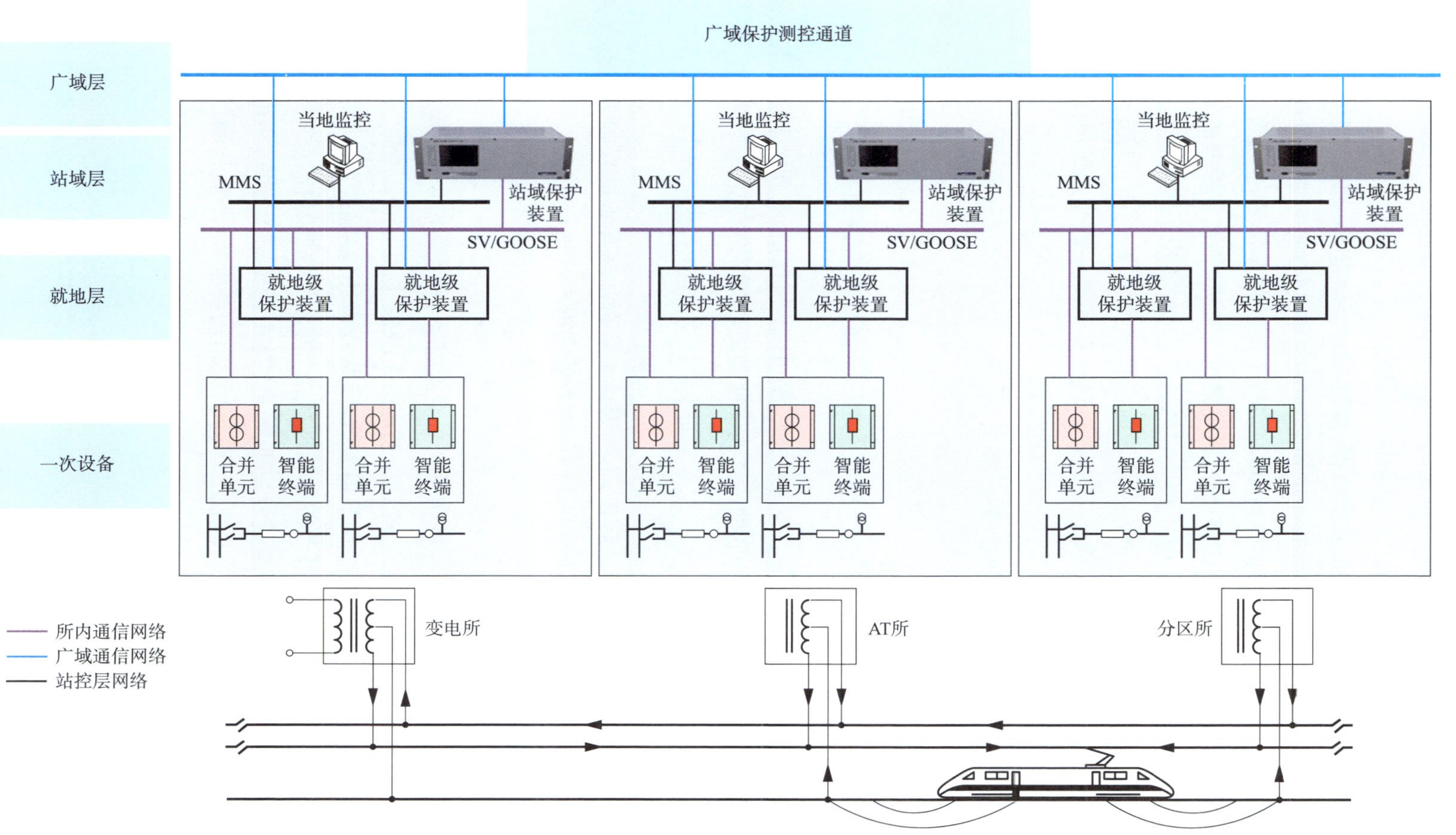

图 4-22　广域保护测控系统（新一代的综自系统图）

就地层保护控制完成了既有综自系统的全部功能，一次设备和二次系统通过光缆连接，实现了一二次设备电气隔离，解决二次系统防雷问题。

站域层保护利用整个变电所的共享数据，通过GOOSE和SV通信，实现了装置之间的实时数据交互，一方面解决了全所的保护功能的冗余和优化；另一方面实现了快速母线保护、快速后备保护、断路器失灵保护等新功能，实现了保护的全覆盖，提高了保护的可靠性。同时，还具备间隔间的开关逻辑闭锁和所内供电重组等功能，提高了控制的安全性。

广域层保护以供电臂为单元，基于高速广域通信网络，实现了供电臂选择性快速跳闸。在接触网短路试验过程中，当牵引网发生故障时只跳故障区段，缩小了停电区域，减少了开关动作次数，提高了供电可靠性；同时，还具备以供电臂为单元的开关逻辑闭锁关系和供电臂自愈重组等功能。

牵引供电广域保护测控系统的主要特点有：

(1)全速动(更快)

保护延时从当前的100～1 000 ms缩短到20 ms，大幅减少设备被烧损破坏时间，减少或避免瞬时故障发展成永久故障。

(2)全覆盖(更广)

新增异相短路、母线故障、GIS开关柜故障等保护，不留死角，实现对牵引供电系统的全覆盖保护；新增广域保护，实现上、下行选择性单独跳闸，缩小停电范围；新增重组自愈功能，减少停电时间。

(3)全后备(更可靠)

保护和控制功能全部具有冗余后备，不会因单个装置故障导致的保护丢失或开关无法控制，不需要值班人员及时干预，使无人值班、无人值守模式成为可能。

4.3.4 接触网系统测试

接触网系统测试利用计算机将各传感器参数经过整合计算得出各项检测数据，对接触网系统状态进行评判，可根据实际需求定制相应的系统模块。

接触网检测系统主要包括接触网几何参数、接触线磨耗、接触网压力、弓网动态关系成像、定位器坡度、弓网硬点、受电弓动态包络线状态、腕臂及附加悬挂绝缘子识别、网压、燃弧、温湿度检测子系统，主要由视觉测量相机及压力冲击力传感器构成；车内显示单元包括数据的存储与展示系统，主要由工控机、显示器和应用软件构成；车底检测单元分为振动偏移补偿子系统和综合定位子系统。

4.3.4.1 接触网测试前置条件

(1)接触网工程应完成静态验收，施工单位进行过冷滑试验。

(2)线路应具备允许速度运行的条件。

(3)检测组织机构成立、人员到位；检测机车车辆、相关检测整备条件和安全保障措施已准备到位。

(4)设计单位提供最终的全区段接触网设备基础台账数据:包括接触网平面结构图、设备结构、设备类型,曲线、坡度、桥梁、公里标位置等。

(5)动态检测期间,必要时试验人员需要登车顶进行测量设备检修,接触网应能停电作业。

(6)由设计单位和测试单位共同确定接触网静态弹性、动态抬升量接触网各测试典型断面的位置;测试时,需施工单位提供接触网作业车和作业人员配合。

(7)进行光学非接触检测时,为了避免取流受电弓与接触网之间的相互作用扰动接触线,例如,要求动车组采用远离非接触检测设备的后方4号受电弓升弓取流,以不超过60 km/h的速度匀速运行,如图4-23所示。

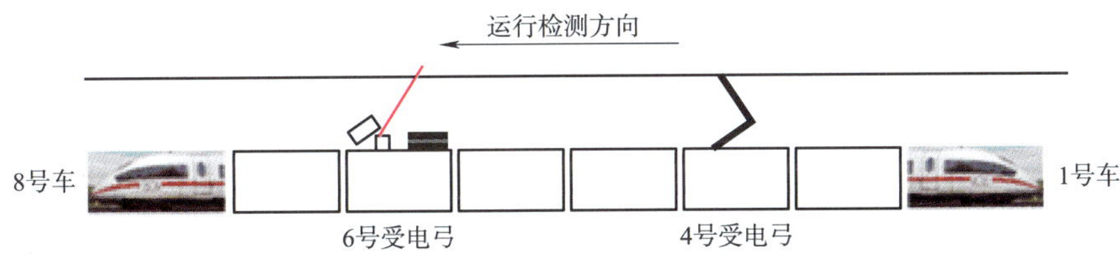

图4-23 受电弓运行方向示意

4.3.4.2 接触网几何参数

1. 检测内容

接触网几何参数检测:测试接触线拉出值、高度、定位器坡度等,计算相邻两定位点高差、相邻两吊弦点高差。

接触线拉出值、导高、定位点间高差、定位器坡度等接触网几何参数应符合设计要求。一般通用要求如下:

(1)接触线拉出值严重超限标准:450 mm。

(2)接触线拉出值一般超限标准:400 mm。

(3)接触线拉出值精调标准:设计值±30 mm。

(4)接触线高度的精调标准:设计值±30 mm。

(5)除锚段关节外,接触线悬挂点高度的坡度,设计速度大于250 km/h时坡度为0,设计速度为250 km/h时应不大于1‰,坡度变化率应不大于0.5‰。

两相邻定位点的高差不得大于20 mm,且不能形成偏差峰值的倒V字形。

定位点两侧第一吊弦处接触线高度应等高,相对该定位点的接触线高度允许偏差±10 mm,但不得出现V字形。

定位器应处于受拉状态(拉力≥80 N),定位器静态角度(定位器与轨面连线之间的夹角)标准为8°,允许偏差为±2°。对于非限位、弓形等定位器,安装应符合设计要求。

2. 检测原理

几何参数装置主要由安装在车顶的几何参数测量模块、安装在车下底架上的车体振动补偿测量模块和距离编码器等组成。几何参数测量模块和车体振动补偿测量模块输出的测量信号由安装在车内的数据采集与处理系统进行分析处理，计算出接触网几何参数静态值。距离编码器输出的距离脉冲传输至车内数据处理系统，计算检测速度和车辆走行距离，用于确定采样点间隔以及和线路数据库、定位检测结果信息等结合得到检测位置坐标信息。

(1)光学测量系统

检测原理基于三角测量原理，并通过安装在基线上的四个高分辨率行扫描摄像机实现测量。摄像机安装在抗扭曲光学轨道上，调节摄像机，使其视野覆盖接触网所在平面并处于最佳角度，同时覆盖整个测量区域。通过分析来自摄像机的信号计算接触线与四个摄像机位置之间的角度。如果已知这些角度及测量系统的基线长度，就可利用标准的三角关系计算(Y',Z')坐标内的接触线位置，光学式非接触式检测设备如图 4-24 所示。

图 4-24　光学式非接触式检测设备

测量以三角原理为基础，由安装在基线上的四个高分辨率线扫描摄像头实施测量，光学式非接触式检测设备原理如图 4-25 所示。

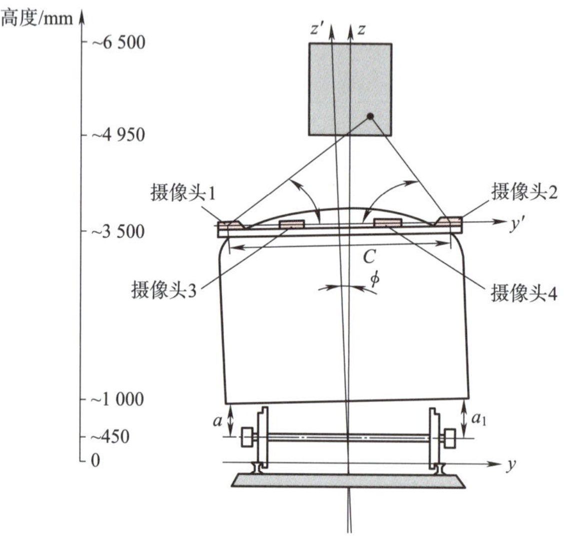

图 4-25　光学式非接触式检测设备原理

(2)激光扫描测试

几何参数装置主要由安装在车顶的几何参数测量模块和安装在车下的距离编码器组成。几何参数测量模块输出的测量信号由安装在车内的数据采集与处理系统进行分析处理,在受电弓升起状态下,计算出接触网动态几何参数。距离编码器输出的距离脉冲传输至车内数据处理系统,计算检测速度和车辆走行距离,用于确定采样点间隔以及和线路数据库、定位检测结果信息等结合得到检测位置坐标信息,激光扫描检测装置原理如图 4-26 所示。激光扫描检测装置如图 4-27 所示。

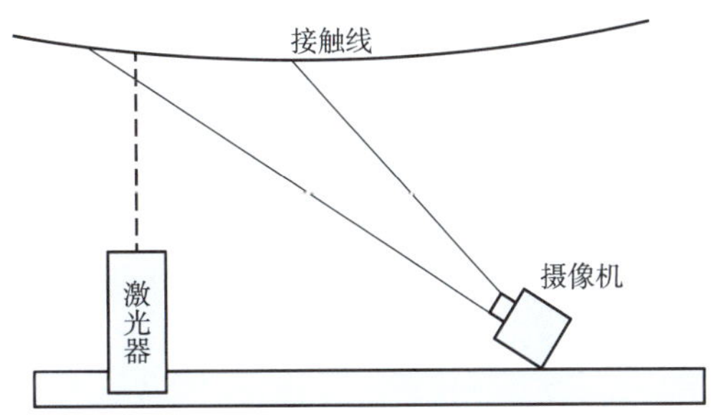

图 4-26　激光扫描检测装置原理框图

图 4-27　激光扫描检测装置实物图

通过图像识别算法,对接触网激光光切图片进行分析计算,可以得到接触导线的高度、拉出值等。在线岔或锚段等多条接触导线存在的位置上,同时计算工作支导线和非工作支导线的高度和拉出值,从而可以得到接触导线之间的垂直和水平距离,典型的接触网激光光切扫描图像如图 4-28 所示。

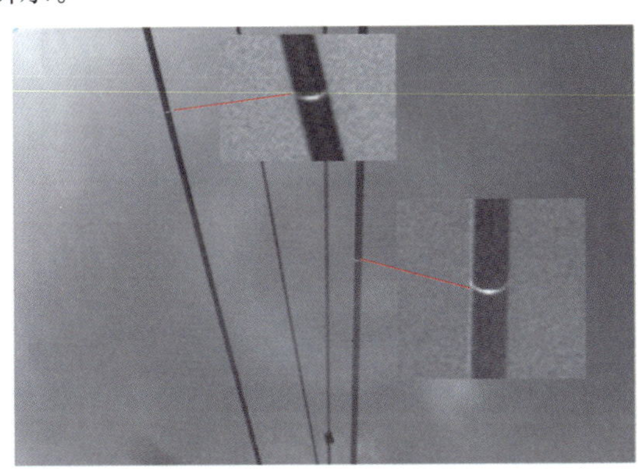

图 4-28　典型的接触网激光光切扫描图像

3. 检测方法

(1)通过光学图像采集分析,采用非接触式测量方法检测接触线高度、拉出值和高差等。

(2)检测车组时速为 60 km/h。

4.3.4.3 接触线平顺性

1. 检测内容

接触线平顺性测试一般包含以下内容。

(1)接触线硬点

受电弓滑板所受的垂直加速度最大值 a_v,即硬点,规定如下:

①速度 $v<200$ km/h 时,硬点 $a_v<490$ m/s^2(50g);

②速度 $200\leqslant v<300$ km/h 时,硬点 $a_v<588$ m/s^2(60g);

③速度 $300\leqslant v\leqslant 350$ km/h 时,硬点 $a_v<686$ m/s^2(70g)。

硬点检测值超过标准值跨数应小于检测总跨数的 0.5%。

(2)一跨内接触线高差 $2A\leqslant150$ mm。

2. 检测原理

(1)接触线硬点测试

在测试受电弓上安装震动测量传感器、信号处理及传输装置,将测量信号引至动车组内的数据采集系统中进行集中处理。运行时,测量接触线平顺性参数。受电弓安装测点布置示意如图 4-29 和图 4-30 所示。

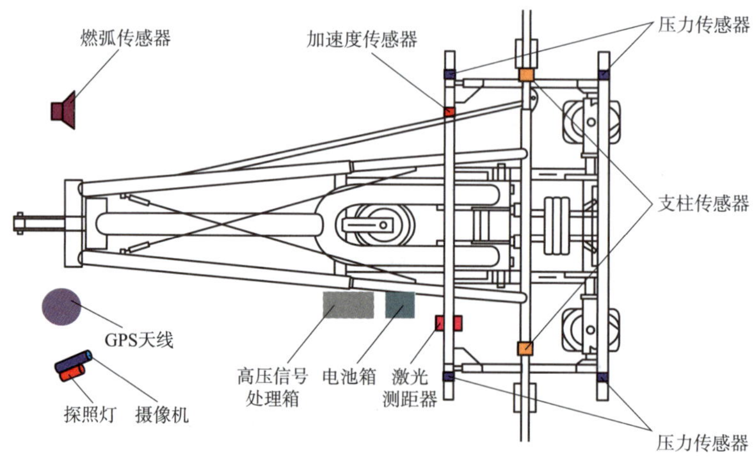

图 4-29 受电弓安装测点布置示意

(2)一跨内接触线高差(2A)测试

在受电弓升起的情况下,通过非接触式设备测量接触线高度。计算得出最高点与最低点的差值,满足表 4-7 的相关要求。

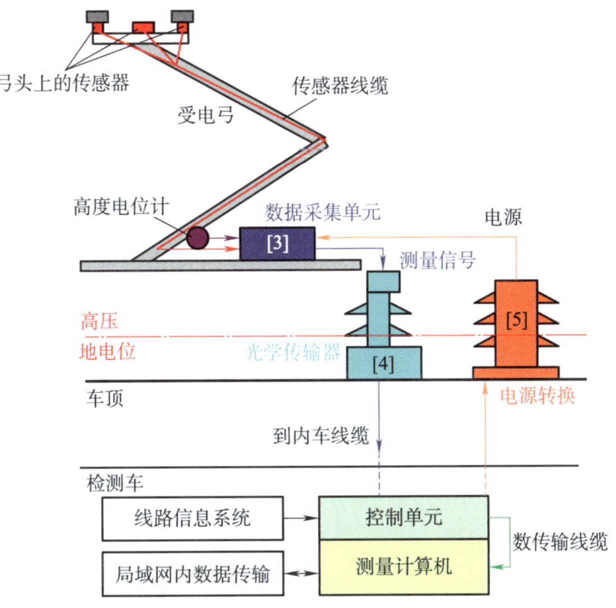

图 4-30　硬点、力测量系统结构框图

表 4-7　接触线平顺性测试参数限值

速度等级/(km·h^{-1})	硬点 a_v/(m·s^{-2})	接触线高差/mm
$v<160$	<490	<200
$160\leqslant v<200$	<490	<150
$200\leqslant v<300$	<588	<150

3. 检测方法

利用接触网检测车、动车组受电弓上安装震动传感器测量硬点。将测量信号引至动车组内的数据采集系统中进行集中处理。需要接触网检测车、动车组按规定速度运行。

4.3.4.4　弓网受流性能参数

1. 检测内容

(1)弓网动态接触力

弓网动态接触力测试分析参数有:最大值、最小值、平均值、标准偏差,各参数评判标准如下:

①最大值(N):$F_{max}\leqslant F_m+3\sigma$;

②最小值(N):$F_{min}\geqslant 20$;

③平均值(N):$F_m\leqslant 0.000\ 97v^2+70$;

④标准偏差(N):$\sigma\leqslant 0.3\times F_m$。

(2)弓网燃弧指标

①最大燃弧时间:$T_{max}<100$ ms;

②燃弧率：$\mu<5\%$。

$$\mu=\frac{\sum t_{\mathrm{arc}}}{t_{\mathrm{total}}}\times 100\%$$

式中 $\sum t_{\mathrm{arc}}$——单次燃弧持续时间大于 5 ms 的燃弧时间总和；

t_{total}——测量总时间。

③燃弧次数应小于 1 次/160 m。

2. 检测原理

(1)弓网动态接触力

测试原理同硬点测量。

(2)弓网燃弧指标

当受电弓与接触线相互作用时，有部分区域可能会出现较为强烈的燃弧现象，对接触线、受电弓造成机械电气上的损坏。

通过安装在电力机车、动车组车顶受电弓前后方的监控视频及燃弧监测设备，在产生燃弧时对燃弧进行监测和拍照。测试系统主要由燃弧检测设备、高清图像记录设备、照明设备、同步控制设备、检测主机等设备组成。弓网燃弧数据、图像保存在检测主机硬盘上，检测主机同时将燃弧数据通过网络接口发送至上位计算机上。附通常测试装置组成结构框如图 4-31 所示，燃弧、温度、监控相机如图 4-32 所示。

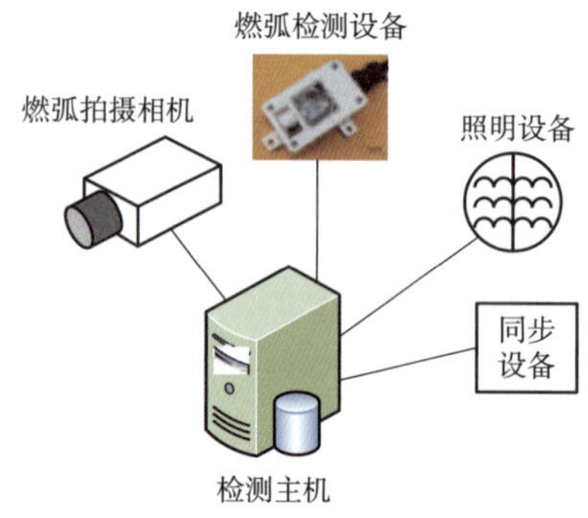

图 4-31 燃弧测试装置组成图

3. 检测方法

利用动车组受电弓上安装压力传感器测量动态接触力，安装燃弧摄像机等设备测量燃弧指标。将测量信号引至动车组内的数据采集系统中进行集中处理。需要动车组按规定速度运行。

4.3.4.5 接触网性能

1. 检测内容

接触网动态抬升量：接触线抬升量不大于 120 mm 或设计要求。

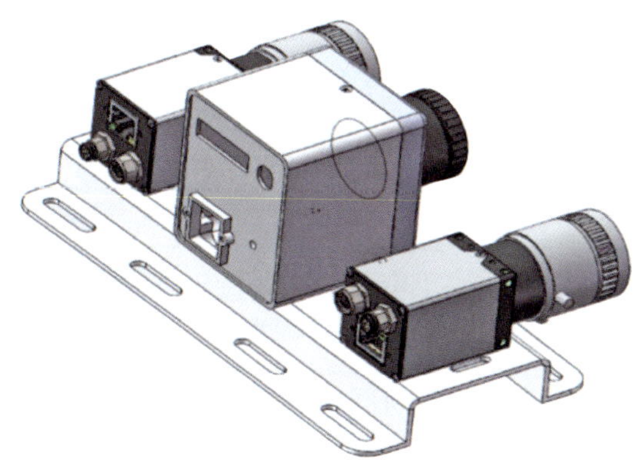

图 4-32　燃弧、温度、监控摄像机示意

2. 检测原理

接触网动态抬升量是在受电弓升起与降下测得的两组接触线高度做比较，同几何参数测量原理。

3. 检测方法

采用摄像方式或位移传感器测量方法，测试试验列车通过典型定位点时接触网导线振动情况，并进行接触线振动数据处理分析。即测试接触线静态参数与动态参数的差值。

4.3.5　牵引变电所负荷试验

对于 220 kV 电压等级高速铁路牵引变电所，受电启动时，电网公司要求牵引供电系统提供一定的负荷，用以校验电网公司 220 kV 变电站铁路专用馈线保护回路的极性和相位，以确保对 220 kV 变电所铁路专用馈线的控制、保护和输电线路安全无误。原普速铁路变电所里一般都有并联电容补偿装置，可以满足电网公司负荷试验的要求；但高速铁路及后期铁路由于开行交-直-交牵引动车组，功率因数高达 0.95 以上，牵引变电所低压侧不再设置并联电容补偿装置，所以高速铁路变电所送电开通时主要使用电容负载进行负荷试验。

4.3.5.1　负荷试验方法

高速铁路牵引变电所进线电源电压主要为 220 kV，个别地区为 330 kV，开行交-直-交牵引动车组，功率因数高达 0.95 以上，满足电力系统功率因数不低于 0.85 的要求，牵引变电所低压侧不再引置并联电容补偿装置。

结合国内电力系统类似试验，牵引变电所负荷试验主要有 4 种方法：牵引变低压侧移动电容器法、牵引变环流法、电力系统调度负荷法和牵引负荷法。

当前高铁牵引所普遍使用的负荷试验方法为牵引变低压侧移动电容器法（简称移动电容器法）。移动电容器法是借鉴常速铁路利用并联电容补偿装置进行的负荷试验，通过配置

1 台(或 2 台)移动电容器和相应的高压电缆及连接金具,接于牵引变压器 27.5 kV 低压侧,产生一定的负荷电流。该方法较为简单,切实可行,应用广泛。

4.3.5.2 移动电容器法负荷试验

1. 移动电容器的选择

该方法的关键是将移动电容器接于牵引变压器低压出线侧,因而结构形式、电压等级和容择极为重要。

电容器结构形式。为便于不同变电所间移动使用,选择集合式并联电容器并附带放电线的可行。集合式电容器由若干个电容器单元集中在一个壳体内,具有体积小、重量轻、外部奇单的特点,便于运输和使用。

电容器电压等级的选择。目前国内可用于牵引供电系统的集合式并联电容器主要有 33.6 kV 和 42 kV 两种电压等级。高铁牵引变压器普遍采用 V_V/V_X 接线形式、220 kV/(2×27.5 kV)变压器组,负荷试验时电容器接于牵引变压器低压出线侧 T 线或 F 线和 N 线之间,工作电压为 27.5 kV。根据绝缘配合原则,电容器接入电网后,运行中承受的长期工频过电压不大于额定值的 1.1 倍,且无串联电抗器,因此可选择 33.6 kV 及以上电压等级的集合式并联电容器作为移动电容器。

容量的选择。高速铁路牵引变压器容量通常在 31.5 mV · A、40 mV · A、50 mV · A,对应低压侧 2 个绕组容量为 20 mV · A、25 mV · A、31.5 mV · A,阻抗电压 10.5%。现行国家标准规定,当不具备设计计算条件时,电容器的安装容量可按变压器容量的 10%~30%确定,负荷试验时电容器容量范围 6 000~8 000 kvar 较为适宜,相应的电容量在 12~21 pF,考虑 220 kV 侧流比较大因素,因此选择容量为 8 000~10 000 kvar 左右的电容器较为可行。

2. 负荷电流计算

为计算负荷试验时牵引变压器一次侧电流大小,以 220 kV 高铁牵引所牵引变 40 mV · A,220 kV/(2×27.5 kV)、220 kV 侧流互变比为 800/1、负荷电容为 10 000 kvar、电容量为 18.54 μF 的主要参数为例,27.5 kV 侧一次电流为

$$I_{低}=2\pi fCU$$

式中 $I_{低}$——牵引变压器低压侧电流;

f——牵引变电所电网频率;

C——负荷电容电容量;

U——负荷侧电压,为 27.5 kV。

经计算,$I_{低}\approx 160$ A,换算到高压侧:$I_{高}=I_{低}/8\approx 20$ A,220 kV 侧二次采集电流为:20/800≈30 mA,经计算可知负荷试验电流满足现有仪表测量范围,可以进行相应的保护校验。

3. 试验流程

在高铁牵引所两回 220 kV 线路和牵引变压器经过冲击试验，一二次设备运行均正常，即可按照下述方法和步骤进行负荷试验。

(1)牵引变压器组退出运行。

(2)同组其中一台牵引变压器 B3 低压侧加挂地线，电容器、放电线圈壳体及其二次回路地端接地。

(3)27.5 kV 电缆一端连接至牵引变压器低压出线侧 T_2 线或 F_2 线，另一端连接至电容器 A1 端，27.5 kV 电缆屏蔽铠装层单端接地。

(4)低压电缆一端连接至牵引变压器低压出线侧 N 线，另一端连接至组合电容器 X 端。

(5)检查接线连接及接地准确可靠。

(6)牵引变压器投入。

(7)变电站和高铁牵引所测量高低压侧电流和二次回路电流，进行向量测试和极性校验。

重复上述步骤，进行另一台变压器和另一组变压器的负荷试验。

移动电容器法负荷试验接线如图 4-33 所示。

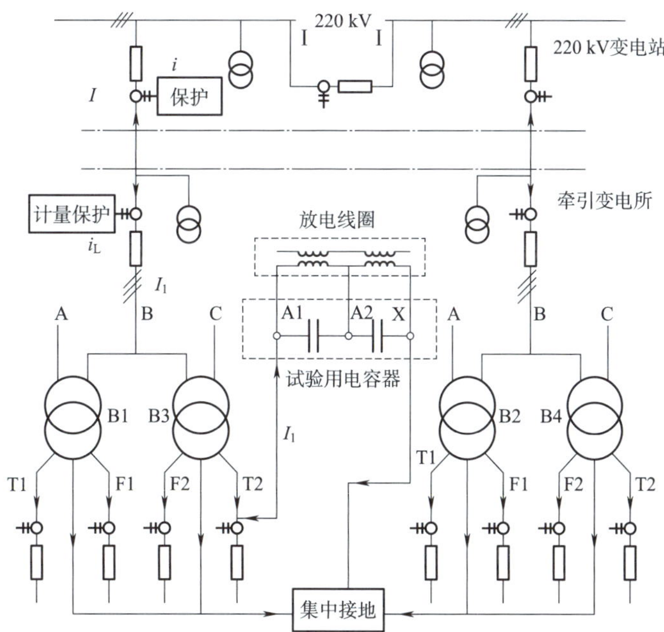

图 4-33　移动电容器法负荷试验接线

4.3.6　接触网短路试验

新建铁路在进行动态检测时，为验证设计参数，检验保护装置动作的正确性、可靠性，需要进行牵引供电系统的接触网人工短路试验。

1. 短路试验方法

接触网人工短路有两种方式，方式一是先短路再送电，方式二是先送电再短路。方式一在现场易于实施，只需要用短路接地线将短路点直接短路即可，所内断路器合闸时直接合于故障点。方式二是所内馈线断路器正常送电后再模拟短路，需要借助额外的短路断路器或者专用的短路设备。前者属于合闸直接合于故障点，只能模拟单边供电短路；后者可以实现双边供电模式下短路的模拟。方法二相对于可以模拟较为真实的短路情况，比如模拟正常重合闸等（短路后在重合闸的时间内断开短路故障），现场条件允许的情况下推荐采用方式二；牵引供电短路试验系统是适用于接触网所有短路方式的一种集成化系统，提供了一套适用于接触网短路试验的整体解决方案，集成度高，系统性强，满足了接触网多种短路方式需求，可实现短路数据采集、传输、分析，提高了操作可靠性。系统中的故障录波仪、新型钢轨接地连接装置，提高了短路试验的效率和质量。

2. 牵引供电短路试验系统

牵引供电短路试验集成系统由短路试验装置、钢轨接地连接装置、短路波形采集装置、4G 无线通信组件、后台以及视频监控系统组成，短路系统组网原理如图 4-34 所示。

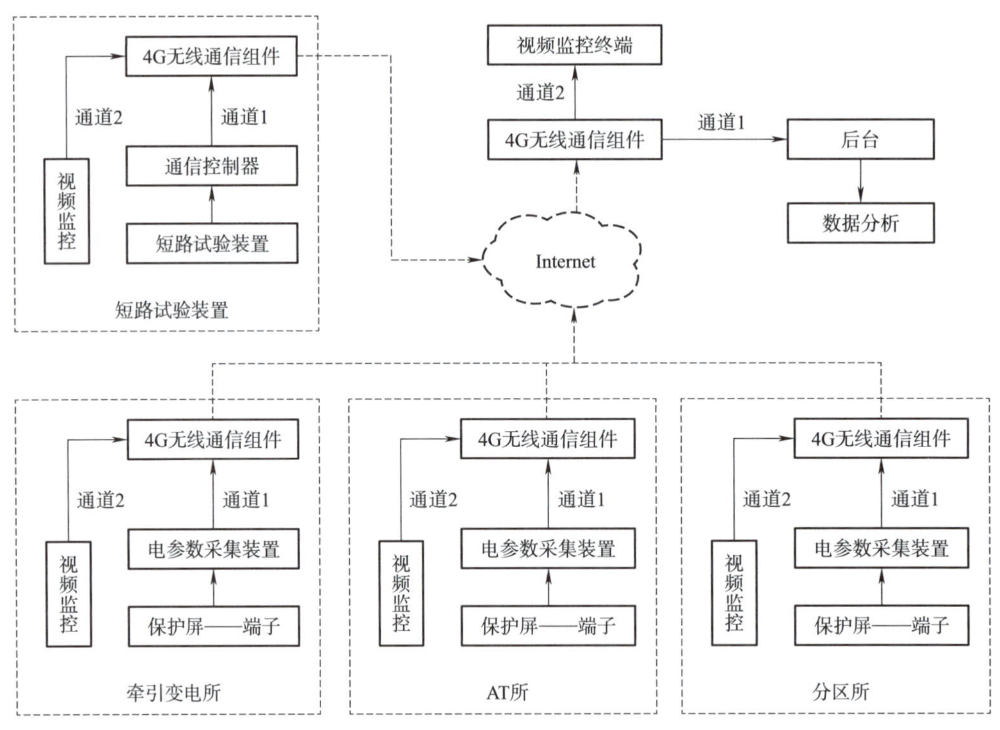

图 4-34　短路系统组网原理图

3. 短路试验装置

短路试验装置，包括箱体及设置于箱体内部的各种组件；本装置分一次仓室和二次仓室，一次仓内有高压短路开关、模拟量(电压、电流)采集单元，支撑件等。二次仓内有保护控制单元、遥控单元、状态指示单元、电力供电单元，短路试验装置原理如图 4-35 所示。

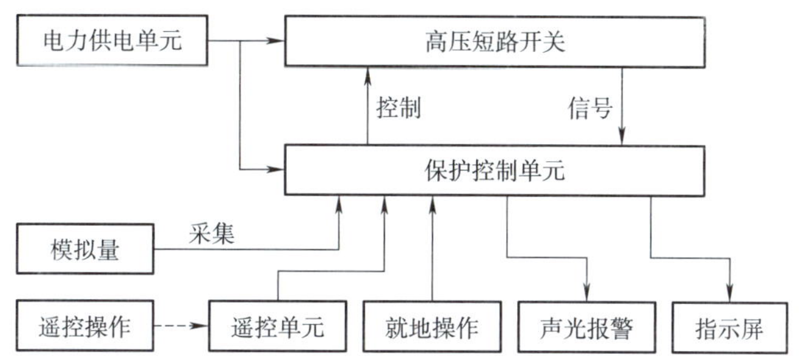

图 4-35　短路试验装置原理框图

短路试验装置由以下几部分组成。

(1)高压短路开关核心为双极高压开关，用于接触网 T 相对地、F 相对地短路，也可实现 T-F 相间短路。高压短路开关控制信号的输入输出节点接保护控制单元，短路开关的电力由电力供电单元供给。采用硬母线直接引出方式，以减少故障和维护频次，引出母排采用旋转活动设计，折叠后可以收回箱体内部。为了减轻重量，采用电子式电压互感器。

(2)电压、电流模拟量采集单元用于短路瞬间接触网与钢轨短路电压、电流的采集。

(3)保护控制单元为一台微机保护装置，用于高压短路开关的电动控制和信号采集、模拟量采集、状态信号输出以及通过通信控制器的信息上传。保护功能设速断保护、延时保护。保护装置的分合闸控制输出与高压短路开关的分合闸节点电气相连，高压短路开关的开关位置、状态信号与保护装置的信号输入节点电气相连，状态指示单元与保护装置的信号输出节点电气相连，通过保护装置可以实现高压短路开关的控分、控合，以及高压短路开关的状态指示。

(4)状态指示单元包含声光报警装置和指示屏，用于高压短路开关的高压带电状态声光报警和高压短路开关的分合状态、储能、故障状态指示。

(5)遥控及操作单元分遥控操作单元和就地操作单元，用于高压短路开关的电动分合操作。遥控及操作单元与保护控制单元电气相连，就地操作单元可以实现高压短路开关的就地电动分合操作，通过遥控单元可以实现高压短路开关的远距离电控操作。

(6)电力供电单元用于整个装置的电力供给，由 110 V 直流电池组组成，在无外部电源的情况下，仅依靠电力供电单元装置可连续工作 50 小时左右。

(7)新型钢轨接地装置可以满足接触网接地装置短路电流泄流要求，有效防止短路电流烧损钢轨。

(8)无线通信组件可以建立 VLAN(虚拟局域网)，实现短路点、短路区间各所厅与后台的通信。

(9)故障录波可以实现短路瞬时波形的记录。

(10)后台及视频监控可远程调取各所亭开关状态，查看短路时刻的 SOE 事件，以及电压、电流值，可以对短路点进行开关状态进行远程遥控，实现远程合闸，也还可以查看短路时刻的电流波形并进行数据分析。

(11)牵引供电短路试验点布置，如图 4-36 所示。

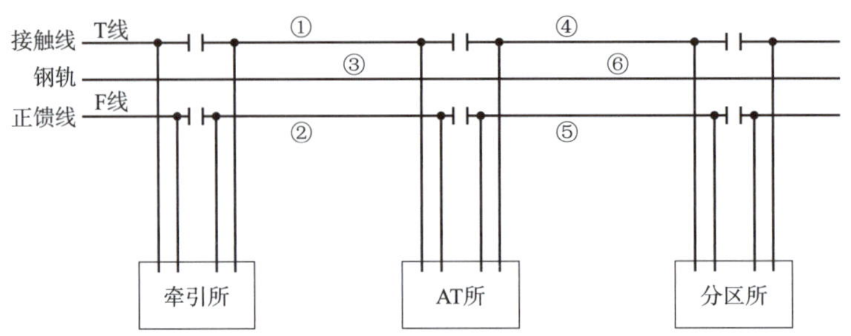

图 4-36　短路试验点布置图

图 4-36 为牵引供电短路试验点布置示意。图中①～⑥为 6 种接触网短路方式，①～③代表短路点位于牵引所至 AT 所供电区间；④～⑥代表短路点位于 AT 所至分区所供电区间。其中①④为 T 线与钢轨 27.5 kV 短路，②⑤为 T 线与钢轨 27.5 kV 短路，③⑥为 T 线与 F 线之间 55 kV 短路。

短路试验装置连接，如图 4-37 所示。

TF 相对地短路时，短路试验装置一端通过钢轨接地装置与钢轨可靠连接，另一端与 T 线或 F 线相连接。TF 相间短路时，短路试验装置一端与 T 线相连接，另一端与 F 线相连接。

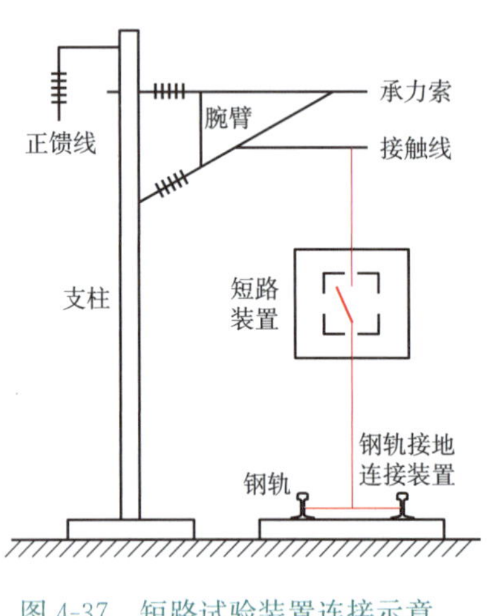

图 4-37　短路试验装置连接示意

4. 牵引供电短路系统的使用方案

(1)将故障录波仪布置于短路试验区间的所亭，故障录波仪输入与保护盘对应的电压电流端子相连接，同时接入所内通信，再与无线通信组件相连，建立所内与云端后台通信。

(2)将接触网短路试验装置运输至短路点，并检查其状态是否正常。检查后台与短路试验装置、与各所亭通信是否建立，检查监控功能是否正常。

(3)变电所、分区所、AT 所均采用远动监控，当地操作的方式进行短路试验的相关停、送电倒闸作业，此处听从调度命令。

(4)接触网有压，试验负责人许可后进行无线遥控合闸，短路试验装置在延时 t s(t 大于变电所馈线断路器保护跳闸时间)后自动断开，完成一次试验，试验数据通过无线通信组件上传至后台采集、分析。

(5)验证保护动作正确性后更换至下一处短路点继续试验直至所有试验完成。

第5章 高速铁路电力牵引供电工程前景展望

近年来,《中华人民共和国国民经济和社会发展第十四个五年规划和2035远景目标纲要》《国家综合立体交通网规划纲要》《"十四五"数字经济发展规划》等文件陆续发布。高速铁路建设模式多样化,运行环境条件复杂化,行车设备及系统能力的保持需要得到持续保障。在国家数字经济发展要求下,以数据资源为关键要素,以先进信息网络为主要载体,以信息通信技术融合应用、全要素数字化转型为重要推动力,高速铁路线网建设运营的总体思路需要向服务型、引领型、融合型、持续型发展,技术方向趋向数字化及智能化。

5.1 数字化智能牵引供电系统

云计算、大数据、物联网、5G通信与人工智能等数字技术的发展,加强信息采集、存储和分析,促进生产方式和经济形态的数字化转变。在数字化技术的蓬勃发展背景下,德国最先提出工业4.0的概念,旨在利用物理信息系统(CPS)将工业制造流程信息化、智慧化,实现高效的定制化生产。随后,多个国家均提出了相应的技术发展纲要,如美国的"先进制造业国家战略计划"、日本的"科技工业联盟"、英国的"工业2050战略"以及中国提出的"中国制造2025",数字化、信息化、智慧化成为新一代工业发展的引领思想。

数字化、智能化发展成为世界多国铁路重要战略方向和发展趋势。欧洲联盟、德国、法国、瑞士、英国、日本等世界铁路发达国家相继提出了数字化、智能化战略设计。例如,欧盟委员会的Shift2Rail科研计划、欧洲一体化运输发展路线图,德国铁路股份公司的铁路数字化战略(铁路4.0),法国国营铁路公司的数字化法铁,瑞士联邦铁路公司的Smart Rail 4.0,JR东日本铁路公司的智能铁路战略等。近期的世界铁路智能化技术创新与战略发展态势主要聚焦在第5代移动通信技术、数字孪生、自动驾驶、MaaS+智能服务、智能运维等领域的单项应用,尚缺少顶层架构设计和体系化的技术研发和应用。物联网、大数据、人工智能、可视化、边云协同计算等诸多新兴技术与高速铁路运维业务的深度融合,促进高速铁路运维向体系化、数字化、智能化转型升级,全面构筑精准高效的智慧运维体系尤为重要。

5.1.1 数字化智能牵引供电系统内涵

高速铁路作为一种冲击性、波动性、宽功率范围的负荷系统,由于其特有的复杂性以及在国民经济中的重要性，执行精确的“物理-虚拟”建模仿真，对于获得基于真实物理系统性能的可靠和安全操作具有至关重要的作用。牵引供电系统是高速铁路系统的能源供给，高效可靠的牵引供电系统是保证高速铁路正常运行的关键，规划牵引变电所、接触网、分区所的数字化建设是高速铁路转型的先行之路。结合航空航天、智能工厂、工业 4.0 以及智能电网的数字化发展，数字化牵引供电系统是建立在物理模型基础上，融合数字孪生模型，利用智能传感技术、物联网、边云协同计算以及人工智能算法，全方位反映牵引供电系统实时运行状态以及预测未来行为特征的孪生供电系统，具有全方位信息感知、低时延信息交互、高效率信息处理、高可靠健康管理以及智慧型决策服务的特征。

1. 全方位信息感知

数字化牵引供电系统通过多维融合建模将物理世界牵引供电系统精准映射到数字世界，基于全息感知系统，获得物理实体的全方位多角度数据，通过数字孪生模型的仿真分析实现物理牵引供电系统的精准数字化建模，并给出运维状态分析，实现虚拟模型对物理实体的在线监测。同时，物理系统将指导结果反馈虚拟模型，经过校正更新，实现牵引供电系统的数字化运维。

2. 低时延信息交互

中国电气化铁路已经经过六次大提速，时速 350 km 的复兴号动车组投入运行，高速磁悬浮列车的研发投运，这对牵引供电系统的信息监测与传输提出了挑战。面向高速运行的电力机车，若要实现物理牵引供电系统的精准映射与决策服务，则需要低时延的通信技术，确保数字孪生模型的实时性，及时对物理牵引供电系统状态进行分析，指导其运行策略和能量管理。

3. 高效率信息处理

高效率信息处理可以确保牵引供电系统在面临突发情况下做出及时有效的应对措施，是实现牵引供电系统智慧化决策的前提。

4. 高可靠健康管理

牵引供电系统作为高速铁路的核心部分，确保其安全可靠运行是智慧铁路建设的重中之重。设备的全生命周期健康管理是近几年科研工作者关注的重点，采用卷积神经网络、深度学习、马尔可夫过程等算法对设备的健康状态进行评估预测，结合多场融合的数字孪生模型实现设备的预测修。

5.1.2 数字化智能牵引供电系统功能

1. 能量管理

牵引供电系统是一个车网动态耦合的功率网络，其负荷具有波动性大、不平衡度高、谐波含量大的特征，这使得牵引供电系统的能量控制较电力系统更加复杂。我国“十四五”规划提出 30 年实现碳达峰、60 年实现碳中和目标，可再生能源和储能系统集成的新型牵引供电系统中能量控制更加复杂，急需一种建模仿真平台对电力机车、牵引变电所辅助负荷、储能系统和可再生能源系统等进行综合建模，实现持续动态协调控制。在新一代信息技术的发展背景下，利用数字孪生技术，构建新型牵引供电系统的数字化仿真模型，通过与实际运行状态对比，可以实现优质高效的能量管理。

2. 潮流分析

牵引供电系统的潮流分析建模技术已经十分成熟，但所建模型的定位是离线仿真系统，难以对牵引供电系统的实时状态进行仿真分析，且与实际存在仿真误差。数字化牵引供电系统可以基于全域感知技术，通过各量测量实现牵引供电系统的实时状态评估，对其基波潮流和谐波潮流进行预测，提前做好分布式储能装置的协调控制以及谐波抑制，实现能量的高效优质利用。

3. 电能质量监测

上游电力系统与高速铁路之间的电气兼容性是电能质量和可靠性问题的关键。从电能质量角度来看，高速铁路被认为是污染最严重的网络之一。由于模型块和 CPU 的限制，在软件中精确仿真这些问题是不可能的。不同的共振情况、瞬态事件和电磁干扰等复杂现象可能需要精确的真实数据测量来建模。基于数字孪生技术的新一代牵引供电系统则可以有效地解决该问题，采用数据驱动融合物理建模的方式对牵引供电系统实时电能质量进行监测，并针对电能质量问题进行改善。

4. 智能运维

牵引供电系统作为高速铁路的核心环节，稳定运行的重要性不言而喻。传统巡检工作中，大量的现场信息主要依赖人工监视，工作强度大，容易遗漏重要的信息。随着自动化、信息化技术的发展，数据驱动的状态修策略引起了科研工作者的注意，但目前状态修策略仍停留在基于历史试验的基础上，且决策模型受到数据质量的严重限制。即使上述模型可以给值班人员提供决策建议，但大多局限于某一特定部位的异常情况，难以形成整个牵引供电系统的智能运维决策模型。同时，现有研究表明电气设备的故障发生取决于多种因素，涉及设备的全寿命周期过程，受多方面因素共同激发导致设备故障失效。因此，牵引供电系统的数字孪生建模及其实时健康管理策略的制定显得尤为重要。

5.1.3　数字化智能牵引供电系统架构

基于数字孪生技术的数字化牵引供电系统以物理实体和数字模型为核心，通过智能传感技术、通信技术以及边云协同计算、人工智能将二者进行有机结合，最终实现全面、高效、可靠、安全的运维管理。其架构按功能分为物理层、虚拟层、数据传输层、数据处理层、决策服务层。

1. 物理层

物理层代表实际运行的牵引供电系统，包括牵引变电所电网侧到牵引网以及列车的电气回路设备，属于数字孪生模型的映射对象。在数字化建模过程中，与虚拟模型形成机理参考，并产生数据训练虚拟模型以保证虚拟模型是物理实体的真实反映，同时虚拟模型的决策服务通过无线通信等方式对物理层进行控制。

2. 虚拟层

虚拟层是基于物理实体机理形成的数据驱动性模型，反映真实牵引供电系统的运行状态，结合物联网、人工智能、深度学习等自动化、信息化技术对牵引供电系统各设备未来运行状态进行预测，达到预测修目的，完善高速铁路的智能运维体系。

3. 数据传输层

制定通用数据协议规范，在数据产生侧结合边缘计算能力，对于牵引供电系统各子系统及设备的在线监测数据在传输前进行协议转换，提高其泛在接入能力，与云平台大数据格式进行匹配，并将分析数据传到数字孪生模型，进行物理实体的实时映射以及预测分析。数据传输需要边缘侧和云侧综合考虑各自存储和计算量，以达到高效云边互动处理决策的目的。

4. 数据处理层

针对设备运行过程数据，明确各类动态数据的选择范畴，包含但不限于机械量、电气量，研究基于同一范畴的多专业系统处理技术，支撑多工况下的技术分析诊断模型。按照边云协同计算需求，结合各类设备在线监测数据上云的频率、范围、体量等客观因素，确定合适的边云计算边界，以保证高速可靠的模型分析。上传至云端的数据，通过数字孪生模型对物理牵引供电系统进行工况映射及预测，及时挖掘故障前兆及异常信息，通过决策服务层反馈给管理人员或直接通过云端对物理实体进行控制。

5. 决策服务层

对牵引供电系统的关键设备、关键状态量进行在线监测，结合智能评估算法，将智能化、机电设备、环境管理、能源管理、人员管理等多角度的系统及管理需求进行一体化整合，使多系统在同一平台进行呈现，构建以技术创新机制的数字化、智能化智慧交通体系，实现设备状态感知与在线监测，形成设备状态评估与故障预警体系，制定基于设备状态预测的高适应性系统维修策略，最终实现基于设备状态评估与故障预警体系无人值守系统，实现城市高速铁路的智能化运维，降低能耗，实现高效益安全运行。

以牵引变压器为例：基于采集与预处理层对设备状态相关的各类异构数据进行整合的结果，通过变压器全维度智能决策体系，对变压器进行全生命周期的决策分析，包括变压器状态评估、风险评估、检修决策、故障诊断、寿命分析。变压器的状态评估是根据变压器的相关运行参数，结合评估模型，对其健康状态进行合理评估，为变压器检修策略的制定提供重要依据，是状态检修的核心内容；变压器的风险评估是对设备存在的风险进行量化分析，通过风险的识别，为检修决策提供理论依据；变压器的检修决策是根据状态评估和风险评估的结果，综合考虑寿命分析结果、电网和铁路发展要求、相关状态检修导则标准等制定检修计划，检修计划中包括了检修的类别、项目和时间等内容；变压器的故障诊断是利用各种检测和测试技术，对变压器中的潜伏性故障进行类型识别或故障部位定位，防止变压器潜伏故障的持续发展；变压器的寿命分析是依据变压器绝缘老化相关指标对绝缘材料的老化情况进行评估，并基于评估结果对变压器的寿命发展进行预测，为变压器退役及检修策略的制定提供理论依据。

5.1.4 数字化智能牵引供电系统关键技术

数字化牵引供电系统全域感知、孪生交互、智能运维等功能的实现，首先依托于全方位智能传感技术和低时延的通信技术，通过模型驱动和数字驱动混合的数字孪生技术建立多维度融合的牵引供电系统虚拟模型，结合边云协同计算以及人工智能技术进行数据挖掘和智慧决策，支撑高速铁路电力牵引的数字化、智慧化转型。

1. 多领域多尺度融合建模

多领域建模是指从不同领域视角对物理系统进行跨领域融合建模。最初的概念设计阶段从深层次的机理层面进行融合设计理解和建模，后期采用集成和数据融合的方法将来自不同领域的独立的模型融合为一个综合的系统级模型。多领域融合建模的难点是多种特性的融合会导致系统方程具有很大的自由度，同时传感器采集的数据要求与实际系统数据高度一致，以确保基于高精度传感测量的模型动态更新。

多尺度建模能够连接不同时间尺度的物理过程以模拟众多的科学问题，多尺度模型可以代表不同时间长度和尺度下的基本过程并通过均匀调节物理参数连接不同模型，这些计算模型比起忽略多尺度划分的单维尺度仿真模型具有更高的精度。多尺度建模的难点同时体现在长度、时间尺度以及耦合范围 3 个方面，克服这些难题有助于建立更加精准的数字化牵引供电系统。

2. 智能传感技术

高精度、高灵敏的感知监测系统是数字化牵引供电系统实现的基础。通过低功耗自取能、芯片化、智能化微型传感器件实现电气设备全景信息感知及设备健康状态评价与预测；在此基础上，建立广域、分布式电网全景信息实时采集的传感网络，通过对物理系统的智能感知、全面实时连接，构建实时完整映射的数字孪生体；基于传感网络建立电力系统大数据以及人工智能平台对电力系统调度运行与控制进行智能决策，在数字层面实现机理与数据融合的建模方法、智能决策、自主智能控制等，并闭环反作用于物理系统。

关于智能传感器的研究主要以微机电系统传感器和光传感器为主。在 MEMS 传感研究方面，研究人员开展了电、磁、机械、声、热、微量气体等参量 MEMS 感知技术的基础性研究、结构设计、传感器封装测试等，探索了电气工程领域电压场传感、电流场传感、磁场传感、输电线路状态传感、电气设备振动传感、可听噪声、环境传感等特征参量的传感研究。受限于绝缘性能、供能方式及信号传输，目前 MEMS 传感还主要在集中在弱电磁环境下进行。基于巨磁阻效应及隧穿磁阻效应的磁场传感器可以实现宽频、宽量程的磁场测量，并实现对电流的监测。但对于变压器，气体绝缘开关等关键电气设备的内部传感研究较少，多参量融合、嵌入式传感是 MEMS 传感器后续的发展重点。

在光传感研究方面，由于具备抗电磁干扰能力强、绝缘性能好、可以分布式非接触测量等诸多优点，近年来发展较快。研究人员初步开展了光纤电场感知、光纤磁场感知、光纤局部放电感知、光纤气体感知、光纤分布式温度感知、光纤分布式应变感知、多光谱感知等方面的基础理论及关键技术问题研究。探索了变压器、气体绝缘开关等关键电力能源装备内部光学状态检测方法，及输电线路、电缆等运行不良工况的分布式检测手段。但在检测信噪比、检测系统稳定性、电力能源装备内部传感器安装方法等方面尚不能满足智能感知需求，还需要进一步开展研究工作。

3. 通信技术

数字化牵引供电系统面临孪生系统广分布、大连接、海量数据的双向传输需求，对通信基础设施提出了极大的挑战。目前的无线技术受限时延、抖动，不具备海量连接，超低功耗，深度覆盖等能力。应用大规模多天线技术和超密集异构网络技术，实现 5G 的高速率、高容量、低时延接入，基于软开放技术以及电力切片技术，实现 5G 通信资源的按需定制、动态编排，确保物理电网海量传感数据的接入要求和虚拟电网精准控制指令的传达要求。LTE 和 IoT 电力无线专网载波聚合、自适应编码调制及信道备份等技术，构建智能泛在、安全高速的电力信息通道。充分利用目前完备的电力线路，将电力线载波和无线通信协议完全融合，最终形成光纤、蜂窝无线、窄带无线、无线专网、WLAN 等泛在异构融合的通信网络架构，支撑数字电网虚实映射、双向交互、协同优化，实现物理电网的全要素数字化和全状态实时化。

4. 数据驱动与物理模型融合的混合孪生

对于机理结构复杂的数字孪生目标系统，往往难以建立精确可靠的系统级物理模型，因而单独采用目标系统的解析物理模型对其进行状态评估不能获得最佳的评估效果，采用数据驱动的方法利用系统的历史和实时运行数据，对物理模型进行更新、修正、连接和补充，充分融合系统机理特性和运行数据特性，能够更好地结合系统的实时运行状态，获得动态实时跟随目标系统状态的评估系统。目前数据驱动与解析模型相融合的方法主要有两种思路，一种是以解析模型为主，利用数据驱动的方法对解析模型的参数进行修正；另一种是将两种方法并行使用，最后依据两者输出的可靠度进行加权，得到最后的评估结果。但以上两种方法都缺少更深层次的融合和优化，对系统机理和数据特性的认知不够充分，融合时应对系统特性有更深入的理解和考虑。

目前数据与模型融合的难点在于两者原理层面的融合与互补，如何将高精度的传感数据统计特性与系统的机理模型合理、有效地结合起来，获得更好的状态评估与监测效果，是亟待考虑和解决的问题。无法有效实现物理模型与数据驱动模型的结合，也体现在现有工业复杂系统和装备复杂系统全寿命周期状态无法共享，全寿命周期内的多源异构数据无法有效融合，现有对数字孪生的乐观前景大都建立在对诸如机器学习、深度学习等高复杂度、高性能的算法基础上，预期利用越来越多的工业状态监测数据构建数据或数学模型，借以替代难于构建的物理模型，但如此会带来对象系统过程或机理难于刻画、所构建的数字孪生系统表征性能受限等问题。有效提升或融合复杂装备或工业复杂系统前期的数字化设计及仿真、虚拟建模、过程仿真等，进一步强化考虑复杂系统构成和运行机理、信号流程及接口耦合等因素的仿真建模，是构建数字化牵引供电系统必须突破的瓶颈。

5. 边云协同智能

数字孪生系统复杂功能的实现很大程度上依赖于其背后的计算平台，实时性是衡量数字孪生系统性能的重要指标，因此，基于分布式计算的云服务器平台是其重要保障，同时优化数据结构、算法结构等以提高系统的任务执行速度同样是保障系统实时性的重要手段。如何综合考量系统搭载的计算平台的计算性能、数据传输网络的时间延迟以及云计算平台的计算能力，设计最优的系统计算架构，满足系统的实时性分析和计算要求，是其应用于数字孪生的重要内容。平台数字计算能力的高低直接决定系统的整体性能，作为整个系统的计算基础，其重要性毋庸置疑。数字孪生系统的实时性要求系统具有极高的运算性能，这有赖于计算平台的提升和计算结构的优化，系统的运算性能受限于当前的计算机发展水平和算法设计优化水平，因此，应在这两方面做突破以服务于数字孪生技术的发展。高性能数据分析算法的云化、异构加速的计算体系（如 CPU＋GPU、CPU＋FPGA）是现有云计算基础上，可以考虑的能够满足工业实时场景下高性能计算的两个方向。

当系统依赖边缘计算时，计算是本地的；当远程执行时，计算是全局的。考虑到不同过程的时间临界性，计算的位置是重要的。全局计算集线器为数据处理提供了几乎无限的资源，而本地化计算在需要时可以实现低延迟，例如在控制循环中。

相比于传统的云计算，边云协同智能至少包含以下 4 个方面的特征与优势。

(1)带宽成本低。根据互联网数据中心的预测，到 2025 年，全球的数据总量将达到 180ZB，而当前的网络带宽远远不能满足这样的数据传输量需求，这将成为云计算的瓶颈，此时 70％以上的数据都需要在网络边缘进行处理。边云协同智能最大的优势就是将数据分析放在边缘端进行处理，避免了海量数据的上传，极大地节省了带宽成本。

(2)智能化水平高。边云协同智能技术通过端、边、云之间的协同优化，高效地实现各类大数据和人工智能服务与应用。其中，以深度学习为代表的机器学习算法是实现边云协同智能的核心支撑，这些 AI 算法对于快速分析大量数据也是必不可少的。另外，完善统一的边云协同智能体系架构能为AI算法的进一步智能化提供保障。

(3)实时性高。随着越来越多的传感器设备在网络终端部署,每秒将产生惊人的实时数据量,又由于终端用户和云计算中心之间往往需要经过多级网络,若将获取的信息上传至云,其端到端时延难以满足如虚拟现实、自动驾驶等应用的响应时间需求。边云协同智能通过将计算能力从云沉没到数据生成源来实现低时延数据处理,保证了数据分析的实时性。

(4)隐私保护性强。随着人们对防止公共数据泄露的意识日益增强,隐私保护已成为近年来最热门的话题之一。当云计算中心向用户提供服务时,用户需要将所有数据上传至云,此时用户的敏感信息可能会被泄露,而边云协同智能保证原始数据不上云,避免了用户的隐私暴露风险,为敏感数据提供了较好的隐私保护机制。

6. 全生命周期数据管理

复杂系统的全寿命周期数据存储和管理是数字孪生系统的重要支撑,采用云服务器对系统的海量运行数据进行分布式管理,实现数据的高速读取和安全冗余备份,为数据智能解析算法提供充分可靠的数据来源,对维持整个数字孪生系统的运行起着重要作用。

通过存储系统的全寿命周期数据,可以为数据分析和展示提供更充分的信息,使系统具备历史状态回放、结构健康退化分析以及任意历史时刻的智能解析功能。海量的历史数据同时还为数据挖掘提供了丰富的样本信息,通过提取数据中的有效特征、分析数据间的关联关系,可以基于数据分析结果获得很多未知但却具有潜在利用价值的信息,加深对系统机理和数据特性的理解和认知,实现数字孪生体的超现实属性,随着研究的不断推进,全寿命周期数据将持续为其提供可靠的数据来源和支撑。全寿命周期数据存储和管理的实现需要借助于服务器的分布式和冗余存储,由于数字孪生系统对数据的实时性要求很高,如何优化数据的分布架构、存储方式和检索方法,获得实时可靠的数据读取性能,是其应用于数字孪生系统面临的挑战。尤其考虑工业企业的数据安全以及装备领域的信息保护,构建以安全私有云为核心的数据中心或数据管理体系,是目前较为可行的技术解决方案。

随着模数一体化平台的建设,预计到2025年末,数字化智能牵引供电系统将全面实现全专业轴面协同,并初步实现跨行业综合,助力中国铁路推进智能高铁电力牵引工程成套标准的国际化,实现中国智能高铁持续领跑世界高铁发展,不断为其他国家提供中国智能高铁方案。

5.2 柔性供电技术

5.2.1 柔性供电技术在牵引供电系统中的应用

柔性供电技术(flexible power delivery,FPD)是一种能够根据电力需求变化灵活调整电力供应的技术。这种技术的出现是为了解决传统电力系统的刚性和不可调节的缺陷,实现更加高效、智能化和可持续的电力供应。

柔性交流输电技术在电力系统已得到大规模应用,并且应用技术成熟。在牵引供电系统中,柔性供电技术在电能质量治理、同相供电、地面自动过分相等方面得到应用,但主要以局部性应用为主,还未得到系统性应用,柔性牵引供电系统也尚未得到完整定义及系统架构详细说明。电气化铁路牵引供电系统目前仍存在电分相、供电臂单元功率无交互、再生电能难以充分利用等问题,柔性供电技术在牵引供电系统中的应用,可以进一步提高牵引供电系统的效率和可靠性,同时降低能源消耗和碳排放。

具体来说,柔性供电技术在牵引供电系统中的应用包括以下几个方面:

(1)智能牵引供电系统:利用数字控制技术、物联网技术等,对牵引供电系统进行智能化改造和优化,实现对电能的智能调度和控制,提高供电系统的可靠性和效率。

(2)分布式能源技术:利用分布式能源技术,如太阳能、风能、生物质能等清洁能源,为牵引供电系统提供可再生能源,减少对传统能源的依赖,同时降低能源消耗和碳排放。

(3)能量回收技术:利用能量回收技术,将制动时产生的能量回收,并储存起来用于牵引供电系统的再利用,降低能源消耗和碳排放。

(4)超级电容技术:采用超级电容技术,可以实现对牵引供电系统的短时高功率需求,同时提高能源利用效率,降低能源消耗和碳排放。

综上所述,柔性供电技术在牵引供电系统中的应用,可以提高牵引供电系统的效率和可靠性,同时降低能源消耗和碳排放,为电气化铁路的可持续发展做出贡献。

5.2.2 光伏接入牵引供电系统

国家能源发展战略对新能源消纳的提出,可以有效解决目前的环境污染问题,也符合国家可持续发展的理念。近年来,关于新能源接入电力系统的研究已经取得了一定的成果,光伏接入电力系统是其中研究的一个重要代表。分布式光伏发电在电网系统已经取得了较好的应用,同时光伏发电技术在轨道交通牵引供电系统也得到了应用,主要集中于车站用电或信号系统供电等低压系统,其中以日本、德国、美国为典型代表。日本从20世纪90年代便陆续开展了对车站屋顶光伏以及沿铁路线分布的光伏电站的研究,先后在东京站、京都站、高崎站等几十个站点进行了应用。与此同时,光伏发电系统的建设规模也在逐渐扩大,如东日本铁路公司1993年在东京站安装完成的30 kWp屋顶光伏系统,于2011年扩建至453 kWp,产生的电能直接为站内照明设施、空调等负荷供电。此后,该公司又于2012年在平泉站实现了“零排放车站”的目标,在晴朗日该站用电全部取至站旁78 kWp光伏发电系统与配套的240 kWh锂离子电池。除此之外,名古屋铁道先后在丰明、犬山、舞林等处的车辆检查场利用太阳能进行热电联供,均取得了很好节能效果。美国在20世纪80年代便开始在堪萨斯城南方铁路上装设了59个光伏供电装置,为沿线的转辙机、轨道电路、地面信号机供能。

我国铁路行业也较早开展了光伏发电技术的研究、开发及推广应用工作。在1993—1994年期间，海南铁路电务段就先后将光伏发电装置应用于信号脉冲轨道电路与通信无线列调设备中，在运行过程中未出现任何故障问题。近年来，我国在改建的车站和大型高铁站大力开展屋顶光伏并网发电工程，如武汉火车站在车站顶棚上安装了2.2 MWp光伏发电系统，日均发电超5 000 kW·h；杭州火车东站屋面光伏总装机容量达10 MWp，据估计年发电量近1 000万kWh，相当于每年可减少消耗276.9万kg标准煤，减少排放约710.8万kg二氧化碳、44.3万kg烟尘、5.5万kg二氧化硫、2.4万kg氮氧化合物，其发电量足以维持站内每天的能耗；同时装机规模也在逐年增大，以南京站为例，其装机容量达10.67 MWp，至2013年正式并网后，便成为全球最大的单体并网发电的光电建筑；上海虹桥站(6.5 MWp装机容量)、青岛站(500 kWp装机容量)以及北京南站(240 kWp装机容量)等站点也进行了相应的应用，取得了较好的经济及社会效益。2018年年底，广州地铁鱼珠车辆段建成国内最大地铁光伏电站，该光伏项目位于五号线鱼珠车辆段内，在车辆段运用库、主检修库等共计约7万m^2的屋面安装太阳能光伏发电设备，采用自发自用，余电上网模式。项目发电引入地铁牵引网，在满足车辆段全年用电的前提下，剩余部分供五号线使用，每年节约电费超过40万元。该项目的成功实施为大规模光伏电站接入牵引供电系统提供借鉴。尽管上述已有成功的光伏接入铁路系统的项目运行，但是对于大规模光伏电站接入牵引供电系统的研究仍处在发展阶段，还未实现光伏接入牵引供电系统的技术框架和电能质量评价体系建立，光伏电站接入牵引供电系统的控制策略还有待进一步完善。

5.2.3 光伏电站接入牵引供电系统

光伏电站接入27.5 kV牵引供电系统目前只有两种方式：完全自发自用、自发自用余电上网。考虑接入点位置的不同，光伏电站的接入方案有高压侧全部自用和余电上网、牵引侧全部自用。

光伏阵列输出的电能是直流电，需要经过升压逆变装置转换为27.5 kV工频单相交流电，供给牵引供电系统。比较典型的逆变策略有三相逆变器接入和背靠背单相变流器接入策略。光伏输出的电能经过三相逆变器变成三相交流电，经变压器升压后通过三相两相牵引变压器变为两相交流电，这种方式需要大容量逆变器和三相两相变压器，经济性较差。光伏侧经过DC/DC变换器实现最大功率点跟踪并完成升压功能，通过直流电容输出电能，直流电容两侧分别经两个变流器接在两个单相变压器上，两个变压器接入接触网中，构成背靠背光伏并网系统。优点是可以独立控制两个变流器，进而充分利用变流器的容量进行一定的无功和负序补偿；缺点是变压器结构复杂，且容量利用率低。

5.2.4 柔性供电关键技术问题

牵引供电系统负荷的特殊性以及牵引变压器的接线形式会导致负序和谐波问题。高速铁路采用 AT 供电方式，运行的主要是交-直-交电力机车，功率因数高，相较于交-直电力机车总谐波电流低，但由于牵引功率的增大，高次谐波问题和负序问题比较严重。在新型交-直-交列车再生制动工况下，尤其是一个供电臂牵引、一个供电臂再生的极端工况，三相接线方式可能会使负序放大。

除高铁铁路电力牵引供电系统固有的电能质量问题，在考虑光伏电站并入牵引供电系统时，要根据光伏电站的特有性质进行分析。光伏电站具有外出力的随机波动性，且电源是无旋转的静止元件，通过换流器并网，无转动惯量；低电压穿越期间不同的有功/无功动态特性；考虑电力电子等设备元件的安全，电源抗扰动和过负荷能力相对较差，易发生脱网；通过逆变器并网，具备四象限控制及有功/无功解耦控制的能力。

1. 光伏出力随机性与波动性

受环境因素因素影响，光伏的随机性和波动性较大，本身牵引负荷也是波形性负荷，发电与负荷间难以实现动态平衡，其输出的有功和无功功率在不断变化，且有可能出现局部阴影的情况，会造成系统潮流变化和节点电压波动。电压波动会影响电力机车的运行状态，使得注入电网的谐波和负序电流增加。同时，波动过大会引起继电保护设备的误动。针对光伏波动性的问题，需要结合列车运行图和光伏电站输出功率预测结果，增加储能元件，进行综合调度。

2. 能量管理策略更加复杂

光伏的接入在一定程度上可以缓解机车高速、重载化过程中，既有牵引供电系统供电能力不足的压力、延缓设备升级改造的速度、分担一定牵引负荷对配电网的冲击，但光伏出力的随机波动性会改变原有牵引供电系统的负荷分布特性曲线，增加负荷预测及管理难度。尤其是对于采用能馈式设备的供电系统，还存在着反向潮流，这对既有网络的规划及调度将产生一定的影响，而这种变化趋势又会随光伏装机容量增加而愈发明显，因此需进一步研究适应性更强的负荷预测模型及处理技术等。

牵引网网压稳定性是机车安全运行的保证，其电压随机车运行状态变化而瞬时波动。当牵引网上处于载荷工况时，整体网压随机车距牵引变电站距离的增加而降低，网压低谷出现在机车所在位置，之后由于电压支撑器件如自耦变压器作用呈现一定程度上升，光伏的接入能够对机车运行时的网压起到补偿作用。但是，当线路空载时，对于采用能馈式设备的系统，应结合光伏接入点、配置容量、反送电量等因素进行考察，避免因光伏电能反送引起网压越限，必要时可对该工况下的光伏电能采取限功率、储能、P2G 等技术。此外，交/直流牵引网网压均具有较宽的有效工作范围，而光伏并网变换器对电压扰动较为敏感，这类器件需具备较宽的电压适应范围，避免由于网压骤变引发的突发性脱网事故。

3. 谐波问题可能加剧

光伏电站采用逆变器接入交流牵引供电系统，会引入大量非线性电力电子器件，而大量非线性器件的高频开断会产生大量高频谐波。特别是在光照等条件发生变化导致光伏发电能力不足时，逆变器会输出更多谐波。这些谐波的注入会使得电压电流发生畸变，从而使得电力机车的受流质量受到影响，甚至会引起设备的加速老化或故障。

4. 直流注入问题

光伏并网直流分量注入主要有非线性直流分量和偏移型直流分量两部分。光伏并网需要实时采样并网电流、电网电压等正弦量，然而采样所用到的霍尔电流电压互感器、后级的模拟放大电路都存在一定的非线性特性，输出与输入信号之间的关系不是一条具有固定斜率的直线。对于输入的正弦波形，输入信号幅度不同时，放大倍数会不同，这将导致所测量的正弦波形发生畸变，产生直流分量。同时控制电路所用测量元器件往往存在输入失调的问题，导致所测量的正弦波形整体向上或者向下偏移。测量产生的直流分量被带入到逆变器的控制算法中，将引起控制器的误差，使得逆变器的并网电流中含有直流分量。

5. 功率因数降低

当两供电臂空载时，光伏以单位功率因数并网，随着光伏输出电能在负荷供电中比例的增大，光伏并网的功率因数逐渐降低。对牵引供电系统来说，牵引负荷需要的无功功率不变，加入光伏系统产生的有功功率后，不可避免地使功率因数降低。

5.3 同相供电技术

5.3.1 降压-整流-逆变理论

降压-整流-逆变系统主要由三相降压变压器、三相整流单元、单相逆变单元以及直流稳压储能单元组成。来自电网的交流 220 kV/110 kV 电压首先通过三相变压器降压为低压交流电，然后通过三相整流单元将三相交流电整流为稳定的直流电送入直流稳压单元，单相逆变单元再将直流电逆变为单相交流电，将工频 27.5 kV 的电流送入接触网供给电力机车负载。降压-整流-逆变系统结构如图 5-1 所示。

整流和逆变单元均由可控的电力电子器件组成，为了达到足够的电压等级，除了采用大功率的开关半导体器件外，还需要使用多电平技术以降低对单个半导体器件的要求。直流稳压储能单元由大容量电容组成，作为整流和逆变的中间环节，可以保持直流电压的稳定，起到消除多重谐波的作用；还可以作为再生制动能量的存储装置，实现再生制动能量的存储；此外直流存储单元还可以接入风、光、储等系统，构建铁路自发电系统。整个降压-整流-逆变系统实现了三相有功功率到单相有功功率的传递。如果牵引变电所从三相电网对称取电，并采用相同的系统和控制策略，就可以输出相位相同的单相交流电，这样完全对称取电不仅不会对电网造成污染，还可以实现牵引网的同相供电。

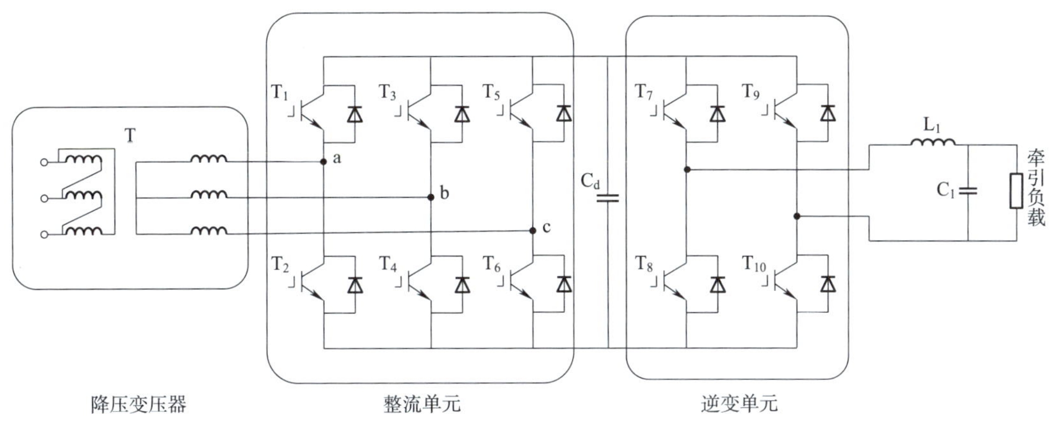

图 5-1　降压-整流 逆变系统结构图

5.3.2　同相牵引供电系统

同相供电是一种新型的牵引供电系统，是采用现代电力电子技术、微处理器控制技术和高速通信技术，使线路上不同变电所供电的区段接触网电压相位相同，线路上无电分相环节的牵引供电方式。同相供电系统可以彻底解决目前既有交流牵引供电系统，过分相、谐波、负序等一系列问题。

1. 同相牵引供电技术研究现状

对于同相供电系统，国内外先后开展了很多研究。德国主要采用分散式同相供电和集中式同相供电系统两种，可以实现为牵引负荷可靠的同相供电，但是德国电气化铁路采用 16.7 Hz 低频交流供电，需建设独立于公用电网之外的特有供电系统，难以推广。日本研制出静止功率调节器(RPC)已在新干线投入使用，RPC 是在平衡变压器两个端口安装背靠背变流器，对两个端口进行有功调节和无功补偿，但是 RPC 没有取消电分相，无法实现接触网的贯通供电。国内方面西南交通大学率先开展研究，采用一种 YN/vd 接线的平衡变压器将二次两组输出的其中一组的输出电压，经单相降压变压器降至适合“交直交”变频器的电压，再经“交直交”转换为与另一组同相的交流电，然后经单相升压变压器升压与另一组并联实现同相供电。第一代产品 2010 年在成(都)昆(明)铁路眉山牵引变电所成功投入试运行；第二代产品 2014 年底在山西中南部铁路试运行至今；第三代产品 2017 年在温州市域铁路 S1 线应用，目前处于试运行期。但这些方案都满足不了全线贯通的要求。目前由中铁电气化局、清华大学等自主研发建设了国内首个全贯通柔性牵引供电系统——北京大兴国际机场轨道交通项目，实现了贯通式牵引供电系统能量管理与潮流管控。

2. 同相牵引供电系统方案

目前国内的同相供电技术主要有准同相供电技术、虚拟同相供电技术、贯通式同相供电技术以及多端柔直贯通式同相供电技术。

(1)准同相供电技术

准同相供电技术采用不同接线类型的牵引变压器配合进行负序治理的补偿装置 CPC，将线路上各个牵引变压器相同相序的电压输出端口引入供电臂，从而取消了电分相，提高了设备利用率，改善了牵引供电电能质量，提高了运行可靠性和行车安全。准同相供电又分为单三相组合式和单相组合式两种接线形式。单三相组合式同相供电方案如图 5-2 所示。

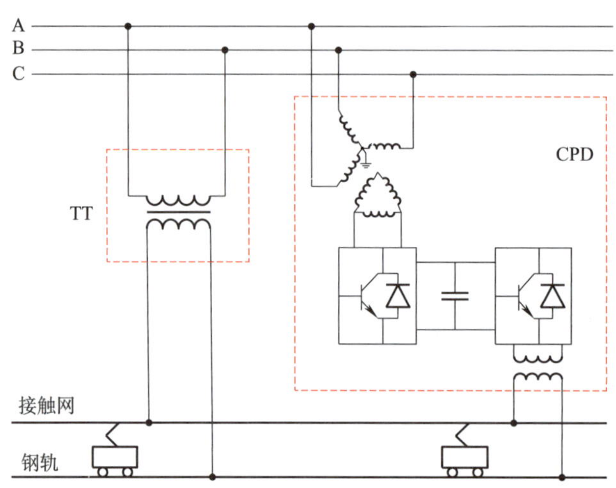

图 5-2　单三相组合式同相供电结构图

该接线方式具有设备利用率高、供电灵活、制造方便、减小设备容量降低投资的优势，既适用于新线建设，也适用于既有线改造。世界首套单三相于 2014 年 12 月在山西中南部通道重载综合试验段沙峪牵引变电所投入运行。单相组合式供电方案如图 5-3 所示。

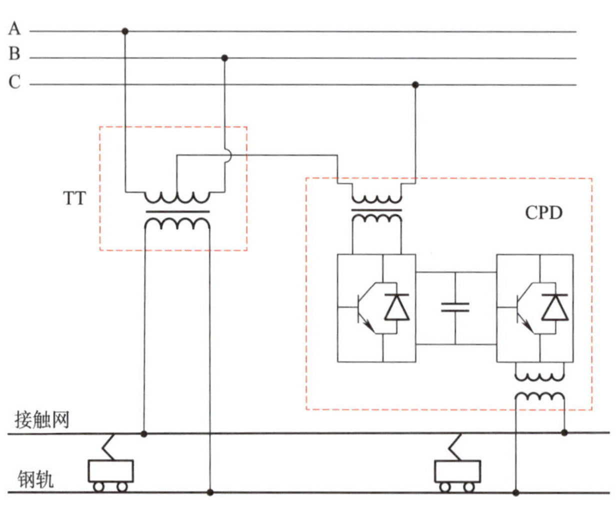

图 5-3　单相组合式同相供电拓扑结构

该接线方式具有设备利用率高、供电灵活、减小设备容量降低投资、节省占地的优势，适用于新线建设。2018 年 10 月国家示范线工程温州轨道交通 S1 线即使用这种供电方式。

但是这种同相供电方案由于是使用牵引变压器为接触网供电，要满足电力部门的配网解环要求，仍需维持牵引供电系统的单边供电制式，即分区所内的电分段仍然存在，并未解决分区所内的电分相问题。分区所内电分相，其两侧牵引变电站的供电臂虽然相序相同，但受牵引负荷及外部电力系统的影响实际存在一定的电压差，仍需保存无电区。由于把电力机车通过电分相问题只解决了一半，机车通过分区所电分相时仍然需要分断车载断路器惰性通过，所以该技术才被称为准同相供电技术。其次，准同相供电技术使得牵引所对外部供电系统的负序电流注入显著增加，需较大 CPC 补偿容量。

(2)虚拟同相供电技术

虚拟同相供电技术是清华大学提出的一种在完全不改变我国现有轮换相序单边供电制式基础上，使得电力机车可无断电通过电分相的牵引供电技术。该技术通过对受电弓位置的判断，利用两相“背靠背”的变流器对无电中性段电压进行控制，实现机车受电弓电压从电分相一侧连续移相到另一侧，整个过程机车无断电地全速通过。虚拟同相供电系统由牵引所内同相补偿器(co-phase compensator，CPC)和分区所内Ⅱ-型无断电柔性控制器(uninterruptible flexible controller，UFC2)构成。虚拟同相牵引供电系统如图 5-4 所示。

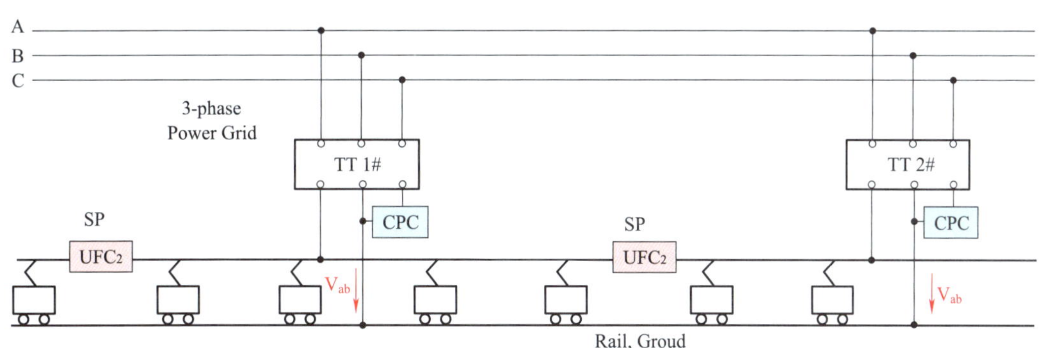

图 5-4 虚拟同相牵引供电系统

但是 UFC 装置需实时检测机车受电弓位置，控制较为复杂，尚有较大技术瓶颈需要解决，可靠性较低，该方案尚未落地。更重要的是，无论是准同相供电技术还是虚拟同相供电技术，共同存在的问题包括：

①接触网电压均由牵引变压器直接决定，外部电力系统与牵引系统通过牵引变相互耦合。因此，无论是外部电力系统发生电压波动、暂降等扰动，还是接触网线发生短路故障，都会通过牵引变压器耦合影响到另外一部分。同时，牵引变压器和接触网线断路器均要求按照较大短时电流耐量，用以承受短路过载的要求。

②接触网供电臂仍然为单边分段供电制式，供电臂区段内的全部机车负荷均由同一个

牵引所供电。首先单个牵引所的设计功率容量较大，必须按照最大负荷需求考虑；其次供电臂末端的电压下降较大。

(3)贯通式同相供电技术

贯通式同相供电技术采用基于静止功率补偿器的柔直隔离双边供电技术，采用三相/单相“交-直-交”变流器(SPC)，实现牵引供电网与公用电网的联系，使各个供电臂具有相同电压幅值和相位，牵引所内电分相及分区所电分相得以取消，打破原单元线性化供电孤岛。贯通式同相供电技术与其他同相供电技术最大的不同在于牵引负荷功率容量完全由三/单相变流器来承担，可以实现对输出电压幅值、相位、频率的控制，除此之外还能完全消除对系统注入的负序、无功以及谐波电流，因此可以使系统牵引网全线电压同相位，无过分相装置和电能质量补偿装置。全贯通同相供电技术可实现供电网与接触网完全解耦，不需要滤波装置和无功补偿装置，全线可彻底取消电分相，并提高接触网供电品质、供电可靠性和供电能力以及供电系统故障穿越能力。贯通式同相供电系统结构如图 5-5 所示。

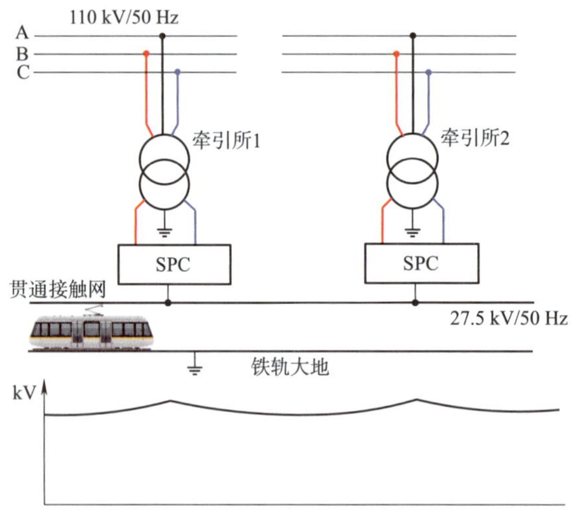

图 5-5　贯通式同相供电系统示意

贯通式同相供电相较于传统的供电方式有诸多优势，贯通同相供电内部消纳，提高回馈能量利用率，节能牵引总电量 10%～20%。贯通同相供电对牵引所功率潮流/牵引变各端口峰值容量有明显改善，可减少 20%～35%(潮流均衡控制)有利于提高供电能力，增大站间距。贯通同相供电可减少线路电压波动，线路末端开关闭合有助于减少线路末端压降，列车电压波动幅度相比打开时可降低 25%，相比异相供电降低 50%左右。贯通同相供电可减少接触网损耗，线路末端开关打开可进一步减少接触网损耗，比例可达 30%。贯通同相网压变化范围可维持在 25～29 kV，行车密度可提升 25%。贯通同相供电可减小牵引所和外电源容量，容量需求可降低 40%，投资造价降低 20%。

此外，贯通式同相供电还可以引入光伏等新能源设备，如图 5-6 所示。

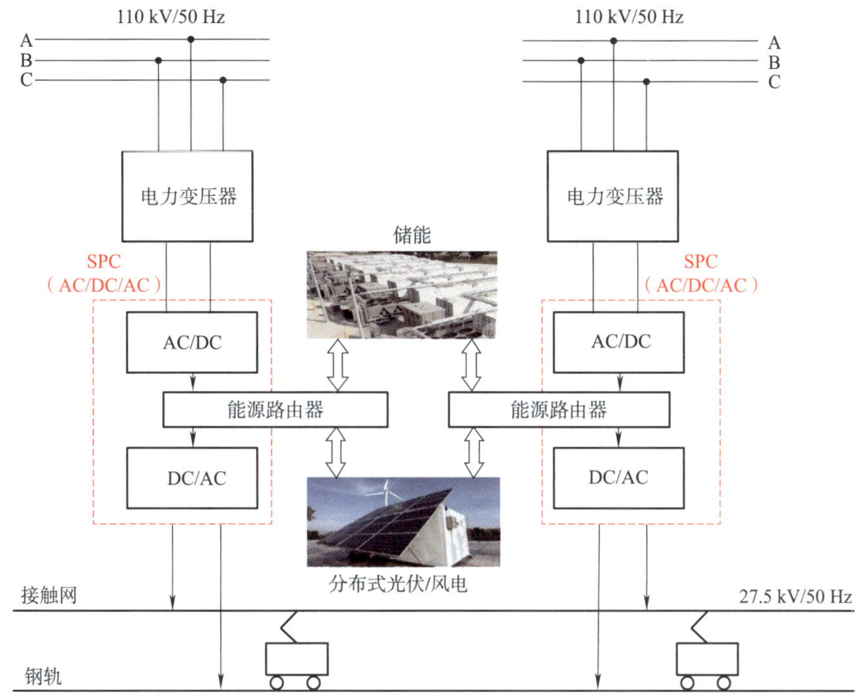

图 5-6　新能源协同供电系统结构

风、光、储系统的接入可减少铁路运输成本，提高企业收益，符合国家双碳目标和绿色发展需求。光伏发电可直接并入牵引变电所，然后引入牵引网，也可直接引入牵引网供使用。较为理想的一种方式为接入同相供电“交直交”中的直流环节，此种接入方式最经济、控制的设置相对简单。

（4）多端柔直贯通同相供电技术

基于贯通式同相供电技术和柔性直流输电技术，针对铁路供电系统设计面临的问题，考虑到受地区电网因素制约，在目前阶段对于牵引变电所外部电源供电存在一定困难处所，可采用高压柔性直流互联技术，改变传统独立牵引供电体系，利用多端柔直输电系统的可控、可调等先进技术手段将多座牵引站供电系统互联，系统结构如图 5-7 所示。

多端柔直贯通同相供电供电系统主接线采用对称双极直流主回路接线型式以确保电气化铁路牵引供电的可靠性；直流线路中将敷设一条正极性直流电缆、一条负极性直流电缆、和一条中性回流线直流电缆，具体结构为：

①在直流母线的上端配置 2 座整流主站，可以根据外部电源的有利位置进行设置，以减少外电源线路的长度；

②每座整流主站配置正、负极性两套整流器系统，分别从电网接一路 3 相的独立外电源，全系统共计接入 4 路外电源；

③在铁路沿线的原牵引变电所位置，配置逆变牵引站，每座逆变牵引站配置正、负极性

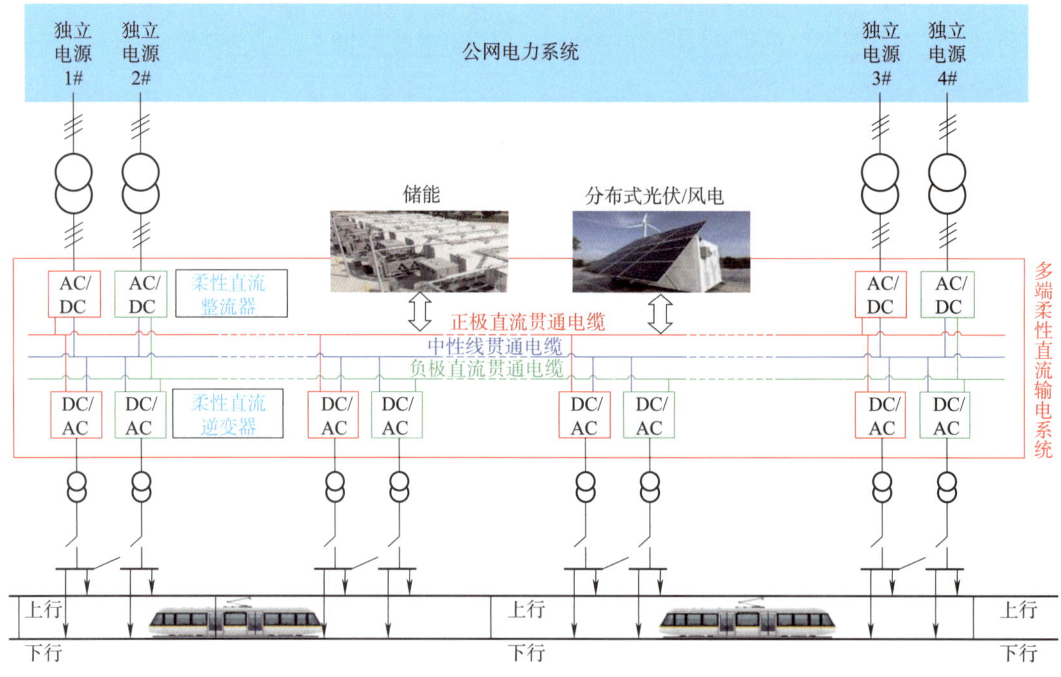

图 5-7 多端柔直贯通同相供电系统结构

两套逆变器系统，并同时向电气化铁路牵引网提供机车牵引所需的电能。

④为缩小故障范围，可将原电分相改为绝缘分段，分段开关在正常运行时为常闭状态。

这种结构形成了可以互相独立运行的正、负极性的两套单极柔性供电系统。每套单极柔性供电系统，由位于直流输电线路上端的整流主站从电网获取电能，并在每座逆变牵引站通过逆变器系统向牵引网提供机车牵引所需的电能。每座逆变牵引站的每套逆变器系统均能控制输出同相的单相 27.5 kV 交流电至电气化铁路牵引网，实现全线贯通式、多边同相 27.5 kV 交流供电。采用多端柔性供电系统整流主站所需数量远小于逆变牵引站，可以解决部分地区电气化铁路建设中存在的牵引系统外部电源建设困难、造价过高的问题；可以解决牵引单相冲击型负荷对公共电网带来的负序、谐波等电能质量问题，可在公共电网侧形成可动态调节无功、谐波达标的三相平衡负荷；可以实现接触网全线贯通式、多边同相供电，全线无电分相。

5.4 牵引供电工程数字孪生技术

5.4.1 数字孪生技术概述

数字孪生，又叫 Digital Twin，是指充分利用物理模型、传感器、运行历史等数据，集成多学科、多物理量、多尺度、多概率的仿真过程，在虚拟信息空间中对物理实体进行镜像映射，反应物理实体行为、状态或活动的全生命周期过程。数字孪生技术可以根据真实物理系统的参数和性能来建立一个准确的数学和物理模型，并在数字孪生平台上进行可视化呈现。其概念最早出现于2003年，美国密歇根大学教授Grieves M. W.在产品全生命周期管理课程中提出“镜像空间模型”的概念，之后在文献中定义为“信息镜像模型”和“数字孪生”。

2010年，美国航空航天局将数字孪生概念引入航空航天领域，旨在采用数字孪生技术实现飞行系统全寿命期间的故障诊断与预测，提高系统可靠性。通用电气、西门子公司将数字孪生引入工业制造领域，通用电气基于Predix平台构建资产、系统、集群级的数字孪生，旨在实现资产的全寿命周期评估，并应用于发电厂、涡轮发电机等实体资产。西门子公司则致力于通过数字孪生实现产品设计到制造执行的全过程数字化。

目前，针对数字孪生技术有数字驱动型、模型驱动型与混合驱动型等3种。随着传感技术、云计算、物联网技术的发展，数字孪生技术已衍生出多种融合体系，被广泛应用于船舶、农业、医疗、能源多个技术领域，如图5-8所示。大多数研究成果均是模型仿真型，并未体现真正的数字孪生，本质是仿真建模，与数字孪生的虚实迭代，孪生交互相差较远，融合大数据的模型驱动型是趋势。

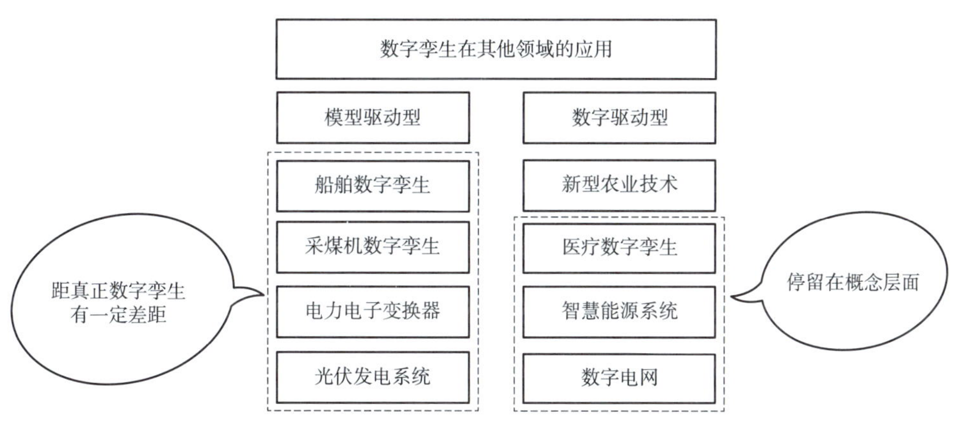

图5-8　数字孪生技术应用领域

数字孪生技术的原理可以归纳成以下四个步骤：

(1)建立物理系统的BIM模型

数字孪生技术是基于物理系统的数据模型来构建的。物理系统的数据模型包括设计图纸、各种传感器测得的数据以及其他情况下可以获取到的物理数据。

(2)以数字孪生技术来创建虚拟现实世界

在建立了物理系统的BIM模型之后，数字孪生技术可以基于这些数据来创建一个虚拟的现实世界。虚拟世界中的物理系统会模拟和仿真真实物理系统的行为和反应。

(3)以数字孪生平台进行实时更新

物理系统和虚拟世界之间的数据交换是数字孪生平台的关键之一。平台可以实时更新物理系统的数据模型，并将其传输到虚拟世界中。然后，虚拟世界可以通过反馈机制来提供有关物理系统的实时信息。

(4)进行模拟和分析

数字孪生技术最大的优势在于可以对物理系统进行模拟和分析。虚拟世界中的模型可以用来预测物理系统的行为和反应，并分析不同因素对物理系统的影响。

牵引供电工程是各类信息的集中地，既包含项目各阶段的信息，例如设计阶段的图纸、施工阶段的图片和文本等，也包含运营阶段各业务系统收集的信息，例如 SCADA 系统收集的牵引供电设备的实时运行状态及运行数据、维修调度系统收集的设备的维修保养信息、4C 系统收集的接触网设备安全检测信息等。上述各类信息都是相互独立的，只能反映设备的某一方面的信息，不能全面、综合的了解设备的情况，不能实现资源共享。当出现问题的时候，需要维护人员调阅各类分散的数据进行分析，步骤烦琐、效率低、不直观。因此，在牵引供电工程项目中引入数字孪生技术，建立统一的数字孪生平台，将有利于对铁路牵引供电工程的科学、精准管控，提高工程项目管理水平。

5.4.2 牵引供电工程数字孪生技术路线

牵引供电工程数字孪生技术路线如图 5-9 所示。

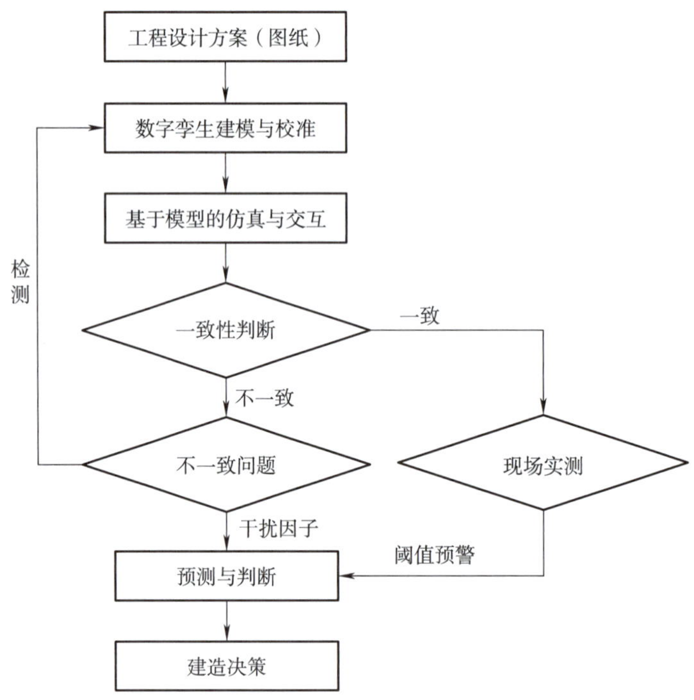

图 5-9 牵引供电工程数字孪生技术路线

5.4.3 牵引供电工程数字孪生技术研究内容

1. 牵引供电工程数字孪生 BIM 技术

BIM 模型是数字孪生的基础，面向牵引供电工程的数字孪生 BIM 技术主要涉及以下几个方面：

(1)面向牵引供电工程数字孪生的 BIM 建模技术，根据铁路牵引供电工程数字孪生的实际需求，编制 BIM 建模实施方案，明确 BIM 模型技术标准，确定合理的 BIM 建模工作流程、方法、工具、人员配置等。

(2)面向牵引供电工程数字孪生的 BIM 模型数据存储标准，将数字孪生理念与牵引供电工程相结合，明确 BIM 模型应包含的属性信息内容，建立面向牵引供电工程数字孪生的 BIM 模型数据存储标准。

(3)面向牵引供电工程数字孪生的 BIM 模型显示技术，搭建数字孪生平台，将 BIM 模型统一转化为数字孪生平台支持的轻量化 BIM 模型，匹配正式地理坐标信息，形成三维场景，支持数字孪生各功能应用以及用户对模型进行操作。

2. 数据对接与处理技术

数字孪生平台与各种传感器等设备结合起来，即时接收来自用户录入以及各业务系统发送的数据信息，通过牵引供电工程中各子系统软件厂商提供的数据接口，整合接入已有的相关数据信息，实现各业务系统与数字孪生运维平台间实现数据的互联互通。平台将数据信息转化为 BIM 模型属性信息，加载到 BIM 模型上，形成基于 BIM 模型的数字化档案，并使之随现实进行更新，以实现对物理设备的实时监测。

3. 数字孪生技术应用

在数字孪生平台的基础上，研发各功能系统，对收集的各类信息进行综合智能化分析与处理，并将相应的结果通过 BIM 模型进行实时的直观显示，例如，以下功能模块：

(1)正向设计功能

在设计和规划阶段，数字孪生技术可以帮助设计人员更好地理解和预测物理系统的行为和反应。引入数字孪生技术，从项目初步设计阶段至交付阶段成果全部由 BIM 三维模型完成并输出图纸，从而将设计思维完整的延续到施工阶段，实现 BIM 辅助正向设计，最终实现数字化施工落地。

数字孪生平台能够根据线路情况、设计原则、标准规范、安装图纸等信息，生成各专业设计参数表，自动生成三维 BIM 模型。同时，平台支持多专业对 BIM 模型进行联合创建与修改，能够发现传统的单专业设计图纸中难以发觉的问题，通过在数字孪生虚拟世界中对设计方案的优化，提高设计质量。

(2)项目施工与管理辅助功能

在牵引供电工程项目建设过程中,数字孪生平台可以虚拟设备模型,施工人员可以模拟出最佳的施工路径、工艺和工作流程,以提高施工效率和减少成本。通过对设备状态信息的收集,实现项目进度、质量、成本等管理要素的统计与监控,通过智能化分析与处理,能够针对不同的情况对项目管理人员给出相应的提示和预警,从而辅助项目管理人员决策。例如,可以在以下两方面采用数字孪生技术辅助牵引供电项目施工。

①接触网专业:接触网工程是由单个零部件、接触网结构、锚段悬挂系统构成的三级相互联系的孪生体构成,不同支柱的腕臂结构、锚段结构参数不同,需要分别精确计算和装配,因此参数化快速精确建模技术是基于数字孪生的接触网工程建造关键技术。

②牵引变电专业:牵引变电所的电缆敷设一直是施工难点,通过数字孪生技术,可以准确模拟出最佳的电缆敷设方案,明确电缆敷设的路径、电缆在支架上的排布以及每根电缆的敷设长度,可以在项目未开始实际施工的情况下,清楚的预演电缆敷设施工的全过程,避免在施工中发生问题造成返工浪费。

(3)接触网检测与健康管理功能

研发基于机器视觉技术和智能图像识别算法,结合虚实交互的检测技术,能够对接触网进行快速精确检测,克服接触网传统的单点测量效率低的问题。基于数字孪生技术构建接触网检测数据中心,为快速判断整个系统是否满足工程设计和运营需要提供有效的技术支撑,为接触网健康管理奠定基础。

(4)一站式信息查询功能

在数字孪生平台上实现一站式的信息查阅,可以快捷方便的查询指定设备的相关信息,查询结果包含该设备的设计、制造、施工、检测等各阶段档案资料,以及设备在线检测的实时数据、历史数据、视频等全面的信息。

(5)多系统联动抢修辅助功能

项目投入运营后,当设备有故障情况发生时,故障信息将由相关系统采集并发送至数字孪生平台,平台根据故障信息和所得到的基础数据做出智能判断,筛选出需要显示的相关信息,如实时视频、检修数据等,自动从其他业务系统中进行调阅,切换综合视频显示现场图像,同步展示相关信息等,以辅助故障抢修。系统自动下发故障信息及影响范围、抢修路径规划、抢修预案等相关信息到抢修单位。抢修执行过程中,所有有关信息均清晰地显示在大屏幕上。抢修执行后,结合平台展示的信息,对抢修的质量、效果进行复核,确保抢修的成效。

(6)资产管理功能

对收集的资产信息进行统一的管理和利用,管理对象包含牵引供电系统相关设备、备品备件、运维装备、车辆、仪器仪表、检修/抢修物资等资产,从计划、配置、采购、验收/入库、使用/领用、清理/处置、存储、盘点、折旧、借用归还、维修到报废等进行全方位准确监管,实现设备资产分类统计、信息筛查、缺失预警、来源追踪、过程监管等资产信息管理功能。

参考文献

[1] 张俊. 基于北斗高精度定位技术的铁路电力线路定测系统研究[J]. 电气化铁道,2019,30(3):9-11.

[2] 张小鹏,郑世超,张钊. 浅谈牵引变电所二次电缆布放软件在施工中的应用[J]. 基层建设,2019,23(8):296.

[3] 庞沛赫,王生旭,霍红果,等. 牵引变电所硬母线预制平台应用探讨[J]. 工程技术,2022(9):171-175.

[4] 陈斌,牛津文,万红,等. 变电站辅助设备监控系统三维建模及展示技术研究电[J]. 电力系统保护与控制,2020,13(7):180-186.

[5] 赵文胜. 智能辅助监控系统在赣深铁路牵引变电所无人化中的应用[J]. 电气化铁道,2022,33(6):40-42.

[6] 张海军,盛良成. 基于 GPS-RTK 技术的土地施工测量质量控制方法[J]. 测绘与空间地理信息,2022,45(6):160-163.

[7] 马明吉. 建筑施工测量技术重点、难点分析及解决方法[J]. 四川建材,2022,48(7):211-212.

[8] 代茜. 基于物联网架构的变配电所辅助监控系统研究[J]. 铁路计算机应用,2022,31(9):25-28.

[9] 刘再民. 电气化铁路接触网修程修制改革的思考与实践[J]. 中国铁路,2017(4):38-42.

[10] 王斌,杨志鹏,王婧,等. 接触网三级修检测数据分析方法研究[J]. 电气化铁道,2020,31(增刊2):77-80.

[11] 章来胜. 高速铁路接触网精测精修探索与实践[J]. 中国铁路,2019(9):71-77.

[12] 刘长利. 郑西高铁接触网精测精修技术方案研究[J]. 铁道机车车辆,2021,41(3):95-100.

[13] 刘再民. 高速铁路接触网维修规则框架与管理技术创新[J]. 中国铁路,2016(4):13-16.

[14] 陆源源,王慧,宋春跃. 考虑列车混行的运行-调度一体化优化方法[J]. 浙江大学学报(工学版),2018,52(1):106-116.

[15] 彭刚. 高速铁路接触悬挂状态检测及智能分析系统软件应用研究[D]. 成都:西南交通大学,2019.

[16] 张子健. 面向高铁接触网缺陷检测的智能图像处理关键技术研究[D]. 杭州:浙江大学,2019.

[17] 翟小毛. 高速铁路接触网检测关键技术及智能化检测研究[D]. 北京:中国铁道科学研究院,2019.

[18] 徐海青,余江斌,梁翀. 基于 GAN 的改进 RPN 输电线路细小金具缺陷检测方法[J]. 电子器件,2021,44(6):1409-1416.

[19] GU Y Y, PIAO Z G, YOO S J. STHarDNet:Swin transformer with HarDNet for MRI segmentation[J]. Applied Sciences,2022,12(1):468.

[20] 汪海瑛,杨志鹏,王伟凡,等. 接触网动态检测中受电弓影响因素研究[J]. 铁路技术创新,2021(6):68-74.

[21] 魏文婧,胡海涛,王科,等. 基于铁路功率调节器的高速铁路牵引供电系统储能方案及控制策略[J]. 电工技术学报,2019,34(6):1290-1299.

[22] 黄文龙,胡海涛,陈俊宇,等. 枢纽型牵引变电所再生制动能量利用系统能量管理及控制策略[J]. 电工

技术学报,2021,36(3):588-598.

[23] 邓文丽,戴朝华,张涵博,等.复杂电气化铁路牵引用光伏发电系统综合优化控制方法研究[J].中国电机工程学报,2020,40(18):5849-5865.

[24] 胡海涛,陈俊宇,葛银波,等.高速铁路再生制动能量储存与利用技术研究[J].中国电机工程学报,2020,40(1):246-256,391.

[25] 李彦吉,陈鹰,李祎杨.基于飞轮储能的牵引变电所能量回收和电能质量综合治理系统的设计[J].储能科学与技术,2022,11(12):3883-3894.

[26] 耿安琪,胡海涛,张育维,等.基于阶梯能量管理的电气化铁路混合储能系统控制策略[J].电工技术学报,2021,36(23):4916-4925.

[27] 吕顺凯.重载铁路再生制动能量利用方案研究与应用[J].中国铁路,2022(11):45-54.

[28] 周毅,胡海涛,雷科,等.电气化铁路低频等幅振荡机理分析[J].中国电机工程学报,2021,41(9):3024-3037.

[29] 黄毅,胡海涛,王翼云,等.电气化铁路列车柔性不断电过分相系统及其控制策略[J].电工技术学报,2021,36(23):4959-4969.

[30] 高仕斌,胡海涛,黄毅,等.一种电气化铁路应急牵引供电方法[P].ZL202011420256.X.

[31] 中国铁路总公司.高速铁路接触网运行维修规则:TG/GD 124—2015[S].北京:中国铁道出版社,2016.

[32] 中国国家铁路集团有限公司.接触网动态检测评价方法:Q/CR 841—2021[S].北京:中国铁道出版社有限公司,2021.

[33] 中国国家铁路集团有限公司.接触网静态检测评价方法:Q/CR 842—2021[S].北京:中国铁道出版社有限公司,2021.

[34] 张润宝,杨志鹏.接触网运行状态检测监测系统研究与实践[J].中国铁路,2019(9):64-70.

高速铁路基础研究与技术创新丛书

第一期(16 册)

(一)基础理论与基础技术系列

高速铁路散体道床宏细观力学行为　　赵春发　翟婉明　张　徐　著

ISBN 978-7-113-28857-0

高速铁路线路系统动力学　　龙许友　时　瑾　王英杰　编著

ISBN 978-7-113-28997-3

高速铁路弓网关系研究　　韩通新　著

ISBN 978-7-113-28941-6

(二)动车组系列

高速列车轻量化设计　　李　明　伊召锋　米莉艳　等编著

ISBN 978-7-113-28972-0

(三)供电系列

高速铁路受电弓　　韩通新　编著

ISBN 978-7-113-28975-1

高速铁路接触网检测技术　　韩通新　著

ISBN 978-7-113-28961-4

(四)工程设计系列

高速铁路桥梁抗震设计　　陈兴冲　张永亮　编著

ISBN 978-7-113-28964-5

高速铁路轨道工程 BIM 正向设计软件开发及实践　姚　力　刘大园　董凤翔　等编著

ISBN 978-7-113-28934-8

(五)工程施工与组织系列

高速铁路桥梁 BIM 技术研究与实践　　盛黎明　苏　伟　刘延宏　宋树峰　编著

ISBN 978-7-113-28938-6

高速铁路岩溶路基边坡变形与稳定　　白明洲　师　海　田　岗　等编著

ISBN 978-7-113-28880-8

高速铁路工程地质灾害超前预报图形判别和解译 李 忠 郝娜娜 等编著

ISBN 978-7-113-28935-5

(六)通信与列控系列

高速铁路宽带无线信道测量与建模技术 周 涛 何睿斯 艾 渤 编著

ISBN 978-7-113-28930-0

(七)测量与检测系列

(八)高铁运营与经济系列

高速铁路社会效益研究——基于时空经济分析 李红昌 夏璇璇 著

ISBN 978-7-113-28942-3

(九)现代信息技术系列

高速铁路物联网技术 史天运 孙 鹏 张惟皎 陈瑞凤 编著

ISBN 978-7-113-29029-0

(十)安全·健康·维护系列

高速铁路道砟飞溅机理及防治 高 亮 石顺伟 殷 浩 著

ISBN 978-7-113-28906-5

高速列车多目标均衡综合节能技术 张 雷 李 明 司志强 等编著

ISBN 978-7-113-28976-8

第二期(23 册)

(一)基础理论与基础技术系列

高速列车空气动力学数值模拟——基于 STAR-CCM+软件

李 明 李 田 戴志远 等编著

ISBN 978-7-113-30059-3

高速铁路沿线地面沉降研究与防治 李国和 黄大中 尚海敏 王少林 编著

ISBN 978-7-113-30176-7

高速铁路路基智能填筑技术 王同军 闫宏业 杨 斌 尧俊凯 等著

ISBN 978-7-113-30047-0

季冻区高速铁路路基服役性能与孕灾风险研究

叶阳升 蔡德钧 毕宗琦 李善珍 等著

ISBN 978-7-113-29934-7

高速铁路隧道内附属设施气动效应及安全性研究

彭立敏　杨伟超　施成华　雷明锋　著

ISBN 978-7-113-30104-0

高速铁路钢轨打磨理论与技术　王文健　郭　俊　周　坤　著

ISBN 978-7-113-30061-6

高速列车动态性能正向设计　周劲松　宫　岛　孙文静　著

ISBN 978-7-113-30050-0

高速列车自动驾驶控制理论　宿　帅　李开成　唐　涛　袁　磊　等编著

ISBN 978-7-113-30147-7

高速铁路行车调度与控制一体化　唐　涛　宿　帅　孟令云　阴佳腾　编著

ISBN 978-7-113-30112-5

高速铁路无砟轨道结构水泥基材料理论与技术

龙广成　曾晓辉　马昆林　谢友均　著

ISBN 978-7-113-30056-2

(二)动车组系列

高速列车空气动力学设计技术　丁叁叁　著

ISBN 978-7-113-30055-5

(三)供电系列

高速铁路电力牵引供电工程智能建造技术

胡志华　陈建明　奚金柱　吴命利　等编著

ISBN 978-7-113-30205-4

(四)工程设计系列

现代铁路枢纽规划设计　许佑顶　高丰农　吴学全　李传勇　等编著

ISBN 978-7-113-27468-9

高速铁路隧道底部结构动力响应特性及设计方法

彭立敏　施成华　黄　娟　丁祖德　著

ISBN 978-7-113-30133-0

(五)工程施工与组织系列

高速铁路工程勘察技术创新与实践　陈则连　著

ISBN 978-7-113-30189-7

高速铁路工程质量系统管理(第2版) 卢春房 等著

ISBN 978-7-113-30108-8

高速铁路路基沉降分析与控制技术 宋绪国 郭帅杰 编著

ISBN 978-7-113-30154-5

深埋高速铁路地下车站施工关键技术 杨新安 马明杰 李路恒 罗 驰 编著

ISBN 978-7-113-30001-2

高速铁路施工组织创新与实践 魏 强 编著

ISBN 978-7-113-30136-1

高速铁路路基沥青混凝土防水封闭结构 蔡德钩 闫宏业 楼梁伟 石越峰 等著

ISBN 978-7-113-30033-3

(六)通信与列控系列

高速铁路信号系统雷电防护技术研究 向念文 徐宗奇 阳 晋 编著

ISBN 978-7-113-30135-4

(七)测量与检测系列

(八)高铁运营与经济系列

(九)现代信息技术系列

智能高速铁路图像大数据分析技术及应用 李 平 李 瑞 赵 冰 编著

ISBN 978-7-113-30134-7

(十)安全·健康·维护系列

高速列车横风效应及气动安全控制动力学 毛 军 柳润东 郗艳红 著

ISBN 978-7-113-30028-9